D1640467

Armin Wolf · Euke Frank

PROMI-POLITIK

Prominente Quereinsteiger im Porträt

GEGRÜNDET
1999

Armin Wolf · Euke Frank

PROMI-POLITIK

*Prominente Quereinsteiger
im Porträt*

Czernin Verlag, Wien

Bibliografische Information Der Deutschen Bibliothek
Wolf, Armin / Frank, Euke: Promi-Politik – Prominente Quereinsteiger
im Porträt / Armin Wolf, Euke Frank
Wien: Czernin Verlag 2006
ISBN-10: 3-7076-0068-8
ISBN-13: 978-3-7076-0068-1

© by Czernin Verlags GmbH, Wien
Umschlaggestaltung: Ulrich Schueler unter Verwendung eines Autorenporträts
von Kurt Keinrath
Satz und Layout: Elisabeth Natz
Lektorat: Florian Huber
Druck: Druckerei Theiss, a-9431, St. Stefan
ISBN-10: 3-7076-0068-8
ISBN-13: 978-3-7076-0068-1

Inhalt

Einleitung

Von allen Quereinsteigern in Österreich hatte Hans-Peter Martin vielleicht den ungewöhnlichsten Grund, in die Politik zu gehen: *„Es war so, dass da etwas passiert ist zwischen Viktor Klima und mir"*, schildert der langjährige „Spiegel"-Journalist und Bestseller-Autor („Die Globalisierungsfalle") seine Annäherung an die SPÖ: *„Ich habe das später als für mich unbegreifliche Form der Homoerotik bezeichnet. Wobei ich überhaupt im erotischen Bereich keinerlei ... Es war irgendetwas. Letztendlich war es ein Mann-Frau-Verhältnis zwischen Viktor Klima und mir. Er war der Mann, ich war die Frau."*

Den „Standard"-Journalisten Peter Sichrovsky, einen jüdischen Intellektuellen, reizte etwas ganz anderes am Wechsel in die Politik, ausgerechnet zur rechts-nationalen FPÖ: *„Letzten Endes habe ich mir gedacht, alle Argumente, es nicht zu machen, sind mir zu logisch, zu vernünftig. Wo ist eigentlich der Spaß dran, das Abenteuer? Wo ist das Risiko, wo ist der Seiltanz? Wo ist der Moment, wo man alles in Frage stellt, was man bisher gemacht hat."*

Kein Quereinsteiger hatte sich vorher länger für Politik interessiert als Kaiser-Enkel Karl Habsburg (ÖVP): *„Seit 800 Jahren."* Er lacht zwar, meint es aber doch irgendwie ernst: *„Das hört sich jetzt komisch an, aber de facto ist es so. Wenn man so will, sind wir seit 800 Jahren Berufspolitiker. Was soll's? Die Umstände haben sich geändert, aber wir sind trotzdem Politiker geblieben."*

Die „eiserne Staatsanwältin" Liane Höbinger-Lehrer dagegen sagt über ihre politische Karriere: *„Politisiert bin ich überhaupt nie geworden. Auch nicht im Nationalrat."* Der Hürdensprinter Elmar Lichtenegger: *„Politisiert – das Wort passt, glaube ich, nicht zu mir."* Und auch die Radiomoderatorin Jutta Wochesländer ist der Faszination Politik lange nicht erlegen: *„Mich hat immer nur das Vergnügen interessiert."*

Alle drei saßen – wenn auch nur kurz – für die FPÖ im Parlament.

Prominente Quereinsteiger in der Politik sind die unterschiedlichsten Typen, mit grundverschiedenen Biografien, Temperamenten und Motiven. Und doch haben sie viel gemeinsam: Die meisten kommen aus Medienberufen, vor allem aus dem Fernsehen. Dort sind sie prominent geworden. Fast alle hat das Angebot, in die Politik zu wechseln, an einem Wendepunkt ihrer Karriere erreicht, meist in einer Phase der Frustration. Und alle waren überzeugt, in der Politik etwas bewegen zu können. Sie wollten etwas verändern – nicht immer nur von außen kritisieren, sondern: *„Jetzt zeige ich es ihnen, wie es wirklich geht.“* (Franz Morak, ÖVP)

Die allermeisten leiden oder litten unter dem politischen Alltagsgeschäft: *„Das ist ein großes Ritual, eine Theateraufführung und da müssen sich die Leute selbst darstellen“*, sagt Lucona-Aufdecker Hans Pretterebner (FPÖ) nach nur elf Monaten im Parlament. Die Schauspielerin Mercedes Echerer (Die Grünen) erlebte *„eine Vereinsmeierei hoch 100. Und jeder ist wahnsinnig wichtig“*. Die langjährige ZiB-Moderatorin Ursula Stenzel (ÖVP) bilanziert nach zehn Jahren Politik: *„Profi-Politiker sind eher hinten herum.“* Und ihre ehemalige ORF-Kollegin Theresia Zierler (FPÖ) erinnert sich: *„In der Anfangszeit hatte ich in meinem Büro einen Kalender hängen und da habe ich jeden Tag ein Hakerl gemacht: Wieder einen Tag überlebt.“*

Die meisten prominenten Quereinsteiger überleben allerdings nicht sehr lange in der Politik. Ihre durchschnittliche Amtszeit ist kürzer als bei Profi-Politikern, sie übernehmen weniger Ämter und machen selten politische Karriere über ihr erstes Mandat hinaus. Und trotzdem kandidieren bei praktisch jeder Wahl – und nicht nur in Österreich – prominente Amateure an vorderster Front.

In diesem Buch wird geschildert, warum das so ist: Was sich die Parteien davon versprechen und was die Promi-Politiker tatsächlich bringen. Welche politischen und gesellschaftlichen Trends diesen Boom von *celebrity politics*, wie das Phänomen der politisch aktiven Promis in den USA genannt wird, begünstigen. (Kapitel: „Image-Politik“) Und wie die prominenten Quereinsteiger in Österreich von Experten – langjährigen politischen Profis und führenden Journalisten – aber auch von den Wählern beurteilt werden. Und was sie in der politischen Praxis können. (Kapitel: „Promi-Politik auf dem Prüfstand“)

Dieses Buch beruht auf meiner Dissertation zum selben Thema, die ich vergangenen Herbst, neben meiner Tätigkeit im ORF, an der Universität Innsbruck abgeschlossen habe. Ich habe dafür alle prominenten Quereinsteiger interviewt, die im letzten Jahrzehnt bei Nationalrats- und EU-Wahlen kandidierten und gewählt worden sind, von Patrick Ortlieb bis Ulli Sima, von Ingrid Wendl bis Karin Resetarits. Das heißt: alle bis auf einen. Mein ehemaliger Kollege Josef Broukal wollte sich auch auf beharrliches Nachfragen nicht zu seinem Wechsel in die Politik befragen lassen: „Ich interpretiere mich als Politiker lieber selbst", schrieb er mir in einem E-Mail. Trotzdem wird auch Josef Broukal in diesem Buch porträtiert – immerhin war er bei der letzten Nationalratswahl der mit Abstand bekannteste Promi, der eine Zweitkarriere als Politiker versuchte, die seither nicht ganz unturbulent verlaufen ist. Alle anderen Porträts beruhen auf langen, sehr offenen und häufig auch selbstkritischen Gesprächen aber natürlich auch auf gründlichen Recherchen. Ich habe sie gemeinsam mit Euke Frank geschrieben, einer der profiliertesten Journalistinnen Österreichs und Autorin zahlloser großer Magazin-Porträts.

Ein Buch ist niemals nur die Leistung der Autoren. Zu danken haben wir natürlich in erster Linie meinen Gesprächspartnern – 16 prominenten Quereinsteigern sowie acht Parteichefs und Generalsekretären –, ohne die dieses Buch nicht möglich gewesen wäre. Aber auch jenen 88 Innenpolitik-Journalisten, die sich an einer Umfrage über Promi-Politik beteiligt haben, mit teils recht überraschenden Ergebnissen. Und den Meinungsforschungsinstituten IMAS und MARKET, die eigens für diese Untersuchung 1.500 repräsentativ ausgewählte Wähler befragt haben. Der „News"-Verlag hat uns ebenso großzügig die Fotos in diesem Buch zur Verfügung gestellt. Sandra Wusta hat sämtliche Interviews, weit über 30 Stunden an Tonband-Mitschnitten, Wort für Wort transkribiert. Viele Experten – Wissenschafter, Meinungsforscher und Kollegen aus dem Journalismus – haben uns mit wertvollen Hinweisen und interessanten Gedanken weiter geholfen. Am meisten meine Dissertations-Betreuer Prof. Fritz Plasser und Prof. Günther Pallaver. Ihnen allen gebührt unser Dank.

Es wäre mehr als überraschend, wenn im nächsten Wahlkampf nicht wieder der eine oder andere glamouröse Neueinsteiger präsentiert wird. Gerüchte darüber, bei welchen Promis bereits Abgesandte der Parteien angeklopft haben, schwirren seit Monaten durch die Bundeshauptstadt. Und schon zu Jahresbeginn meinte der Wahlkampfchef der ÖVP auf die Frage nach Quereinsteigern bei der Nationalratswahl etwas kryptisch: „Wir haben noch jedes Mal welche gehabt".

Dieses Buch – das erste deutschsprachige über Quereinsteiger überhaupt – soll auch bei der Einschätzung helfen, was sich Wähler von solchen bekannten, aber politisch unerfahrenen *newcomern* erwarten können: Sind prominente Quereinsteiger nur ein schneller Wahlkampf-Gag oder doch eine nachhaltige Bereicherung für die Politik?

Wien, im April 2006
Armin Wolf

Image-Politik

*Warum es immer mehr
prominente Quereinsteiger gibt*

„Politics is show business for ugly people" – Politik ist das Show-Geschäft für die Hässlichen – spottet der amerikanische Talkmaster Jay Leno gerne. Und an Politik als Show-Business konnte man sich zuletzt häufig erinnert fühlen: Bei den Parlamentswahlen in Italien zog die landesweit bekannte Drag-Queen „Luxuria" als Spitzenkandidatin der Kommunisten ins Abgeordnetenhaus, die „Forza Italia" schickte eine Langlauf-Olympiasiegerin und ein beliebtes Showgirl aus Berlusconis TV-Kanälen ins Parlament und für das Linksbündnis wurde die bekannte Dramaturgin Franca Rame gewählt. Ihr Ehemann Dario Fo, 82jähriger Literaturnobelpreisträger und legendäres enfant terrible der italienischen Kulturszene war wenige Wochen zuvor bei der Wahl zum Bürgermeister von Mailand gescheitert. In der ukrainischen Hauptstadt Kiew stieg der ehemalige Box-Weltmeister Vitali Klitschko in die politische Arena. In Liberia galt der Fußball-Superstar George Weah vergangenen Herbst als Favorit für die Präsidentenwahl, schaffte es immerhin in die Stichwahl und wurde – ohne jede politische Erfahrung – von mehr als 40 Prozent gewählt. In Deutschland wurde der Steuerexperte Paul Kirchhof als „der Professor aus Heidelberg" innerhalb weniger Wochen zur zentralen Figur des Wahlkampfs, kehrte dann allerdings frustriert und angeblich mit schuld am schwachen Wahlergebnis der CDU an die Universität zurück. Ein anderer Parade-Intellektueller – der Harvard-Professor, Bestseller-Autor und Talkshow-Stammgast Michael Ignatieff – wurde wenige Monate später in Kanada aus dem Stand ins Parlament gewählt und gilt jetzt als Favorit für den Vorsitz der liberalen Partei.

Promi-Politik wohin man schaut.

Aber all das verblasst gegen die Gouverneurs-Wahl in Kalifornien, immerhin der achtgrößten Volkswirtschaft der Welt, im Oktober 2003: Unter den 135 Kandidaten waren eine Porno-Darstellerin, der bekannte Verleger eines Sex-Magazins, ein einstiger TV-Kinderstar, eine millionenschwere Zeitungskolumnistin, der amtierende Gouverneur sowie ein ehemaliger Bodybuilding-Weltmeister und Hollywood-Superstar aus Thal bei Graz in der Steiermark. Eine „Freak-Show" nannte das die „New York Times" und der „Guardian" sah sich durch das „große Spektakel" an einen „römischen Zirkus" erinnert. Aber Arnold Schwarzenegger siegte überlegen, regiert seither aus einer Art Beduinenzelt im Hof des Regierungsgebäudes von Sacramento (weil er im Bürogebäude selbst nicht rauchen darf) und tritt im November 2006 zur Wiederwahl an.

Dabei war sein Wechsel in die Politik nur besonders spektakulär – neu war der Sprung vom echten Show-Business in das politische keineswegs: Die Hollywood-Ikone Clint Eastwood und Rock-Sänger Bono waren Bürgermeister, der TV-Serienstar Fred Grandy („Love Boat") saß acht Jahre lang im Kongress und der Wrestling-Champion und Film-Bösewicht Jesse „The Body" Ventura errang in Minnesota den Sessel des Gouverneurs. Ein legendäres Vorbild gab es auch in Kalifornien selbst: Ronald Reagan war als Schauspieler zwar nicht so berühmt wie Schwarzenegger bevor er die Amtsgeschäfte in Sacramento übernahm, dafür wurde er danach als bislang einziger Hollywood-Star Präsident der USA. In anderen Weltgegenden wundert das keinen: In Japan, Taiwan oder Indien sind die Parlamentsbänke dicht besetzt mit *celebrities* aus Film und Fernsehen – auf den Philippinen etwa zeigen die Wähler eine bemerkenswerte Faszination für Kinohelden aus dem Action-Genre. Während in Lateinamerika erstaunlich viele Sportler ins Rennen um politische Ämter gehen.

Als immer beliebterer Tummelplatz für politisch ambitionierte Promis stellen sich auch die Wahlen zum Europa-Parlament heraus – vom Athleten bis zum Astronauten, von der Journalistin bis zur Porno-Actrice. 2004 traten in Italien zwei Fernseh-Moderatoren, eine Sängerin, eine Schauspielerin und ein Adelsmann aus dem Haus Savoyen gegen TV-Star Lilli Gruber an. In Tschechien wurden eine Fernseh-Journalistin, ein bekannter TV-Manager und ein populärer Kosmonaut gewählt, der Porno-Darstellerin Dolly Buster (Wahlkampf-Devise: „Mehr Erotik für das Volk") fehlte aber letztlich die politische Potenz. Ebenso in Estland dem Supermodel Carmen Kass. In Portugal kandidierte Literatur-Nobelpreisträger Jose Saramago fürs EU-Parlament, in Polen bewarben sich zwei ehemalige „Big Brother"-Kandidaten, ein ehemaliger Olympia-Sprinter, ein Fußball-Nationaler und ein Sohn des ehemaligen Präsidenten Walesa. Alle ohne Erfolg. In Großbritannien gewann dafür die Independence Party mit dem langjährigen BBC-Star Robert Kilroy-Silk an der Spitze gleich 16 Prozent. In der Slowakei führte die Eishockey-Legende Peter Stastny die Christdemokraten als Listenführer zum Wahlsieg und in Frankreich kam ein vierfacher Paris-Dakar-Sieger ins Straßburger Ziel. Ein weiterer Rallye-Fahrer blieb hingegen in Finnland auf der Strecke, gemeinsam mit zwei Show-Stars und der jugendlichen Sport-Moderatorin Viivi Avellan. Deren knappes Wahlprogramm: „Ich bin Promi-Kandidatin. Punkt Basta."

Und in Österreich?

Die ÖVP trat bei der EU-Wahl 2004 zum dritten Mal mit der einstigen „Zeit im Bild"-Moderatorin Ursula Stenzel als Spitzenkandidatin an (die mittlerweile – nach einem fulminanten Wahlsieg – als Bezirksvorsteherin nach Wien gewechselt ist). Die FPÖ stellte, ebenfalls im dritten Anlauf, den ehemaligen ORF-Redakteur Hans Kronberger auf – den letztlich allerdings „Krone"-Kolumnist Andreas Mölzer vom einzig verbliebenen Mandat verdrängte. Bei den Grünen hatte sich die Schauspielerin Mercedes Echerer nach fünf Jahren Politik zum Rückzug entschlossen. Und die SPÖ-Spitze verzichtete nach den Turbulenzen mit Hans-Peter Martin diesmal auf Prominenz von außen. Ihr Spitzenkandidat von 1999 (ein ehemaliger „Spiegel"-Journalist und Bestseller-Autor) gründete dafür seine eigene – nach ihm benannte – Partei, erreichte sensationelle 14 Prozent und zwei Mandate, und verhalf damit auch der politisch völlig unerfahrenen, aber umso bekannteren Radio- und TV-Moderatorin Karin Resetarits zu einem der 732 Sitze im Europa-Parlament.

Erstmals aufgetaucht ist der Begriff „Quereinsteiger" hierzulande fast 20 Jahre vorher. Im Juli 1988 begründete Jörg Haider in einem Interview für den ORF-„Inlandsreport" die Bestellung des weithin unbekannten Unternehmers Harald Göschl zum neuen FPÖ-Geschäftsführer damit, dass er „im Gegensatz zu den starren Altparteien ein Signal für Quereinsteiger setzen" wolle. Das ist die erste nachweisbare Verwendung des Begriffs in der österreichischen Politik – wenige Monate später hatte er sich eingebürgert. Seit 1989 wird er regelmäßig gebraucht. Allein in der Austria Presse Agentur bis zum Frühjahr 2006 knapp 1.000 Mal.

Aber auch wenn das Wort „Quereinsteiger" offenbar relativ jung ist – die Tatsache, dass Amateure, die in anderen Berufen erfolgreich und berühmt wurden, für die Politik rekrutiert werden, ist es nicht: Schon 1968 kandidierte Fünfkampf-Weltrekordlerin Liese Prokop für den niederösterreichischen Landtag, die Journalistinnen Helga Rabl-Stadler und Ursula Pasterk wechselten in die Politik, Erhard Busek warb seine „Bunten Vögel" für den Wiener Gemeinderat an – u. a. die Journalisten Alfred Worm und Jörg Mauthe – und der „Hochrechner der Nation" Gerhart Bruckmann saß für die ÖVP im Nationalrat. Die SPÖ machte die Fernseh-Direktoren Helmut Zilk und Franz Kreuzer zu Ministern und für die Freiheitlichen zog 1983 die populäre „AKH-Richterin" Helene Partik-Pablé ins Parlament, kurz nach ihrer Wahl zum „Mann des Jahres".

Überhaupt – die FPÖ: Sie hat im vergangenen Jahrzehnt öfter als jede andere Partei auf schillernde Namen gesetzt: Angefangen 1994 mit Lucona-Aufdecker Hans Pretterebner und der Staatsanwältin Liane Höbinger-Lehrer, die ein spektakulärer „Club 2"-Besuch über Nacht zum Medienstar gemacht hatte, über „Konflikte"-Redakteur Hansjörg Schimanek, „Standard"-Journalist Peter Sichrovsky, Schi-Olympiasieger Patrick Ortlieb, die „Willkommen Österreich"-Moderatorin Theresia Zierler, Radio-Sprecherin Jutta Wochesländer bis hin zu Leichtathletik-Star Elmar Lichtenegger, der als Hürdenläufer an sich nicht schlecht für den politischen Alltag qualifiziert gewesen wäre.

Es sei ihm darum gegangen, die FPÖ „bunter zu machen und breiter zu machen vom Wählerspektrum her", sagt im Rückblick Jörg Haider, der nahezu alle Genannten selbst in die Politik geholt hat: „In Wirklichkeit ermöglicht es, eine Partei wie die FPÖ, die doch ideologisch eng gewesen ist, zu öffnen." Die Voraussetzungen dafür waren günstig: Die Partei wuchs damals von Wahl zu Wahl und konnte Neuzugängen sichere Mandate versprechen, ohne alt gediente Funktionäre zu vergrämen. Parteistruktur und traditionelle Aufstiegsmuster waren nie so einbetoniert wie in den Großparteien SPÖ und ÖVP. Personalentscheidungen: ausschließlich Chefsache. Und für die damals politisch isolierte Partei erfüllten die prominenten Einsteiger noch eine weitere zentrale Funktion: „Dass man den Kommandanten der öffentlichen Meinung signalisiert hat – es nützen eure Ausgrenzungs- und Abmauerungsversuche nichts. Es gibt immer wieder interessante Führungspersönlichkeiten, die selbstverständlich mit der FPÖ gemeinsame Sache machen wollen." (Haider)

Auch wenn sonst niemand derart viele prominente Quereinsteiger aufgeboten hat wie die Freiheitlichen – seit Mitte der 1990er Jahre wollte keine Partei mehr auf bekannte Namen verzichten: Die ÖVP nominierte 1994 den Burg-Schauspieler und Rocksänger Franz Morak für den Nationalrat („Er hat zusätzliche Qualität gebracht, Aufmerksamkeit und Stimmen", sagt Morak-„Erfinder", Ex-Parteichef Erhard Busek.) Bei der EU-Wahl zwei Jahre später errang die Volkspartei dann mit ZiB-Moderatorin Ursula Stenzel und Kaiser-Enkel Karl Habsburg ihren ersten bundesweiten Wahlsieg nach zehn Jahren – zur eigenen Überraschung und zum Entsetzen der unterlegenen SPÖ. Stenzel bekam 168.078 Vorzugsstimmen, bis heute ein Rekord.

Die geschockte SPÖ reagierte bei der Europa-Wahl 1999 mit einem eigenen Promi, dem ersten quereingestiegenen Spitzenkandidaten in der mehr als hundertjährigen Parteigeschichte: nach langer Suche und einer kurzfristigen Absage des Star-Diplomaten Wolfgang Petritsch wurde der Bestseller-Autor Hans-Peter Martin buchstäblich über Nacht zum Listenführer gekürt. Der damalige Wahlkampf-Chef Andreas Rudas im Rückblick: „Für uns war klar, dass wir mit einem Quereinsteiger hineingehen wollen. Dass eine Neuauflage des Duells Swoboda gegen Stenzel nicht zugunsten der SPÖ ausgehen konnte." Das Kalkül ging auf – die ÖVP wurde auf Platz 2 verdrängt und Rudas will aus internen Nachwahl-Analysen wissen: „35 Prozent der Stimmen, die die SPÖ bekommen hat, waren ausschließlich wegen des Spitzenkandidaten."

Sogar die traditionell promi-skeptischen Grünen versuchten es damals mit einem Fernseh-Gesicht, mit der jungen Schauspielerin und Moderatorin Mercedes Echerer auf Platz 2 hinter dem Veteranen Johannes Voggenhuber. Der grüne Presse-Chef Stefan Schennach hatte Echerer der Parteispitze vorgeschlagen: „Wahlkämpfe sind ja bekanntlich nicht dazu da, um Unbekannte bekannt zu machen", argumentiert er, „sondern um die Bekanntheit von Personen zu nützen."

Vom EU-Wahlerfolg motiviert warb die SPÖ für die Nationalratswahl wenige Monate später die „Global 2000"-Aktivistin Ulli Sima an. Das Gentechnik-Volksbegehren und vor allem dessen massive Unterstützung durch die „Kronenzeitung" hatten sie in den Monaten zuvor landesweit bekannt gemacht. „Die SPÖ war in einer extrem schwierigen Position", erinnert sich Wahlkampf-Chef Rudas: „Wir waren in Wirklichkeit gelähmt. Die SPÖ als Partei war nicht mehr politik- und handlungsfähig. Die viel gescholtenen Spin-Doktoren mussten eine Schein-SPÖ in die Wahl treiben. Wir waren entgegen den veröffentlichten Meinungsumfragen extrem schwach, knapp vor der FPÖ. Deswegen haben wir uns überlegt, wo wir extreme Schwächen haben. Das war bei jungen, intelligenten Frauen – unser Hauptproblem. Und überhaupt bei Jungwählern. Ulli Sima war für uns ein absoluter, punktgenauer Treffer."

2002 plakatierten die Sozialdemokraten dann Wolfgang Petritsch, Gertraud Knoll und vor allem den populären ZiB-Moderator Josef Broukal. Die ÖVP konterte mit der einstigen Eislauf-Königin und „Seniorenclub"-Gastgeberin Ingrid Wendl: „Weil in der Zielgruppe der Senioren bei uns Handlungsbedarf gegeben war", erläutert Wahlkampf-Leiter Reinhold Lopatka ganz offen. Immerhin gibt es rund zwei Millionen Pensionisten im Land und Wendl „war in Wirklichkeit im Wahlkampf jemand, der ausschließlich auf diese Zielgruppe ausgerichtet eingesetzt worden ist. Da hat uns jemand gefehlt."

Ein Garant für eine politische Karriere ist mediale Prominenz jedoch keineswegs: Baumeister und „Seitenblicke"-Dauergast Richard Lugner versuchte es erst erfolglos bei der Bundespräsidentenwahl 1998 (wie auch die Pastorin Gertraud Knoll) und scheiterte im Jahr darauf gemeinsam mit seiner Eigenbau-Partei „Die Unabhängigen" und Gattin Christina bei der Nationalratswahl. Ebenso wie die „Profil"-Journalistin Elfriede Hammerl mit dem Liberalen Forum oder Bildhauer Alfred Hrdlicka und Kottan-Autor Helmut Zenker bei der KPÖ. Ohne Erfolg blieb auch Fernsehmoderator

Reinhard Jesionek als Spitzenkandidat des LIF im Jahr 2002. Und Karl Habsburg kam nach seinem unfreiwilligen Abgang aus der ÖVP bei der EU-Wahl 1999 mit der „Christlich Sozialen Allianz – Liste Karl Habsburg" gerade mal auf eineinhalb Prozent. Ganz so einfach ist der Einstieg in die Politik also auch wieder nicht.

Politik als Beruf

Im Frühling 2006 bot die Parteiakademie der FPÖ auf ihrer Internet-Homepage (www.f-akademie.at) einen interessanten Lehrgang an: „Collegium Scala" hieß der Kurs und er versprach seinen Absolventen „eine TOP-Ausbildung durch Spitzentrainer, Spitzenpolitiker und renommierte Experten". Eine „Kaderschmiede für Politik" wurde da angepriesen und wer das zwölfmonatige Ausbildungsprogramm „mit Einsatz und Engagement" absolviere, erhalte das „Rüstzeug zum professionellen Politiker."

Ein interessantes Experiment – auch wenn über das Curriculum des Lehrgangs ebenso wenig bekannt ist wie über die „Spitzenpolitiker", die da unterrichten, oder die politischen Karrieren der „TOP-ausgebildeten" Absolventen. (Immerhin wurde laut Webpage im Dezember 2005 bereits „Jahrgang 7 erfolgreich beendet").

Aber welches „Rüstzeug" braucht ein „professioneller Politiker" tatsächlich? Was ist ein professioneller Politiker überhaupt? Verbindliche Vorschriften, eine offizielle Ausbildung oder ein klar definiertes Berufsbild gibt es dafür nicht. Und trotzdem muss so etwas wie eine übliche Laufbahn und ein abgrenzbares Berufsfeld existieren, sonst wäre ein Quereinstieg ja gar nicht möglich. Quer – im Verhältnis wozu? Einstieg – wohin?

In früheren Zeiten war noch alles ganz klar: Wer im alten Rom Politiker werden wollte, hatte eine detailliert festgelegte Abfolge öffentlicher Ämter zu absolvieren, den so genannten *cursus honorum*. Vom Quästor arbeitete sich der römische Karrierepolitiker langwierig durch die Hierarchie der Republik bis zum Konsul empor. Für jedes Amt war ein Mindestalter vorgeschrieben, keine Funktion (außer dem Konsulat) durfte länger als ein Jahr oder mehrfach ausgeübt werden, vor der Wahl ins nächsthöhere Amt waren zwei Jahre

Pause einzulegen und bezahlt gab es nichts. Im Gegenteil: die vielen Wahlkämpfe waren so teuer, dass sich selbst wohlhabende Kandidaten durch die allgemein übliche Bestechung der Wähler schwer verschuldeten.

Derart strenge Regeln existieren heute nicht mehr. Zu einem der 183 Abgeordneten im österreichischen Nationalrat kann laut Verfassung jeder Staatsbürger gewählt werden, der am 1. Jänner des Wahljahres mindestens neunzehn ist. Formale Voraussetzungen – wie für die meisten anderen Berufe, vom Bäcker bis zum Rechtsanwalt, vom Lehrer bis zum Installateur – gibt es keine, weder eine bestimmte Ausbildung, noch einen Schulabschluss oder den Nachweis einschlägiger Praxis. Selbst vom Bundespräsidenten, dem ranghöchsten Politiker im Land, wird nicht mehr verlangt als der Abschluss des 35. Lebensjahres und ein ordentlicher Leumund. Das erstaunt jedoch nur auf den ersten Blick. In einer modernen Demokratie ist der möglichst barrierefreie Zugang in politische Ämter selbstverständlich – jede Bürgerin und jeder Bürger kann Politiker werden und das Volk vertreten. Zumindest theoretisch.

In der Praxis sieht es meist anders aus. Das Codewort lautet „Ochsentour". So nennen politische Profis und Experten den modernen *cursus honorum*, den jahrelangen, oft mühsamen Aufstieg über politische Basisfunktionen in der lokalen Parteiorganisation, im Jugendverband und im Gemeinderat, in der Gewerkschaft oder im Bauernbund. Politische Spitzenfunktionen, zumal in Parlament und Regierung, werden heute in den meisten Ländern durch Parteien vergeben. In Österreich darf man bei den allermeisten Wahlen laut Verfassung nur auf der Liste einer „wahlwerbenden Partei" kandidieren. Die Gründung einer solchen Partei ist zwar nicht sehr kompliziert, erfahrungsgemäß haben aber neue Listen bei Wahlen wenig Chancen: seit 1945 waren im Nationalrat nur sieben verschiedene Parteien vertreten und in den letzten Jahrzehnten gelang nur den Grünen der Sprung von außen ins Parlament (das Liberale Forum und das BZÖ entstanden durch die Abspaltung von bereits bestehenden Fraktionen). Selbst bei Bundespräsidentenwahlen – formal eine reine Personen-Wahl – haben bislang stets die Kandidaten der Großparteien ÖVP und SPÖ gewonnen. Lediglich auf kommunaler Ebene sind auch unabhängige Namenslisten immer wieder erfolgreich. Und zuletzt bei den Europa-Wahlen Hans-Peter Martin mit seiner eigenen Partei. Aber auch er saß schon vorher im EU-Parlament, als Mitglied der SPÖ-Delegation.

Der übliche Weg zum Parlaments-Mandat ist also ein wählbarer Platz auf dem Wahlvorschlag einer etablierten Partei. Die sind jedoch knapp – und sehr begehrt. So hatte etwa die SPÖ im Jahr 2004 nach eigenen Angaben 313.000 Mitglieder, aber nur 69 Sitze im Nationalrat. Noch ungünstiger ist das Verhältnis in der ÖVP: Angeblich 630.000 Parteimitgliedern stehen 79 Mandate zur Verfügung. Und selbst die FPÖ hatte (knapp vor der Parteispaltung, neuere Zahlen sind nicht verfügbar) 42.000 Mitglieder, aber nur 18 Sitze im Parlament. Zigtausend Basisfunktionäre engagieren sich Jahr ein, Jahr aus für ihre Parteien – allein die ÖVP hat weit über zweitausend Ortsgruppen in fast allen Gemeinden, mit Obleuten, Schriftführern und Kassieren. Wahlkämpfe wären ohne diese ehrenamtlichen Helfer nicht finanzierbar, Motivation und Mobilisierbarkeit des Parteiapparates sind eine entscheidende politische Ressource. Aber die Parteien können ihren Funktionären nur wenig bieten, vor allem seit die einst allgegenwärtige Parteibuchwirtschaft in Misskredit geraten ist. Die vielen ehrenamtlichen Mitarbeiter zu bezahlen, ist jedoch selbst mit der generösen österreichischen Parteienfinanzierung undenkbar. Öffentliche politische Ämter allerdings, wie Gemeinderäte, Abgeordnete, Bürgermeister oder Regierungsposten werden vom Steuerzahler entlohnt – und das oft gar nicht schlecht.

Exakt 43.727 bezahlte politische Funktionen gab es laut einer Untersuchung im Sommer 2003 in Österreich. Den allergrößten Teil davon – mehr als 98 Prozent – in den vielen Gemeinden, in denen die Mitglieder der Gemeindeausschüsse nur minimale Entschädigungen bekommen. Aber mindestens 1.000 Politiker in Österreich können gut von ihrem Einkommen leben: Minister, Landesräte, Nationalrats-, EU- und Bundesratsmandatare, die 448 Landtagsabgeordneten, die 23 Wiener Bezirksvorsteher und ihre Stellvertreter, die Bürgermeister und Stadträte selbst kleinerer Städte. Einem neu gewählten Nationalrat steht ein Anfangsgehalt von 7.727,30 Euro brutto im Monat zu (Stand: März 2006). Zum Vergleich: das monatliche Durchschnittsgehalt eines österreichischen *Angestellten mit hoch qualifizierter Tätigkeit* liegt laut dem aktuellsten Einkommensbericht des Rechnungshofs bei 3.386 Euro, also nicht mal halb so hoch. Am Einkommen eines Nationalrates orientieren sich laut Gesetz auch die anderen Politikerbezüge: Der Bundespräsident verdient 2,8 mal so viel, der Kanzler 2,5 mal, ein Minister das Doppelte. Aber selbst die am schlechtesten bezahlten Landtagsabgeordneten des Landes (jene in Tirol) bekommen mehr als 4.300 Euro pro Monat – und fast jeder hat daneben noch einen Hauptberuf. In einer mittelgroßen Stadt wie Villach (58.000 Einwohner) wird jeder Stadtrat mit monatlich knapp 8.400 Euro entlohnt.

Auch wenn manche Spitzenfunktionen wie Bundeskanzler, Minister oder Fraktionschef im Parlament im Vergleich zu ähnlichen Managementaufgaben in der Wirtschaft und angesichts des permanenten öffentlichen Drucks eher schlecht bezahlt sind: grundsätzlich ist die Politik ein finanziell durchaus attraktiver Arbeitsplatz. Dazu kommen oft weitere *office benefits* wie Mitarbeiter, Dienstwagen, Prestige und Kontaktmöglichkeiten und was die Experten *policy benefits* nennen: die Möglichkeit zur politischen Gestaltung, die man ja als Hauptmotiv für politisches Engagement vermuten möchte. Entsprechend begehrt sind die verhältnismäßig wenigen politischen Spitzenämter bei vielen Parteifunktionären, die jahrelang unbezahlt Prospekte verteilen, langweilige Sitzungen leiten, sonnige Wahlsonntage als Beisitzer im Wahllokal verbringen oder Mitgliedsbeiträge einkassieren – und sich so langsam in der Hierarchie nach oben dienen. Die Parteien lagern auch nicht selten ihre Personalkosten in die Landtage und Parlamente aus: Wenn führende Parteiangestellte auch auf gut bezahlten Mandaten sitzen, müssen ihnen aus den Parteibudgets keine allzu hohen Gehälter überwiesen werden.

Die „Ochsentour" – der lange Marsch durch die Institutionen und Organisationen – ist der übliche Weg in die Politik. Der Quereinstieg ins Parlament, die Regierung oder das Rathaus einer größeren Gemeinde gelingt nur selten, vor allem ohne Parteifunktion: eine Untersuchung von fast dreitausend Landtags- und Bundestagsabgeordneten in Deutschland, wo die Politik ganz ähnlich organisiert ist, zeigte Mitte der 1990er Jahre, dass nur zwei Prozent der Parlamentarier kein Parteiamt bekleideten. Von allen deutschen Regierungsmitgliedern zwischen 1949 und 2002 kamen nur drei Prozent ohne politische Erfahrung ins Kabinett. Und ganz ähnlich sind die Verhältnisse in Österreich: Von den 44 neuen Abgeordneten, die nach der Wahl 1999 in den Nationalrat einzogen, hatten 37 (also 84 Prozent) bereits eine politische Laufbahn hinter sich: in Landtag- oder Landesregierung, als Gemeinderat, Bürgermeister oder Kammerfunktionär. Praktisch alle bekleideten mindestens ein Amt in ihrer Partei. Schon vor ihrer Wahl hatten die Neo-Mandatare zusammen 77 politische Funktionen absolviert, also im Durchschnitt 2,2. Nur sieben der insgesamt 183 Abgeordneten schafften es 1999 ohne „Ochsentour" ins Parlament – und das sind schon deutlich mehr als früher.

Wann sich die Bezeichnung „Ochsentour" für diese politische Standard-Laufbahn eingebürgert hat, ist übrigens unklar. Erstmals zitiert ist sie 1975, in einer bis heute grundlegenden Studie des deutschen Politologen Dietrich Herzog, der drei typische Berufsverläufe für Politiker gefunden hat: Das „cross-over" – der Quereinstieg in eine politische Spitzenfunktion ohne vorheriges parteipolitisches Engagement – ist der seltenste. Im Gegensatz zur „reinen Politikerkarriere", die von Jugend an ausschließlich in (bezahlten) politischen Funktionen verläuft. Das häufigste Muster – Herzog nennt es die „Standard-Karriere" – ist aber der Wechsel in ein erstes politisches Spitzenamt nach der Etablierung in einem „Zivilberuf" und nach langem Engagement für die Partei. Der Verfassungsrechtler Manfried Welan (in den 1980er Jahren einer der „Bunten Vögel" im Wiener Landtag) hat für diese traditionellen Politiker-Typen einen eigenen, treffenden Begriff geprägt: die „Längseinsteiger".

Ein gutes Image hat die Ochsentour nicht unbedingt. Dieses Prinzip „aus Kuschen, Aussitzen und Hochdienen" führe dazu, dass nur mehr „Parteisoldaten" die Parlamente bevölkerten, statt eigenständiger, selbstbewusster Menschen, klagte kürzlich ein Leitartikel. Der bekannte deutsche Parteienkritiker Herbert von Arnim kritisiert, dass sich „junge, qualifizierte Leute diesen beschwerlichen Weg nicht mehr leisten" könnten, weshalb in der Politik vor allem Beamte, Lehrer und Funktionäre Karriere machen würden. Die

Politik sei so „immer inzüchtiger geworden", ergänzt der Parteien-forscher Werner Patzelt.

Aber wo sollen Politiker ihr Handwerk lernen, wenn nicht an der Basis und von der Pike auf? Ein Studium der Politikwissenschaft macht ebenso wenig einen Politiker wie ein Doktorat in Theater-wissenschaft einen Schauspieler oder Erfolgs-Regisseur. Eine theo-retische Ausbildung zum Parlamentarier oder Bundeskanzler gibt es nicht – ein Politiker „muss in der Praxis lernen, wie man verhan-deln, manipulieren und manövrieren muss, um die Entscheidungen zu kriegen, die man will", wie der amerikanische Politik-Professor William Riker sagt. Wobei sich die meisten Analytiker relativ einig darüber sind, was ein guter Politiker können sollte. „Die Politik bedeutet ein starkes langsames Bohren von harten Brettern mit Leidenschaft und Augenmaß zugleich", hat Max Weber 1919 in seinem legendären Vortrag „Politik als Beruf" formuliert. Und daran hat sich bis heute nichts geändert. Politik ist üblicherweise ein langwieriger, mühsamer, komplexer Prozess – und das Ergebnis fast immer ein Kompromiss. Das erfordert besondere Fähigkeiten und Kenntnisse.

Politiker müssen „vor allem geschickte Kommunikatoren und Verhandler, Moderatoren und Organisatoren sein", meint Manfried Welan, mit seiner Erfahrung aus Theorie und ein paar Jahren poli-tischer Praxis. Auch Dietrich Herzog, der für seine Untersuchungen hunderte Politiker befragt hat, sieht in der Verhandlungs-Kompe-tenz die zentrale Qualität: In der Politik gehe es vor allem darum, verschiedene, oft widersprüchliche Interessen, „kompromissbereit in gemeinwohlverträgliche Problemlösungen zu konvertieren". Der Politologe Wolfgang C. Müller betont vor allem die Entscheidungs-Fähigkeit: ein Politiker müsse zeitgerecht und sachlich effizient Entscheidungen treffen und politische Akzeptanz dafür herstellen können. Was man dafür braucht? Laut einem kürzlich veröffentli-chten Handbuch der „Erfolgsfaktoren für alle die gewählt werden wollen": emotionale Kompetenz, fachliche Kompetenz, Charisma und Glaubwürdigkeit. Oder – wie Max Weber schon 1919 wusste: Leidenschaft, Verantwortungsgefühl und Augenmaß. Und den täg-lichen Kampf gegen „die ganz gemeine Eitelkeit".

Und was sagen die Praktiker? Der ehemalige ÖVP-Chef Busek will sich auf die Debatte, was ein Politiker können muss, gar nicht erst einlassen: „Das ist eine endlose Liste". Jene von Mathias Reichhold dagegen ist ähnlich kurz wie seine Amtszeit als Obmann der FPÖ: „Bürgernähe, Fleiß, Kreativität, Kompetenz". Sein Langzeit-Vorgänger Jörg Haider meint, ein Politiker müsse „aufgeschlossen sein für Entwicklungen und Tendenzen in der Gesellschaft, ein gewisses Sensorium dafür haben. Man muss in jedem Fall zuhören können, was leider immer weniger Menschen können. Und er darf nicht gekränkt sein, wenn Widerstand aus der Bevölkerung kommt." Für Alexander van der Bellen – einst selbst ein Quereinsteiger, mittlerweile aber der längstgediente grüne Parteichef – ist das Anforderungsprofil „rollenabhängig": „Interne Organisatoren" seien ebenso wichtig wie solche, „die nach außen wirksam sind" oder Ansprechpartner für „bestimmte Zielgruppen". Auch Bundeskanzler Wolfgang Schüssel sieht nach fast vierzig Jahren einschlägiger Erfahrung die unterschiedlichsten Politikertypen: „Mobilisierer, Vermittler, Bewahrer, Manager, Ideologen, Innovateure". Allen gemeinsam sollte aber sein: „Gestaltungswille, Dialogfähigkeit, Entscheidungsstärke, Leadership, Medienkompetenz und die Sorge ums Gemeinwohl. Und Politiker brauchen eine klare Linie und Standfestigkeit. Sie dürfen in ihren Positionen nicht wanken." Sein Generalsekretär Reinhold Lopatka ergänzt: „Wer länger in der Politik sein möchte, braucht soziale Kompetenz. Ein Einzelgänger hat keine Chance, länger in einer großen Partei zu reüssieren." Für SPÖ-Chef Alfred Gusenbauer – wie Schüssel ein klassischer „Längseinsteiger" – ist Politik durch ihre umfassenden Anforderungen „mit keinem anderen Beruf vergleichbar". Seine Liste: „Eine gewisse Sachkenntnis, eine rasche Auffassungsgabe, rhetorische Fähigkeiten, öffentliche Kommunikationsfähigkeit, Lust am Duell und der Durchsetzung. Man muss einen ordentlichen Buckel haben und einen guten Magen. Das ist einmal die Grundvoraussetzung, dass man dieses Geschäft überlebt. Es ist daher eine Mischung von sozialer, emotionaler und technokratischer Intelligenz." Der Medien-Profi Andreas Rudas hat in seiner Zeit als Partei-Manager offenbar andere Erfahrungen gemacht. Was ein Politiker braucht? „In Österreich: Intrigantentum, Sitzfleisch und Eitelkeit."

Politiker haben ein Image-Problem. Ende 2004 hat die Zeitschrift „Reader's Digest" in vierzehn europäischen Ländern, darunter auch Österreich, das Vertrauen in verschiedene Berufsgruppen abfragen lassen. Die höchsten Werte erzielten europaweit Feuerwehrleute, Piloten, Apotheker und Krankenschwestern, denen um die 90 Prozent der Befragten *sehr hohes* oder *ziemlich hohes Vertrauen* entgegen brachten. (Feuerwehrleute erreichten in Österreich gar 100 Prozent.) Auf den letzten drei Plätzen landeten Autoverkäufer, Werbeleute und Politiker. In Österreich vertrauen gerade mal 12 Prozent ihren Politikern. Autoverkäufer – hierzulande auf dem vorletzten Platz – kommen immerhin auf 24 Prozent. Zahllose andere Studien liefern ähnliche Befunde, zuletzt im Herbst 2005 eine weltweite Gallup-Umfrage unter mehr als 50.000 Personen. Nur 13 Prozent sprachen da im Durchschnitt Politikern das Vertrauen aus – und besonders schlecht ist ihr Image in Europa.

Die Ursachen für diese Vertrauenskrise sind vielfältig. Für den deutschen Publizisten Hans-Martin Schönherr-Mann sind die überzogene Versprechen der Politik eine wesentliche Ursache: Jeder halbwegs aufgeklärte Bürger habe gelernt, dass er einen großen Teil der politischen Erklärungen nicht mehr ernst nehmen dürfe: „Allein schon das Wort ‚Wahlversprechen' deutet notorisch das Gegenteil seiner expliziten Bedeutung an." Für den Wahlforscher Fritz Plasser hängt die verbreitete Politikerverdrossenheit auch mit der „hochgradigen Ritualisierung und plakativen Formelhaftigkeit" der zahlreichen Fernsehauftritte von Politikern zusammen. Viele Bürger haben außerdem das Gefühl, Parteien und Politiker würden „von der Bevölkerung abgehoben agieren und seien vorwiegend dem eigenen Interessen- und Machtkalkül verhaftet", hat der Meinungsforscher Peter Ulram in zahlreichen Umfragen herausgefunden.

Dazu kommen inszenierte Konflikte, „symbolische Debatten", mit denen mangels echter ideologischer Unterschiede zwischen den Parteien eine „erlogene Übersichtlichkeit" erzeugt werden soll, wie Thomas Meyer in seinem großen Essay „Die Inszenierung des Scheins" formuliert. Ulrich Sarcinelli, der den Begriff „symbolische Politik" geprägt hat, spricht von einer „Scheinpolarisierung von angeblichen ideologischen Fundamentalgegensätzen", die gleichzeitig potentielle Wähler mobilisieren und den innerparteilichen Zusammenhalt fördern soll, die aber den ständig nötigen Kompromissen im politischen Alltag entgegensteht. Dieser Widerspruch zwischen hochgeschaukelter Rhetorik und anschließendem Kompromiss beschädige die Glaubwürdigkeit der Akteure. Bei den Wählern kommt der permanente Konflikt – jenseits des kurzfristigen Unterhaltungswertes – auf lange Sicht jedenfalls nicht besonders gut an. Nach einer Umfrage unter Wiener Jugendlichen z. B. sind knapp siebzig Prozent der Meinung, „Politiker streiten nur".

Verstärkt wird das noch durch die zunehmende Negativität von Wahlkämpfen. Der amerikanische Forscher Shanto Iyengar hat nachgewiesen, dass *negative campaigning* – das auch in Europa immer populärer wird – vor allem bei Personen mit geringem politischen Interesse die Enttäuschung über Politiker und den politischen Prozess insgesamt verstärkt: „Die Zuseher lernen aus der Schlammschlacht und den Beschimpfungen vor allem die Botschaft, dass Politiker generell zynisch, unzivilisiert, korrupt und inkompetent sind". Andere Experten vermuten die Medien hinter der Malaise: Weil immer weniger über die Inhalte politischer Auseinandersetzungen berichtet werde, sondern vor allem über die Konflikte selbst, die eigennützigen Motive und Interessen der Akteure, über Sieger und Verlierer. Tatsächlich haben nach einer aktuellen Untersuchung 45 Prozent aller politischen Beiträge in österreichischen Zeitungen und im Rundfunk eine Kontroverse im Mittelpunkt. Ein Drittel aller „Aufmacher", also der Hauptschlagzeilen und Titelgeschichten in österreichischen Tageszeitungen und Nachrichtenmagazinen befasst sich mit „Konflikten, Krisen, Protesten, Skandalen und Affären". Und knapp die Hälfte aller Beiträge verbreitet, so die aufwändige Untersuchung der Gruppe *Mediawatch*, „ein insgesamt negatives Bild der Politik"

Mit entsprechenden Konsequenzen: Auf die Frage „Welche Gefühle ruft Politik bei ihnen hervor?" antwortete im Jahr 2002 immerhin jeder vierte Österreicher mit „Misstrauen", fast ebenso viele mit „Ärger" und sechs Prozent gar mit „Widerwillen". Mehr als die Hälfte der Befragten hatte insgesamt ein negatives Bild von der Politik, nur ein Viertel ein positives.

Noch dramatischer wird der Befund, wenn nicht nach der Politik allgemein oder politischen Institutionen gefragt wird, sondern nach den Politikern. Seit vielen Jahren stellt etwa das IMAS-Institut die Frage: „Glauben Sie, man muss große Fähigkeiten haben, um in Wien Nationalratsabgeordneter zu werden, oder keine großen Fähigkeiten". 1975 vermuteten noch 55 Prozent der Befragten bei den Abgeordneten „große Fähigkeiten", nur halb so viele sagten das Gegenteil. Bis 2005 hat sich dieses Verhältnis umgedreht: Nur mehr 24 Prozent glauben, man benötige große Fähigkeiten, um Parlamentarier zu werden, aber fünfzig Prozent verneinen das. Bei einem Vergleich zwischen Abgeordneten und Managern in mittelgroßen Unternehmen glaubt nicht einmal jeder zehnte Wähler, dass der Politiker mehr leiste, mehr Verantwortung trage, das größere berufliche Risiko habe oder mehr verdienen sollte. Und diese Daten unterscheiden sich nicht wesentlich von vielen anderen Ländern.

Politiker haben also keinen Ruf, um den man sie beneiden müsste. Kein Wunder, dass sich die Parteien immer öfter auch um Image-Träger aus anderen Branchen bemühen, die von dort jene Sympathie-, Vertrauens- und Kompetenzwerte mitbringen, die professionellen Politikern mittlerweile fehlen.

Die schwierigen Wähler

Aber das Image-Problem ist nicht alles. Politik ist generell ein schwieriges Geschäft geworden – nicht nur inhaltlich, mit immer komplexeren Themen und schwindenden Steuerungsmöglichkeiten durch nationale Parlamente. Auch die Wähler werden immer komplizierter. Vier Jahrzehnte lang, bis Mitte der 1980er Jahre, war in Österreich alles ganz klar: SPÖ und ÖVP gewannen bei praktisch jeder bundesweiten Wahl gemeinsam weit über neunzig Prozent. Die regionalen Hochburgen standen ebenso unerschütterbar wie die jeweilige Wählerklientel: Arbeiter wählten rot, Unternehmer und Landwirte schwarz. Kirchgänger stimmten für die ÖVP, Gewerkschaftsmitglieder für die SPÖ. Die Sozialdemokraten hatten ihre Wähler vor allem in den Städten, die ÖVP auf dem Land. Wechselwähler, die einmal für die einen stimmten und bei der nächsten Wahl anders, waren eine fast unbekannte Spezies – 1972 etwa gerade mal acht Prozent. Im Jahr 2000 waren es schon sechs mal so viele und die Stimmanteile der beiden Großparteien waren um ein gutes Drittel geschrumpft. Die politische Landschaft in Österreich hatte sich fundamental verändert – durch den beispiellosen Aufstieg der FPÖ sogar noch radikaler als in den meisten anderen Ländern, obwohl die zunehmende Mobilität der Wähler und die immer schwächeren Parteibindungen in praktisch allen Demokratien nachweisbar sind. Das hat viele Gründe – und sie alle machen den Wahlkampfmanagern der Parteien ihr Handwerk nicht leichter.

Soziologen sprechen von *Modernisierung, Säkularisierung* und *Individualisierung* der Gesellschaft als den großen Umwälzungen, die sich in den letzten Jahrzehnten in allen westlichen Ländern beobachten ließen. Vor allem der rasante Wandel in der Wirtschaft hat die Gesellschaft verändert. Der früher riesige Sektor der Landwirtschaft beschäftigt heute gerade noch vier Prozent der Bevölkerung. Der ÖVP ist hier ein riesiges Stammwähler-Reservoir einfach weg gebrochen. Aber auch die typischen Arbeiter, jahrzehntelang der Kern der SPÖ-Wählerschaft, werden in einer Dienstleistungsgesellschaft immer weniger – zugunsten der Angestellten und Beamten, des neuen Mittelstandes, ohne traditionelle politische Heimat. Und selbst jene Stammklientel, die noch blieb, wurde zunehmend untreu: Mitte der 1990er Jahre wählte nur mehr ein gutes Drittel der Unternehmer die ÖVP, fünfzehn Jahre vorher waren es noch mehr als drei Viertel gewesen. Bei der Nationalratswahl 1999 erreichten die Freiheitlichen unter Arbeitern nahezu die absolute Mehrheit, weit vor der traditionellen „Arbeiterpartei" SPÖ.

Drei Jahre später sah dann wieder alles anders aus: die Implosion der FPÖ nach Knittelfeld und dem Koalitionsbruch stellte scheinbar fast wieder alte Verhältnisse her: die früheren Großparteien gewannen 2002 zusammen wieder fast achtzig Prozent und klare Mehrheiten in ihren traditionellen Milieus. In Wahrheit zeigte diese Wahl aber nur, wie unglaublich instabil die politische Landschaft geworden ist. Nie zuvor haben sich bei einem Wahlgang derart viele Stimmen von einer Partei zu einer anderen bewegt. Nur mehr ein Viertel der österreichischen Wähler sagt heute, sie hätten eine

„starke Bindung" zu einer bestimmten Partei. „Stammwähler" gibt es fast nur mehr unter Pensionisten. Die Jungen wechseln die Partei fast wie ihr Handy: 1999 war die FPÖ die stärkste Partei bei den Erstwählern, drei Jahre später waren es die Grünen. Rechts – links, einerlei.

Auch andere Integrationskräfte verlieren an Bedeutung: Nach einer Statistik der katholischen Kirche hat sich die Zahl der regelmäßigen Besucher von Gottesdiensten seit 1970 halbiert, gleichzeitig nehmen die Kirchenaustritte fast jährlich zu. Einen ähnlichen Exodus erleben die Gewerkschaften: Der ÖGB ist wieder auf dem Mitgliederstand der 1950er Jahre angelangt. Für die traditionellen Großparteien ein gewaltiges Problem, denn regelmäßige Kirchgänger und Gewerkschafter zählen noch immer zu den verlässlichsten Wählern von ÖVP bzw. SPÖ.

Und die alten politischen Ideologien, die „großen Erzählungen" der Moderne, sind in der Diskussion um postmoderne Beliebigkeit – und spätestens nach 1989 – vollends aus der Mode gekommen. Politisches Handels ist heute in den meisten Ländern „ein mehr oder minder vernünftiges Gemenge aus konservativen, sozialistischen und liberalen Ideen mit unterschiedlichen Akzentsetzungen", diagnostiziert der Grazer Soziologe Manfred Prisching.

Politische Ideologien und Parteien haben allerdings auch eine wichtige Orientierungsfunktion für die Wähler – oder wie Theoretiker sagen: „Sie reduzieren Informationskosten im politischen System". Wähler, die sich einem klaren Weltbild verpflichtet fühlen, die eine politische „Heimat" haben, müssen nicht vor jeder Wahl neu abwägen, wem sie diesmal ihre Stimmen geben, indem sie Programme studieren, Versammlungen besuchen und mit hohem Aufwand zu jedem Thema die Standpunkte aller kandidierenden Gruppen vergleichen – eine Mühe, der sich nur wenige unterziehen wollen. Wenn aber die traditionellen Ideologien, Milieus und Parteien ihre Integrationskraft verlieren, brauchen die Wähler neue Orientierungs- und Unterscheidungsmerkmale zwischen den einander scheinbar immer ähnlicheren, zunehmend verwechselbaren politischen Angeboten.

„Die alten politischen Lager haben an Bedeutung verloren", analysiert ÖVP-Wahlkampfmanager Lopatka die praktischen Folgen für die Parteien: „Die Gegensätze dieser Lager sind nicht mehr so, wie sie seinerzeit waren und daher rücken Personen stärker in den Mittelpunkt. Auch abgesehen vom jeweiligen Spitzenkandidaten müssen Parteien deshalb bestrebt sein, möglichst bekannte, prominente, sympathische, positive Persönlichkeiten zu präsentieren."

Diese zunehmende Personalisierung von Politik ist unbestritten. Bereits vor zehn Jahren orientierte sich mehr als die Hälfte der Österreicher bei Wahlen „primär am Image der Spitzenkandidaten". Professionelle Politikberater in Österreich nennen deshalb „Persönlichkeit und Image des Kandidaten" als wichtigsten Faktor für den Erfolg einer Wahlkampagne. Komplizierte – und vielfach ohnehin nicht eindeutig lösbare – Sachfragen werden so auf Personalentscheidungen reduziert. In der öffentlichen Darstellung sowieso: In der bereits zitierten *Mediawatch*-Studie über die politische Berichterstattung in Österreich fanden die Autoren eindrucksvolle Belege dafür: Fast drei Viertel aller Berichte (in Fernsehen, Radio und Printmedien) zeigten einen „persönlichkeitszentrierten" Zugang zum Thema, nur ein Viertel stellte „institutionelle Akteure" wie Parteien oder Verbände in den Mittelpunkt. Menschen lassen sich eben leichter darstellen als komplexe Sachprobleme. Vor allem im Leitmedium Fernsehen, das drei Viertel der Österreicher als ihr wichtigstes Informationsmedium bezeichnen und fast ebenso viele für das glaubwürdigste halten. Die Konsequenz: „Über den politischen Erfolg entscheiden Tele-Charisma und professionelle Tele-Performance politischer TV-Stars", bilanzieren die Autoren einer Studie über Wahlkampfmanagement in Österreich.

Der deutsche Publizistik-Professor Hans-Mathias Kepplinger hat übrigens in einem interessanten Experiment untersucht, welche Eigenschaften einen „politischen Star" ausmachen. Jene Politiker, die in seiner Befragung als *Stars* identifiziert wurden, unterschieden sich von den Nicht-Stars vor allem durch ihre signifikant besseren Bewertungen in folgenden Kategorien: „Ist ein Fernseh-Profi", „ist unterhaltsam", „originell", „schlagfertig", „witzig", „argumentiert geschickt" und „könnte eine Talkshow leiten".

Da ist es nur konsequent, wenn gleich Medien-Profis als Kandidaten nominiert werden, wie die Fernseh-Moderatoren Helmut Zilk, Ursula Stenzel, Josef Broukal, Ingrid Wendl, Theresia Zierler oder Karin Resetarits; Zeitungsjournalisten wie Hans Pretterebner, Peter Sichrovsky, Hans-Peter Martin und Andreas Mölzer. Oder die Schauspieler Franz Morak und Mercedes Echerer. „Massenmediale Darstellungskompetenz" – das ist ihr eigentliches Geschäft.

Grünen-Chef Alexander Van der Bellen gesteht das offen ein: „Wenn es so ist, dass Politik zunehmend medial vermittelt werden muss, dann liegt es nahe, einige Zeit vor der Wahl mit aus irgendwelchen Gründen bekannten, beliebten, anerkannten Gesichtern Aufmerksamkeit zu erregen. Es kann auch eine gewisse Offenheit signalisieren. Man kann, wenn man Glück hat, auf diese Weise ein liberaleres Bild von sich selbst erzeugen als es in Wahrheit der Fall ist."

Aber es gibt auch noch andere Motive, Prominente von außen in die Politik zu holen, wie Jörg Haider für seine ehemalige Partei erklärt: „Aus der Sicht der FPÖ war es notwendig, um quasi Führungspersönlichkeiten für die Partei, die stark gewachsen ist, zu bekommen. Das konnte nicht allein aus dem eigenen Funktionärsbereich gemacht werden. Daher macht es durchaus Sinn, Personen aus den Wählersegmenten, von denen die FPÖ starke Reaktionen erwartet hat, dort hinzusetzen."

Und SPÖ-Vorsitzender Alfred Gusenbauer ergänzt: „Es gelingt immer weniger, Leute aus der zweiten oder dritten Reihe in der Öffentlichkeit aufzubauen, weil der innenpolitische Diskurs auf wenige Köpfe reduziert ist. Daher stellt sich immer wieder die Frage für Parteien: Welche Leute haben ein öffentliches Profil, das notwendig ist, wenn man bei Wahlen reüssieren will?" Und am konkreten Beispiel Josef Broukal: „Jemand, der jeden Tag in der Hauptnachrichtensendung am Bildschirm ist und dort Nachrichten bringt, hat einfach bei den Menschen eine natürliche Glaubwürdigkeit. Das ist natürlich ein enormes *asset* für eine Wahlauseinandersetzung und für das öffentliche Auftreten. Jemand, der über Jahre jeden Tag am Abend im Wohnzimmer der Österreicherinnen und Österreicher Platz nimmt, der hat einmal eine grundsätzliche Vertrauensunterstellung. Es gibt keinen Politiker, der so oft über den Bildschirm kommt wie der ZiB1-Moderator."

Ein Prominenter ist jemand, der dafür bekannt ist, bekannt zu sein, hat der amerikanische Historiker Daniel Boorstin in seinem berühmten Buch „The Image" formuliert, in dem er auch den Begriff „Pseudo-Event" eingeführt hat – für ein Ereignis, das nur deshalb stattfindet, damit die Medien darüber berichten. Ein Prominenter, schreibt Boorstin, sei nichts anderes als ein „menschliches Pseudo-Event".*

Tatsächlich ist Prominenz ein Medien-Phänomen. Vor der Verbreitung von Massenmedien und Unterhaltungsindustrie ab dem späten 19. Jahrhundert gab es zwar berühmte Persönlichkeiten – Adelige, Feldherren, manche Künstler – aber keine Prominenten und keine Stars. Die wurden erst von den Medien gemacht. Zu Beginn von den Massenblättern der New Yorker Zeitungszaren Hearst und Pulitzer, dann von den ersten landesweiten *popular magazines*. „Names make news", war die Devise der Verleger – und für die ersten nationalen Medien wurden landesweit bekannte Namen gebraucht, über die man schreiben konnte. Die Zeitungen begannen, die Stars, über die sie schreiben wollten, selbst zu produzieren.

Den entscheidenden Schub gab dann die junge Filmindustrie. Sehr bald warben die neu gegründeten Studios mit ihren Hauptdarstellern, Fan-Magazine wurden gegründet, Autogramm-Karten gedruckt und in der Presse erschienen die ersten Berichte über das Privatleben der neuen Stars. Darin wird mitunter auch ein Definitionsmerkmal für einen Star gesehen – wenn das Publikum beginnt, sich über seine eigentliche Arbeit hinaus auch für sein Privatleben zu interessieren. Für die großen Hollywood-Studios wurden ihre Stars schnell so etwas wie *Marken* – ein „Mechanismus der Produktdifferenzierung" gegen die immer härtere Konkurrenz, wie es der Medienwissenschafter Werner Faulstich formuliert. Eine ganz ähnliche Entwicklung zeigt sich in Europa – und schon bald wuchs der massenmedial angeheizte neue Star-Kult weit über das Filmgeschäft

---

* Im Original: „The celebrity is a person who is known for his well-knownness. [...] He ist the human pseudo-event."

hinaus: „Komödianten, Filmfritzen, Kabarettfatzken, Boxer, Fuß-baller, Parlamentarier, Eintänzer, Damenfriseure, Literaturhistori-ker, Persönlichkeiten schlechtweg – alle können prominent sein", spottete Karl Kraus – 1927. Und das war lange vor der Einführung des Fernsehens, das die neue *celebrity culture* endgültig weltweit ver-breitet hat. Das Ergebnis nennt Neal Gabler in seinem lesenswerten Buch über die „Eroberung der Wirklichkeit durch das Entertain-ment" eine neue „Prominenten-Religion".

Prominenz, so lautet eine viel gebrauchte Definition, ist die „Fähigkeit, öffentliche Aufmerksamkeit zu finden". Im Zeitalter der allgemeinen Informationsüberlastung eine fast unschätzbare Kompetenz. Konsumenten in Deutschland nehmen angeblich nicht einmal zwei Prozent des veröffentlichten Medienangebots tatsächlich wahr. Amerikanische Studien zeigen, dass die Informa-tionsmenge mehr als drei mal so schnell wächst wie das Zeitbudget der Seher, Hörer und Leser. Und nach einem berühmten Vergleich aus den USA enthält eine einzige Ausgabe der „New York Times" mehr Informationen als einem durchschnittlichen Menschen im 17. Jahrhundert im Laufe seines gesamten Lebens begegnet sind. In dieser Informationsflut überhaupt noch aufzufallen, ist oft schon ein Wert für sich.

Der Wiener Autor Georg Franck hat dazu eine ganze „Ökono-mie der Aufmerksamkeit" entwickelt, die seither oft zitiert worden ist. Demnach wird in Zeiten allgemeinen materiellen Wohlstandes *Geld* als Leitwährung von *Aufmerksamkeit* abgelöst. Diese eigne sich besser zur Unterscheidung einer Elite von der Masse. Prominente sind für Franck in diesem System die „Einkommensmillionäre in Sachen Aufmerksamkeit". Wobei ihr Kapital – wie reales Geld – auch Zinsen trägt: Wer schon bekannt ist, wird noch mehr beachtet und dadurch immer noch bekannter.

Es lassen sich auch verschiedene Stufen von Prominenz unter-scheiden. Nicht jeder ist landesweit bekannt oder über längere Zeit. Es gibt „Branchen-Prominente", die nur in ihrem jeweiligen Berufs-feld einen Namen haben, neben regionaler Prominenz, aber auch globale Superstars; „Legenden", deren Ruhm über ihren Tod hinaus wirkt oder „Dynastien" (Adelshäuser oder berühmte Familien wie die Rockefellers, Rothschilds oder Kennedys) aber auch „Zufalls-

Prominenz": Durchschnittsmenschen, die durch ein spektakuläres Ereignis unerwartet in die Medien geraten und so – zumindest für eine gewisse Zeit – bekannt werden.

Testimonials der Politik

Für Daniel Boorstin sind Prominente moderne Ersatz-Helden, die unser Bedürfnis nach Heroentum erfüllen – aber eben nur ersatzweise: „Ein Held war ein großer Mann. Ein Prominenter ist ein großer Name." Bekannte Namen, Gesichter und Personen schaffen aber auch Identifikationsmöglichkeiten für das Publikum. Sie erwecken Vertrauen und das Gefühl von Übersichtlichkeit in komplexen Verhältnissen. Der amerikanische Politologe David Marshall spricht in seinem Buch „Celebrity and Power" von einer „affektiven Funktion": Die Kraft der Prominenz liege in der „Vermenschlichung von Institutionen und der Vereinfachung komplexer Strukturen".

In der Wirtschaftswerbung wird diese Fähigkeit seit langem ausgenützt: in der so genannten *Testimonial*-Werbung. In Werbespots oder Inseraten sind Prominente zu sehen, die ein Produkt oder eine Firma empfehlen: Hermann Maier eine Bank, Vera Russwurm ein Waschmittel oder eine Supermarkt-Kette, Helmut Zilk einen Kaffee. Mit ihrer Bekanntheit erregen die berühmten Werbeträger Aufmerksamkeit und mit ihrem guten Image bürgen sie für die Qualität eines Produktes, das der Konsument nicht auf den ersten Blick beurteilen kann. Entscheidend für den Erfolg dieser Werbeform, die in den letzten Jahren immer populärer wurde, sind laut Experten: die Bekanntheit des *Testimonials*, seine Kompetenz, Vertrauenswürdigkeit und Ausstrahlung. Und die „Kompatibilität" des Prominenten mit dem beworbenen Produkt.

In der Politik erfüllen prominente Quereinsteiger die gleiche Funktion. Sie sind die *Testimonials der Politik* – Werbeträger für ihre Parteien, ähnlich wie Thomas Gottschalk für Gummibären oder Armin Assinger für einen Baumarkt. Einem politischen Apparat mit einem eklatanten Prestige-Problem und immer skeptischeren Kunden sollen bekannte und erfolgreiche Imageträger aus anderen

Branchen wieder Glaubwürdigkeit, Kompetenz und Sympathie verleihen. Ziel ist der Image-Transfer vom Promi zur Partei. *Celebrity politics* ist in erster Linie Image-Politik.

„QuereinsteigerInnen sind Teil politischer Wahlkampfstrategien, in der die mediale Inszenierung von Bedeutung ist", analysieren die Politologen Anton Pelinka und Sieglinde Rosenberger: „QuereinsteigerInnen erlauben Dramaturgie, sie versprechen mediale Aufmerksamkeit zu einem von der Partei gewünschten Zeitpunkt. QuereinsteigerInnen symbolisieren Bürgernähe, sie sollen zeigen, dass Menschen auch ohne Ochsentour durch die Partei ,etwas werden können'. Sie stehen aber auch für Sachthemen, die die jeweilige Partei mit Hilfe von QuereinsteigerInnen besetzen will."

Prominente Quereinsteiger sind eine Form politischer Kommunikation. Sie dienen der *Darstellung* von Politik, nicht unbedingt ihrer *Herstellung*. Sie werden weniger als Politiker rekrutiert – um Gesetzesinitiativen auszuarbeiten, Koalitionen zu schmieden, Entscheidungen durchzusetzen – sondern meist als Kandidaten für den Wahlkampf. Entscheidend ist im Normalfall ihre *Publicity*-Kompetenz, nicht inhaltliche Expertise. Ihre wichtigste Aufgabe – Aufmerksamkeit zu wecken, schwer erreichbare Wählerschichten anzusprechen, das Image der Partei zu verbessern – haben die Promis am Wahltag, am dem ihre politische Karriere in Wahrheit erst beginnt, bereits erfüllt. Ihre Nominierung ist eine Spielart „symbolischer Politik".

Daniel Boorstin hat für Ereignisse, die nur inszeniert werden, um mediale Aufmerksamkeit zu erzeugen, den Begriff „Pseudo-Event" geprägt. Dementsprechend könnte man prominente Quereinsteiger auch als „Pseudo-Politiker" sehen. Sie werden zu Politikern gemacht, um die Aufmerksamkeit der Medien und der Wähler zu gewinnen. Das heißt nicht, dass aus ihnen keine professionellen, effizienten und erfolgreichen Politiker werden können – sie sitzen ja nach der Wahl in Parlamenten oder Regierungen. Aber ihre ursprüngliche Funktion ist eine andere: *Publicity* – nicht Politik.

So ist der Boom der Promi-Politik in den letzten Jahren zu erklären.

Zeitweise haben die österreichischen Parteien bis zur Hälfte ihrer Mandate mit bekannten Quereinsteigern besetzt – vor allem bei den Wahlen zum EU-Parlament. Da bietet sich diese Variante der Wahlkampf-Inszenierung besonders an: das EU-Parlament ist für viele Wähler abstrakt und weit weg, die traditionellen Parteikandidaten sind durch das geringe Medieninteresse an Straßburg wenig bekannt. Und weil der reale politische Einfluss der EU-Parlamentarier eher bescheiden bleibt, lassen sich auch Spitzenpositionen relativ risikolos mit Amateuren besetzen. Bei einer Nationalratswahl hätte eine Neueinsteigerin ohne jede politische Erfahrung keine Chance, Spitzenkandidatin einer Großpartei zu werden – bei der EU-Wahl 1996 war das erstmals anders und Ursula Stenzel die große Gewinnerin. Dieser unerwartete Erfolg der ÖVP hat sehr viel zur Vermehrung prominenter Kandidaten bei den folgenden Wahlen beigetragen. In allen Parteien.

Das Urteil professioneller Beobachter fällt allerdings oft skeptisch aus: „Quereinsteiger sind ein Zeichen mangelnder Selbstachtung der Politiker", meint der renommierte Journalist Andreas Koller: „Sie entwerten ihren Beruf, indem sie ihn für völlig Unberufene öffnen. Wenn Politik ein so windiges Gewerbe ist, dass es jede ehemalige Eisprinzessin und jeder frühere Abfahrer aus dem Stegreif beherrscht, besteht das schlechte Image der Politiker ja zu recht." Die Politologin Sieglinde Rosenberger kritisiert eine „Deprofessionalisierung" der Politik durch prominente Amateure, denen „die Fähigkeit und insbesondere die Macht zur politischen Gestaltung fehlen. Politik realisiert sich als Show, bei der die Statisten die Hauptrolle auf der Bühne spielen und die Regie im Hintergrund bleibt." Ganz ähnlich sieht der Philosoph Konrad Paul Liessmann die „Vorzeigefiguren der Mediendemokratie". Ihre Eignung bestehe in der Medienkompetenz, nicht in der Kenntnis des Parteiapparates oder im Kontakt mit der Basis. Aber daran würden sie letztlich auch scheitern: „Am mangelnden Rückhalt in der Partei oder am Widerstand in den Ministerien oder an ihrer Hybris". Der Meinungsforscher Wolfgang Bachmayer – 1996 für ein paar Wochen Spitzenkandidat des Liberalen Forums für die Wiener Gemeinderatswahl – hat gelernt, dass Quereinsteiger „vom Parteikörper abgestoßen und von den Funktionären nicht geschätzt" werden. Und der Politikwissenschafter Peter Gerlich sagt knapp: „Erfahrung in

der Politik ist ein Vorteil." Die Konsequenz für unerfahrene Neulinge: „Quereinsteiger neigen zum Misserfolg".

Aber es gibt auch die andere Perspektive: „Woher, wenn nicht
von außen, von außerhalb des ‚Apparates', sollen neue Politiker
rekrutiert werden? Wie soll sich eine Partei erneuern, wenn sie nur
in den alten Gefilden herumlatscht?", fragte der „Standard" vor der
letzten Nationalratswahl. Auch in der „Zeit" kann man ein Plädoyer
für „Seiteneinsteiger", wie sie in Deutschland oft genannt werden,
lesen: „Sicher, Politik heißt auch: Handwerk, Enge, Alltäglichkeit.
Sie verlangt Fleiß, Kompetenz, Stetigkeit. Nicht alle, die von der
Seite kommen, bringen das mit. Das wichtigste aber ist, dass Politik
und Gesellschaft enger zusammenrücken. Seiteneinsteiger erinnern
daran, dass die Politik nicht den Parteien gehört." Und der Politologe Werner Patzelt wünscht sich eine Mischung aus erfahrenen
Profis und Neuzugängen von außen: „Politik ist einfach zu wichtig,
als dass man sie Leuten mit allzu geringer und allzu enger Lebenser-
fahrung anvertrauen sollte."

Tatsächlich sind Parlamente heute alles andere als repräsentativ für die Bevölkerung. Der typische Abgeordnete ist in fast allen
westlichen Demokratien ein Mann mit Universitäts-Abschluss, zwischen 40 und 60 Jahren und Beamter oder Angestellter einer Partei
oder eines Verbandes. In einer Untersuchung der Parlamente von
20 OECD-Staaten aus dem Jahr 2004 lag das Durchschnittsalter
der Mandatare bei 49 Jahren. Nur ein Viertel waren Frauen, zwei
Drittel hatten ein Studium absolviert. Und sechs von zehn Parlamentariern kamen aus dem öffentlichen Dienst, aus Parteien oder
politischen Organisationen. In Österreich ist die Situation nicht
wesentlich anders – nur der Frauenanteil ist geringfügig höher,
der Akademikeranteil dafür deutlich niedriger. Quereinsteiger mit
einem anderen Profil – weiblicher, jünger, aus anderen Berufen
– könnten also tatsächlich zu einer Belebung der Parlamente beitragen: neue Erfahrungen einbringen, andere Schwerpunkte, unkon-
ventionelle Perspektiven. Aber Politik ist eben auch ein schwieriges
Geschäft mit eigenen Regeln und Ritualen, die für Neulinge oft
schwer zu verstehen, zu erlernen oder auch zu akzeptieren sind.

Was können prominente Quereinsteiger wirklich? Diese Frage
soll im letzten Kapitel dieses Buches beantwortet werden. Ob sie

tatsächlich in der Regel „scheitern", wie viele meinen, oder ob auch erfolgreiche Politiker aus ihnen werden. Ob sie letztlich eine Bereicherung für die Politik sind oder doch nur ein kurzfristiger Publicity-Gag für den Wahlkampf. Und falls es erfolgreiche Promi-Politiker gibt: Was unterscheidet sie von jenen, die scheitern?

Vorerst kommen aber die prominenten Quereinsteiger selbst zu Wort: Wie ergeht oder erging es ihnen in der Politik? Warum wechselten sie überhaupt aus erfolgreichen Karrieren in eine Branche mit mittlerweile zweifelhaftem Ruf? Wer hat sie geholt? Unter welchen Bedingungen? Was haben sie selber verlangt? Was erwarteten sie sich – und was hat sie erwartet? Wie erleben sie die Politik: die Probleme, die Enttäuschungen, die Erfolgserlebnisse? Wie reagierten Kollegen und Konkurrenten? Und würden sie es nach ihren ersten Erfahrungen noch einmal tun? Diese und viele andere Fragen haben fast alle prominenten österreichischen Quereinsteiger der letzten Jahre in langen Gesprächen offen und auch selbstkritisch beantwortet. Entstanden sind daraus 17 sehr persönliche Porträts – und Nahaufnahmen eines modernen politischen Phänomens.˙

˙ In den folgenden Kapiteln werden alle prominenten Quereinsteiger porträtiert, die seit 1994 bei Nationalrats- und Europa-Wahlen erfolgreich kandidiert haben. Seit 1994, weil in diesem Jahr erstmals ein neues, persönlichkeits-orientierteres Wahlrecht zur Anwendung kam (die „Nationalratswahlordnung 1992") und mehrere prominente Kandidaten nominiert wurden. Nicht berücksichtigt wurden Quereinsteiger in der Landespolitik oder in der Bundesregierung, weil ihre Tätigkeit nur schwer mit der von Abgeordneten vergleichbar ist.

Franz Morak, ÖVP
NATIONALRATSWAHL 1994

Geboren 1946 in Graz.
Schauspieler in TV, Film und Theater (Burgtheater Wien) und
Musiker („Morak'n' Roll", „Sieger sehen anders aus").
Abgeordneter zum Nationalrat von 1994 bis 2000. ÖVP-Kultursprecher.
Seit 2000 Staatssekretär für Kultur und Medien.

„Nach 14 Tagen ist man kein Star mehr."

1994 war's aus mit der Kultur. Und auch wieder nicht. Franz Morak, der Burgschauspieler, der Regisseur, der Punk-Rocker, wurde Politiker – für Kultur. „Wo bin ich hier? Was tue ich hier? Keiner ist da und keiner sagt es mir.", hatte er in einem seiner Songs gebrüllt: „Ich hoffe nur, das ändert sich bald. Wo ist der Chef dieser seltsamen Anstalt."

Dann wechselte er für die ÖVP ins Parlament. Als Kultursprecher.

„Es sprach sehr viel dafür. Einerseits gibt es auch in einem Beruf, wenn man ihn so lange ausgeübt hat wie ich, Ermüdungserscheinungen. Sprich: Ich spiele seit meinem 14. Lebensjahr Theater, habe Theater gespielt, und bin dann mit 48 in die Politik gekommen. Ich glaube, das war eine schöne Gelegenheit, nicht das Thema zu wechseln, aber das Fach."[*]

Morak machte seine Schauspielausbildung in Graz, war außerordentlicher Hörer am Reinhardt-Seminar, hatte Engagements in Deutschland und arbeitete für Film- und Fernsehproduktionen. 1974, mit nur 28 Jahren, kam er als Ensemble-Mitglied ans Wiener Burgtheater. Und er war nicht nur als Punk-Sänger mit seinen Texten politisch. Während der Ära des streitbaren und umstrittenen Direktors Claus Peyman war Franz Morak an der Burg der Sprecher des Ensembles: *„Aus dieser Arbeit heraus wurde offensichtlich Herr Görg (der damalige Wiener ÖVP-Chef) auf mich aufmerksam und hat mich gefragt, ob ich in die Wiener Kulturpolitik einsteigen möchte. Ich habe damals mit einem mir sehr nahe stehenden Politiker darüber geredet – Erhard Busek – der gemeint hat: ,Mach es gleich fürs Parlament.'"*

Noch wenige Jahre zuvor hatte Morak Politiker als „Maden" bezeichnet, deren „einzige Voraussetzung es ist, sich im System zurecht zu finden." Nun wird er Teil des Systems.

---

[*] In den folgenden Porträts sind alle Aussagen der Quereinsteiger, die aus meinen Interviews stammen, kursiv gesetzt. Zitate aus anderen Quellen nicht. (A.W.)

„Natürlich geht jeder Quereinsteiger in die Politik und sagt, ‚Jetzt zeige ich es ihnen, wie es wirklich geht‘ und ‚Die werden schauen‘. Und man ist dann erstaunt, dass man auch auf Leute trifft, die fleißig sind, sich gut auskennen, einen lebenslangen Einsatz haben und richtige Profis sind. Das heißt, ich war sehr angenehm überrascht, einerseits über die Aufnahme durch meine Kollegen und andererseits auch dadurch, wie sie Politik betrieben haben und das, was sie wussten“, sagt er ein Jahrzehnt später, längst Berufspolitiker und integriert.

Erhard Busek erinnert sich an seine Beweggründe, den Burg-Rebellen für die Nationalratswahl 1994 an Bord zu holen, genau: „Das Defizit der VP in der Kulturpolitik. Und Morak ist ein interessanter Mann, der in seinem Bereich Kultur null Einarbeitungszeit benötigte.“ An die Reaktionen in der Partei auf den unkonventionellen Kandidaten kann sich Busek heute „nicht mehr erinnern“, aber: „Der traditionelle Parteiapparat ist immer dagegen. Es hängt davon ab, ob es die Spitze will.“ Jedenfalls habe Morak der ÖVP „zusätzliche Qualität gebracht, Aufmerksamkeit und Stimmen“.

Morak selbst sieht Buseks Angebot von damals pragmatisch: *„Sicher ist auch, dass das etwas mit Öffentlichkeit zu tun hatte und mit Aufmerksamkeit. Frei nach der ‚Ökonomie der Aufmerksamkeit‘. Das war das eine. Das andere war, dass wir schon in vielen Gesprächen davor Grundpositionen ausgetauscht haben – im Kulturmanagement, im kulturpolitischen Bereich, die sich sehr gedeckt haben oder wo wir gemeinsam an einem Strang gezogen haben.“*

Für viele kam das Outing des Künstlers als ÖVP-Kandidat ziemlich überraschend – von seinem Image her hätte er auch für die andere Seite des politischen Spektrums kandidieren können. Oder doch nicht?

„Ich glaube, man fängt immer irgendwo links an oder was man für links hält und endet dann dort, wo man sagt, dass die Realität ist. Und ich glaube, die ÖVP war eine Partei, die einen Mann auf dieser Seite notwendig hatte. Also sprich Kulturkompetenz eingebracht hat, diese auch zu betonen und ich glaube auch nachträglich, es war damals eine instinktiv gute und sehr richtige Entscheidung. Ich hätte es für keine andere Partei gemacht.“

Die erste positive Überraschung erlebte Morak dann im Parlamentsklub der ÖVP, in dem er als völliger Neuling kaum jemanden kannte: „*Ich habe sehr informierte, sehr fleißige und sehr kraftvolle Politiker erlebt. Ich erinnere mich noch, wie der Präsident des Bauernbundes, Schwarzböck, auf mich zukam, mich unglaublich freundlich fast umarmt hat und gesagt hat: ‚Ich finde toll, dass du bei uns bist.‘ Die Leistungsträger dieser Partei haben meinen Maßstäben neue Wertigkeit gegeben. Ich fand das ein beeindruckendes Erlebnis, wie Menschen wie Schüssel oder Busek Politik machen.*“

Weniger herzlich war dann allerdings das Verhältnis zu den Kollegen von früher. Morak wurde rasch zum Kultursprecher der ÖVP bestellt, aber der Beifall der Künstler war endenwollend: „*Sie haben den geringsten Rückhalt in Ihrer eigenen Branche, vorerst. Einfach deswegen, weil sie meinen: Das ist einer von uns. Das ist so ähnlich wie: Schwarzenegger wäre bei uns nie etwas geworden, vielleicht Bademeister im [Grazer] Stuckitz-Bad. Ich glaube, wenn es ein Architekt geworden wäre, dann wären ihm die Architekten kritisch gegenübergestanden. Wenn es ein Schauspieler ist, die Schauspieler. Die größten Kritiker gibt es in ihrer eigenen Branche. Das hat mich durchaus eine Zeit lang belastet.*“

Claus Peymann, das deklarierte Feindbild des Ensemble-Sprechers Morak, hat im „Profil“ dessen Abschiedsbesuch so beschrieben: „Ich habe verloren“, hätte Morak gesagt, „und Sie gewonnen!“ Für Peymann damals bloß Bestätigung für die Vermutung, „dass der katastrophal hinter seinem Lebensentwurf zurückbleibt. Wahrscheinlich hat der sich schon längst als Kulturminister gesehen. Als Schauspieler ist er zurückgeblieben, die Episode als Schlager- und Rocksänger hat auch nicht zum Durchbruch gereicht, dann scheiterte er sozusagen als Putschist und potenzieller Burgtheaterdirektor.“

Für Morak war's bloß ein Wechsel von einer Bühne zur anderen: „*Theater ist ein großer Sandkasten. Es ist ähnlich wie der ORF. Und wir haben eine sehr hermetische Sicht, nämlich die Sicht des Theaters oder des ORF oder des Betriebes. Und diese Sicht aufzubrechen und das aufzureißen und eine neue Betrachtungsweise des Lebens zu erlangen – wie wir umgehen miteinander, wie wir Zeitung lesen, im Grunde eine vollkommen neue Sicht auf die Welt. Das war extrem spannend und ist extrem spannend.*“

1994 ließ sich Morak im Burgtheater karenzieren, schlüpft aus dem T-Shirt, rein in den Anzug. Doch der Anfang gestaltet sich mühsam: *„Das ist ein Prozess, der über eine sehr lange Zeit geht. Sie finden sich vielleicht in den angestammten, in den Leib- und Magenthemen relativ schnell zurecht. Nur Politik ist ein sehr komplexer Vorgang: Das Netzwerk, wo sind die Partner, wie verlässlich sind die Partner, wen kann man wo auf Reisen schicken, wer sind die Transmitter? Das ist ein anderer Beruf und da braucht es eine gewisse Zeit, bis man die Spielregeln lernt, damit man die Leute kennen lernt, damit man die Netzwerke kennen lernt. Das heißt, ich bin das sehr kühl und sehr zurückgenommen, um nicht zu sagen, bescheiden angegangen. Bescheiden in dem Sinne, dass ich mich nicht vorgedrängt habe, dass ich nicht gesagt habe, ich bin der aus dem Burgtheater.“*

Parteimitglied war Morak nicht von Anfang an. Erst als es ein Jahr später um die Nachfolge Buseks an der ÖVP-Spitze ging, wollte er am Parteitag wahlberechtigt sein. Freiwillig, versteht sich. Nur kein Zwang. Und der Klubzwang im Parlament? *„Erstens ist das nicht dieses Schreckensszenario, das man gerne hört. Wenn ich meine eigenen Leute nicht von dem überzeugen kann, was ich will, werde ich möglicherweise in einer wesentlich größeren Runde ein größeres Problem haben. Sie werden politisch kein Gewicht haben, wenn Sie sagen, Sie haben 25 Meinungen bei 25 Abgeordneten. Da werden Sie nichts auf die Erde bringen. So ist die Bestrebung, hier eine Einheit zu bekommen, durchaus legitim. Zweitens: Dort wo es mir wichtig war, eine dissente Meinung zu haben, habe ich sie im Klub vertreten, auch dem Parteiobmann gegenüber.*

Und tatsächlich – er ließ sich in der Fraktion auf harte Diskussionen ein und stimmte auch gegen die Parteilinie. 1986 „herrschte atemlose Spannung“ im Nationalratsplenum, schrieb das „Profil“, als es Morak wagte, bei der namentlichen Abstimmung über den „Homosexuellen-Paragraphen“ 209 als einziger ÖVP-Mandatar für die Abschaffung zu votieren. Und nochmal ein paar Jahre später, als es um die Einführung der 0,5-Promille-Grenze im Straßenverkehr ging. Damals war die ÖVP – beeinflusst von den starken Gastronomie- und Weinbauern-Lobbies in der Partei – noch strikt dagegen. Wieder stimmte Morak mit der SPÖ und den Grünen: *„Ich habe bei Alkohol und Homosexualität eine andere Meinung gehabt und das* *auch jedem erklärt, der es wissen wollte, ohne daraus die große Heldensaga zu machen. Es war keine heldische Tat. Der Bundeskanzler hat sich das angehört, gesagt, ‚Aha‘, und im Klub habe ich das noch einmal erklärt. Ich habe das auch allen Journalisten damals gesagt, bitte macht jetzt keine Heldensaga daraus, weil sonst habe ich es noch schwerer im Klub als es jetzt schon ist. Ich stehe zu dem, es ist ein Teil meines Lebens, vor allem weil ich aus dem Theater komme. Die Leute würden mich nicht verstehen. Es könnte durchaus sein, dass ich übermorgen wieder Theater spiele.“*

Klar gab es Versuche, den Dissidenten im Vorfeld der Abstimmungen umzudrehen – oder zumindest von einer Gegenstimme abzuhalten. Ob er sich nicht enthalten oder den Saal verlassen könnte? *„Also diese Möglichkeiten, die werden dir immer aufgetan von erfahrenen Parlamentariern, dass man sagt, wie man das umgehen kann. Das ist schon klar. Aber nicht durch Androhung von irgendeiner Gewalt oder Verlust eines Mandates oder so etwas. Das hat bei mir nicht stattgefunden. Ich kann es nicht anders sagen. Es war nicht so, dass ich gesagt hätte: ‚Ich traue mich nicht mehr in den Klub.‘ Ich glaube schon, dass ich eine gewisse Freiheit genossen habe, weil ich Künstler bin und weil das auch goutiert wird und goutiert wurde, mehr als in allen anderen Parteien – das muss ich auch sagen. Das ist offensichtlich ein normaler bürgerlicher Reflex, dass sie Künstler bewundern.“*

Anfang Februar 2000, es war mitten in der Nacht, rief Wolfgang Schüssel Morak zuhause an und fragte, ob er denn Staatssekretär für Kunst und Medien werden möchte – in einer Koalition mit der FPÖ, einer Partei, die Morak immer wieder vehement attackiert hatte. Und die Entscheidung müsste schnell fallen: *„Ich habe ihm gesagt, dass ich meine Frau wecke und meine Kinder. Ich werde ihnen sagen, dass ich das machen möchte, dann werde ich ihn anrufen. Und ich habe das eine Stunde später gemacht.“* Lange Zweifel oder Bedenken gab es nicht – trotz der umstrittenen Regierungskonstellation: *„Ich habe sechs Jahre im Parlament Kulturpolitik gemacht. Ich habe gesehen, wie es nicht gehört. Das Team war der Meinung, wir können das besser und ich habe damit angefangen, Kulturpolitik zu machen. Es war eine Zeit, damals 2000, wo man sagt: ‚Jetzt gilt es, jetzt muss man Flagge zeigen, jetzt muss man arbeiten.‘ Ich kann mich noch erinnern, da haben noch alle offiziell gesagt, sie reden nicht mit mir, das* heißt Peter Turrini, Jelinek, Scharang und alle um mich herum. Ich habe damals gesagt: ‚Freunde, reden wir darüber, was ich tue und nicht darüber, wo ihr meint, dass ich es nicht tue.‘ "

Karlheinz Hackl, viele Jahre lang Bühnen-Kollege von Morak, wurde damals vom „Falter" für ein Porträt des neuen Kulturstaatssekretärs befragt. Sein lakonisches Urteil: „Die meisten Schauspieler haben opportunistische und masochistische Züge, die auch sichtbar zutage treten."

Moraks Mentor Erhard Busek ist heute noch davon überzeugt, dass Morak für die ÖVP eine gute Personalentscheidung war: „Geradlinigkeit, Courage, Sachkompetenz und Konfliktfreude", nennt er als Stärken. Das seien aber gleichzeitig auch Moraks Schwächen als Politiker, „weil das in Österreich nicht immer geschätzt wird." Reinhold Lopatka, als Generalsekretär eine Art „Personalchef" der ÖVP, sieht das etwas anders: „Seine Schwäche ist, dass er seine Stärken zu wenig zum Tragen bringt und zu sehr als Kulturstaatssekretär unterwegs ist. Aber das, was er nebenbei auch könnte, nämlich als Politiker in Erscheinung zu treten, das habe ich – außer im Wahlkampf – bei ihm noch nie bemerkt. Er könnte sich stärker im Parteivorstand politisch einbringen. Er hätte etwas zu sagen und tut es nicht."

Vielleicht hat das mit dem mangelnden Selbstvertrauen zu tun, das Morak als Politiker hat. Nicht als Kulturstaatssekretär – da ist er von seinen Leistungen zutiefst überzeugt: *In Österreich hat es noch nie so eine konzise Kulturpolitik gegeben.*", sagt er. Aber als „ungelernter" Politiker fühlt er sich offenbar noch immer unsicher: *„À la longue ist es schon in Wahrheit eine Hilfe, aus dem Apparat zu kommen, das heißt sozialisiert zu sein. Das kann auch eine Stärke sein, wenn man sagt, man hat einen anderen Zugang zu dem Ganzen. Aber ich bin nach wie vor der Meinung, auf einen Quereinsteiger gehören drei Profis, sprich Leute, die aus dem Apparat kommen. Ich bin da ohne besondere Würdigung, dass man da von außen rein kommt. Man braucht den Apparat und das sind Dinge, die auf lange Sicht nicht zu unterschätzen sind in der Politik. Ich bin ein Mensch, der vom Theater kommt, also ein Leben lang Theater gemacht hat und natürlich sehr trittsicher ist auf diesem Gebiet. In der Politik müssen Sie das substituieren, weil entweder Sie machen das seit ihrem 14. oder 16. Lebensjahr* oder Sie müssen es substituieren durch Mitarbeiter, durch Menschenkenntnis, durch das, was sie einbringen können. Politik ist ein schwieriges Handwerk."

Am sinnvollsten sei eine Mischung aus gestandenen Politikern und Quereinsteigern, die den Apparat „durchlüften", meint Morak. Aber: „Das größte Problem ist man immer selbst als Quereinsteiger. Dass man die Qualifikation aus seinem Beruf anstandslos mitnimmt und meint, alle anderen fallen jetzt in Ohnmacht, nur weil man da ist. Man ist in dem Augenblick, wo man Quereinsteiger ist, kein Star mehr. Das dauert 14 Tage. Und dieser Verführung bin ich nie verfallen. Ich habe gesagt, das ist ein anderes Feld, das ist eine andere Wiese und auf dieser Wiese werden wir uns neu bewegen müssen."

1983 nannte der Schauspieler Franz Morak Politiker noch „weltweit Ignoranten vom Anfang bis zum Ende". Mehr als zwanzig Jahre später und nach einem Jahrzehnt in der Politik hat er seine Meinung geändert: „Ich habe einen riesigen Spaß, eine riesige Gaudi und einen Riesenärger."

Hans Pretterebner, FPÖ
NATIONALRATSWAHL 1994

Geboren 1944 in Graz.
Journalist und Bestseller-Autor („Der Fall Lucona").
Abgeordneter zum Nationalrat von 1994 bis 1995.
Seither freier Journalist in Wien.

„Quereinsteiger hasst man wie die Pest."

Vor zwanzig Jahren war Hans Pretterebner ein Star in Österreich. Einer, der mit seinen Vorträgen Kongresshallen füllte, für den die Zuhörer Eintritt bezahlten und der mit seinem Bestseller „Der Fall Lucona" Millionen verdiente. Kein Sachbuch in Österreich wurde bis dahin so oft verkauft. Dabei hatte er noch wenige Jahre zuvor als journalistischer Außenseiter gegolten, als rechter Querulant, der sich mit seinen „Politischen Briefen" – mehr Hetzblatt als Zeitschrift – auf einem antisozialistischen Kreuzzug befand. Aber seine beharrlichen Recherchen über den Untergang der Lucona, den gigantischen Versicherungsbetrug samt mehreren Toten und vor allem über das „rote Netzwerk" des Szene-Lieblings Udo Proksch stellten sich letztlich als richtig heraus: *Ich war immer ein Outlaw, aber durch diesen Lucona-Erfolg habe ich mir schon ein gewisses Ansehen bei manchen Leuten erarbeiten können.*"

Auch bei einem anderen Außenseiter.

Jörg Haider war 1986 FPÖ-Chef geworden, nach dem „Putsch von Innsbruck". Franz Vranitzky beendete die Koalition, auch keine andere Partei wollte mit der immer rabiateren FPÖ etwas zu tun haben. Die große Koalition regierte von da an das Land und Hans Pretterebner war *„einer derjenigen, für die die politische Erstarrung in der großen Koalition das Schlimmste war für das Land."* Den Kurs der FPÖ hat er damals *„eine Zeit lang mit großem Wohlwollen verfolgt"*, auch als Journalist. Jörg Haider entging das nicht. Man traf sich gelegentlich und immer wieder kamen über Mittelsmänner Anfragen, ob Pretterebner *„nicht Lust hätte mitzumachen. Das erste Mal hat er mich, glaube ich, persönlich eingeladen im Jahr 1988. Da war ich noch sehr überheblich und habe gesagt: ,Ja, jederzeit. Aber dann möchte ich Obmann werden'.*" Das Verhältnis kühlte etwas ab.

Und Anfang der 90er war Pretterebner dann ganz unzufrieden mit der *„extremen Verengung der Partei."* Die Anti-Ausländer-Linie war ihm doch allzu rigoros, vor allem aber störte ihn das Nein zum EU-Beitritt: *„In der Zeit hatte ich die FPÖ schon vergessen gehabt* *und mir gedacht: O.K., das war ein Fehler, die entwickelt sich in eine Richtung, das geht nicht."*

Eines Tages, Anfang 1994, erschienen plötzlich die beiden FP-Generalsekretäre Gernot Rumpold und Walter Meischberger in Pretterebners Büro in der Wiener Innenstadt, mit einem neuen Angebot: *„Ob ich nicht Lust hätte, mitzumachen an prominenterer Stelle. Daraufhin habe ich gesagt: ‚Ihr seid gut, fragt mich lieber, ob ich euch noch einmal wählen würde.' Und habe sie mehr oder weniger rausgeschmissen."*

Wenig später, am Tag nach der EU-Abstimmung – 67 Prozent votierten damals für den Beitritt, nur 33 Prozent dagegen – traf Pretterebner einen geknickten Jörg Haider auf der Straße, direkt vor dem Parlament. Man stritt sich zuerst im Freien und dann in Haiders Büro. Ab diesem Zeitpunkt sahen sich die beiden wieder regelmäßig – zum Weiterstreiten, vor allem über die EU. Der FPÖ-Chef gab nicht auf: *„Er wollte mich überzeugen. Er würde ja gerne einen Kurswechsel vollziehen, aber da müssten auch die Leute (in der Partei) bereit sein, über den Schatten zu springen. Und dann hat er sich zurückgelehnt und hat gesagt, er macht mir ein Angebot: Es sind Nationalratswahlen im Herbst, ob ich nicht als Parteiunabhängiger kandidieren möchte."*

Und auch das fand Pretterebner unmöglich: *„Ich habe gesagt: ‚Sehen Sie, das ist wieder ein Grund, warum ich Sie kritisiere. Sie vergeben da im Vorbeigehen bei einem Glas Wein an Leute Mandate, die Sie erstens überhaupt nicht kennen und wo Sie ganz genau wissen, dass Sie keine Chance haben, diese Leute auch durchzubringen.'"*

Haider blieb hartnäckig: *„Er hat gesagt, er möchte die Basis der Partei verbreitern, er möchte hinauskommen aus der Ecke und das geht nur, wenn neue Leute hineinkommen, die auch prononcierte Führer sind."* Jetzt wurde es doch noch spannend, für Pretterebner, denn: *„Ich bin ein zutiefst politischer Mensch. Es hat mich immer interessiert – nicht die Parteipolitik – mich hat vor allem interessiert, wie die gesamtpolitische Entwicklung weitergeht und wo man dazu beitragen kann, dass sich etwas bewegt."* Und als leidenschaftlicher Konservativer hatte er schon immer *„ein Problem mit der sozialistischen Dominanz. Ich habe einfach gesehen, es ist zu viel Sozialismus in dem Land und es müsste dem entgegengearbeitet werden und mit der ÖVP* *ging das nicht. Die ÖVP war für mich damals eine Partei, die sich als Steigbügelhalter für die SPÖ-Mehrheit entwickelt hat und in Wahrheit selbst immer sozialistischer gedacht hat.*" Pretterebner sah sich damals als *„heimatloser Rechter. Ich bin hin und her geschwommen mit einer gewissen Affinität zur ÖVP, einer gewissen Affinität zur FPÖ.*"

Und wieder wurde diskutiert. Pretterebner fragte nach den Bedingungen. Haider beteuerte, es gäbe keine – außer, dass er zu den Sitzungen des Parlamentsklubs kommen und sich an den Diskussionen beteiligen müsse. Weil es darum gehe, die Partei für andere Meinungen zu öffnen. Trotzdem war Pretterebner im Sommer 94 felsenfest entschlossen, abzusagen. Eine vereinbarte gemeinsame Pressekonferenz wurde verschoben – und Haider versuchte ihn erneut zu überreden.

Pretterebner werkte damals an seinem neuen Monatsmagazin „Top-Informationen", für das er Franz Löschnak interviewen wollte, den wegen seiner harten Ausländer-Politik umstrittenen SPÖ-Innenminister. *„Die Linie war klar. Im Großen und Ganzen hätten wir Löschnak gelobt. Er war nicht wirklich der ‚beste Mann von Haider in der Regierung‘, aber hat vernünftige Politik gemacht – aus meiner Sicht – und ich wollte das Interview mit ihm. Eine Viertelstunde später kommt mein Chef vom Dienst zu mir, kreidebleich und sagt: ‚So etwas habe ich überhaupt noch nie erlebt. Der Pressesekretär von Löschnak hat folgendes gesagt: Das kommt überhaupt nicht in Frage, mein Chef gibt diesem faschistoiden Blatt kein Interview. Und wenn Pretterebner versuchen sollte, unter dem Teppich hier hereinzukommen, dann wird ihm das nicht gelingen, weil dann steige ich ihm auf den Kopf.‘*" Da wurde Pretterebner wütend: *„Ich dachte mir damals: Bitte, wenn man in dem Land so weit ist, nur weil man nicht zu allem Ja und Amen sagt, was die Sozialisten machen, wenn man da eine kritische Haltung hat, dass man in ein faschistoides Eck gedrängt wird. Dann ist schon alles egal. Und da habe ich mich entschieden, ich mache das bei Haider.*"

Jahrelang noch sekkierte er Franz Löschnak damit, ihn der FPÖ in die Arme getrieben zu haben – dabei wusste der gar nichts vom Vorfall.

„Ich bin ein komischer Mensch", sagt Pretterebner über den riesigen Schreibtisch seines holzvertäfelten Büros gelehnt: *„Wenn es*

einen Mainstream gibt, wenn alle Leute ziemlich einhellig einer Meinung sind, da beginnen bei mir im Hirn die Ganglien zu glühen und ich überlege, ob das wirklich so ist. Ich bin extrem misstrauisch. Wenn ein Standpunkt eingenommen wird, der von jedem gleich unterschrieben wird, dann läuten bei mir die Alarmglocken und ich versuche, einen Gegenstandpunkt zu finden. Und so geht es mir immer, wenn alle auf einen losgehen, dann bin ich auf seiner Seite. Das ist ein ganz maßgeblicher Grund gewesen für mein Engagement".

Warum ihn Haider damals gefragt hat, ist für Pretterebner klar: „Man braucht Zugpferde, um mediale Aufmerksamkeit zu erregen." Er sei damals bekannt gewesen und in Wählerschichten populär, „wo kein normaler FPÖ-Politiker eine Chance gehabt hätte. Ganz klar, dass er mich benutzt hat mit dem prominenten Namen und dem Aufdecker-Ruf, den ich damals hatte." Jörg Haider selbst sagt heute: „Pretterebner war die klassische Festigung unseres Profils als Aufdecker- und Sauberkeitspartei, die nichts anbrennen lässt, um Verfehlungen und Verfilzungen in der Republik dingfest zu machen."

Für die ÖVP hätte Pretterebner übrigens auch kandidiert. Aber nur früher, vor der großen Koalition, am liebsten in den 70er Jahren: „Wenn damals die ÖVP gekommen wäre, hätte ich es sofort gemacht." Aber nicht unter Busek. Und der Rest des politischen Spektrums wäre ohnedies nicht in Frage gekommen. Die ÖVP hat aber nie gefragt.

Politisch interessiert war Pretterebner seit er denken kann. Mit seiner Schulklasse besuchte der 11jährige Steirer einmal eine Parlamentsdebatte in Wien: „Da habe ich das erste Mal Lust bekommen, mich politisch zu betätigen. Und ich habe mir gedacht, da würde ich auch gerne einmal stehen." Er engagiert sich im „Bund europäischer Jugend", für die Rückkehr von Otto Habsburg, den er als Jugendlicher über einen Bekannten kennen lernt („Was dann dazu geführt hat, dass man mir jahrelang nachgesagt hat, ich sei Monarchist. Was natürlich ein Unsinn ist.") und ein wenig in der Jungen ÖVP in der Steiermark. Und dann bewirbt er sich bei zahllosen Zeitungen als Redakteur, aber: „Ich wollte immer nur Leitartikel schreiben. Da hatten sie aber dann meistens schon einen, der das gemacht hat, nämlich den Chefredakteur." Weil keiner den jungen Bewerber als Leitartikler wollte und er „nicht über die Vollversammlung des Kaninchen-Züchter-Verbandes" berichten wollte, gründete Pretterebner schließlich seine eigene Zeitschrift. *„Ich habe mit Hilfe der ‚Politischen Briefe‘ versucht, Politik zu machen. Das klingt jetzt sehr überheblich und sehr großartig, aber es war mein erklärtes Ziel. In den 70er Jahren war Bruno Kreisky der Sonnenkönig von Österreich. Ich habe immer gesagt, ‚Das geht nicht, das ist demokratiepolitisch unerträglich. Den Menschen muss man da herunterholen.‘ Und ich habe mit meinen bescheidenen Mitteln, mit Provokation, durch unglaubliche Anwürfe, durch eine Sprache, die zu nichts zu wünschen gehabt hat, versucht, Bruno Kreisky ans Bein zu pinkeln, wo es gegangen ist. Um das salopp auszudrücken. Natürlich war das auch eine kalkulierte Sache. Ich war ein Würstel."* Erst seine Lucona-Recherchen etliche Jahre später (*„Ich bin da eher hineingestolpert"*) machte ihn respektabler – wenn auch nur für die rechte Reichshälfte – und zum Publikumsmagneten. Seine Vortragstourneen durch ganz Österreich waren ausverkauft und Pretterebner übte sich als Redner: *„Man muss immer am Anfang eine auflockernde Stimmung schaffen, damit die Leute locker werden und einmal etwas Witziges sagen, damit die Leute lachen können."*

Im Wahlkampf 1994 sollte er diese Talente dann nützen, als Attraktion bei FPÖ-Wahlversammlungen und „Aufwärmer" für Jörg Haider. Er stand auf Marktplätzen, in Bierzelten, in Vereinslokalen – und bekam seine Vorahnungen bestätigt: Tobende Massen, Beschimpfungen, Handgreiflichkeiten. Trotzdem war Pretterebner immer wieder überrascht, wie die Medien berichteten: *„Da ist die grölende Menge beschrieben worden, der Bierdunst, die Rülpser und Haider. Es ist etwas ganz anderes gewesen, als dort wirklich stattgefunden hat. Natürlich sind bestimmte Sätze gefallen – neben hundert vernünftigen, gescheiten Sätzen. Aber Sie wissen, wie man das manipulativ darstellen kann. Aber eines muss man auch sagen: Wenn Haider dann seinen Anti-Ausländer-Satz gesagt hat, bin ich dort gesessen und habe demonstrativ nicht applaudiert, aber ich muss zugeben, alle anderen haben am lautesten bei dem einen Satz applaudiert."*

Der Wahlsieg der Freiheitlichen war fulminant: Während SPÖ und ÖVP dramatisch verloren, legte die FPÖ um ein gutes Drittel zu. Erstmals in ihrer Geschichte kam sie auf über zwanzig Prozent.

Pretterebner war damals nicht der einzige Quereinsteiger bei den Freiheitlichen. Haider hatte auch die bekannte Staatsanwältin

Liane Höbinger-Lehrer angeworben (siehe Porträt Seite 57) und den Vorarlberger Manager Wolfgang Nußbaumer. Alle drei kamen als Parteifreie ins Parlament – und waren überrascht. Niemand kümmerte sich um die Neuen: „Man hat mir die Hand gedrückt seitens der Klubleitung und der Klubdirektion und mir die entsprechenden Bücher gegeben, wie ist die Geschäftsordnung und was man lernen muss, damit man sich mit der Hausordnung auskennt und wo was ist, aber politisch sonst nichts. Da waren wir völlig darauf angewiesen, dass man jemanden kennt und sich mit jemandem zusammentut. Ich hätte mir erwartet, dass da wesentlich fundierter parteipolitisch etwas gemacht wird und habe mich schon auf Auseinandersetzungen gefasst gemacht. Es gab nichts dergleichen. Ich war erstaunt."

Aber Illusionen hatte sich Pretterebner ohnedies nicht gemacht. *„Als 26. Zwerg von links irgendetwas Entscheidendes beizutragen"*, damit hatte er sowieso nicht gerechnet. Und trotzdem war er schockiert. Über *„die Art des Zustandekommens von Gesetzen und die praktische Unmöglichkeit für jeden Abgeordneten sein von der Verfassung vorgesehenes freies Mandat auszuüben."* Der parteifreie Journalist hatte für seine Kandidatur eine wesentliche Bedingung gestellt: *„Dass es keinen Klubzwang gibt für mich und dass ich nach meinem Gewissen das freie Mandat ausübe. Und da gab es auch keine Debatte darüber, da gab es keine Diskussion."* Für den Klub war das kein großes Problem – die FPÖ war in der Opposition isoliert, von ihrer Fraktionsdisziplin hingen keine Mehrheiten ab. Aber, sagt Pretterebner, auch ohne Klubzwang, wären die Abgeordneten *„völlig überfordert"*. Niemand sei in der Lage, ohne entsprechenden Apparat, überhaupt zu durchschauen, worüber er abstimmt. Dabei hatte er im Wahlkampf versprochen, niemals einem Gesetz zuzustimmen ohne zu wissen, worum es geht: *„Das war de facto unmöglich. Ich bin dort gesessen, bin nicht Mittagessen gegangen, wenn die Unterlagen gekommen sind. Das sind Berge. Ich habe versucht, nachzuvollziehen, worum es da geht. Das ist mir in vielen Fällen gelungen, weil ich auch nach eigenem Wissen und Gewissen abstimmen musste und nicht die Vorgabe des Klubs hatte. Natürlich habe ich gewusst, wie der Klub abstimmen will, das ist aber seine Sache. Ich möchte mir eine Meinung bilden. Aber aufgrund dessen, wie das vorbereitet ist, das ist fast unmöglich."*

Noch heute ist Pretterebner über das Abstimmungs-Prozedere im Nationalrat entsetzt: *„Da hat sich jeder Abgeordnete umgedreht und hinten sind auf den Barhockern die Referenten des jeweiligen Klubs gesessen, die in die Geschichten eingebunden waren und die genau gewusst haben, bei welchem Gesetz man gerade war. Da werden zwanzig bis dreißig Gesetze besprochen, wo man als Abgeordneter dann phonetisch schon nicht mehr mitbekommt, um welches Gesetz es geht und wie nun abgestimmt werden muss. Da sitzt hinten der Klubmitarbeiter, der sich auskennt, weil er das vorher auswendig gelernt und einen Spickzettel hat, der dann so oder so macht."* – Pretterebner zeigt mit dem Daumen nach oben und nach unten. – *„Die Abgeordneten stehen dann dementsprechend auf oder bleiben sitzen. Das war für mich das Erniedrigendste für einen Abgeordneten, was ich jemals erlebt habe."*

Auch die Debatten im Plenum ernüchterten den Jung-Politiker: *„Das ist ein großes Ritual, das ist eine Theateraufführung und da müssen sich die Leute selbst darstellen."* Nicht nur einmal ließ sich Pretterebner von der Rednerliste streichen, weil schon vor ihm jemand die gleichen Argumente gebracht hatte: *„Das sind leere Kilometer, wenn ich da hinausgehe und noch einmal das Gleiche sage. Da hat es geheißen: ‚Wie kannst du das machen?' Aber das ist Leuten schwer vermittelbar, für die das Leben darin besteht, zu reden und die auch zu allem reden können und wo es nicht auf den Inhalt ankommt, sondern nur auf die Tatsache, DASS geredet wird. Das ist das, was die Politiker-Kaste so unbeliebt macht bei den Leuten, dass sie stundenlang reden, ohne etwas zu sagen."*

An dieser Entwicklung hätten die Medien aber Mitschuld. Eine kluge, fundierte Rede eines Parlamentariers interessiere die Journalisten nur selten: *„Nur wenn er einen Sager hat, wenn er jemanden anschüttet, dann kommt er ins Fernsehen. Sie müssen ein paar Kraftausdrücke verwenden, irgendwelche halbwitzigen Sager von sich geben und dann sind Sie in der ‚Zeit im Bild', aber sonst nicht."*

In der freiheitlichen Parlamentsfraktion hat er sich damals *„mit offenen Armen"* aufgenommen gefühlt. Probleme habe es im Klub keine gegeben, auch nicht wenn er und die anderen Quereinsteiger gegen die Fraktionslinie gestimmt hätten, wie beim EU-Beitritt. Und er habe auch keine Eifersucht gespürt, weil *„man mir abge-*

nommen hat, dass ich keine Karrierewünsche habe. Und daher für niemanden ein Konkurrent war." Trotzdem glaubt Pretterebner heute: „In den Parteigremien, in den furchtbaren, werden sie schon über mich geredet haben: ‚Schon wieder so ein Quereinsteiger', weil die hasst man wie die Pest und hält sie für alles Übel der Welt. Aber das sind eben die Leute, die dazu geführt haben, dass die Partei heute so dasteht, wie sie dasteht."

Aber lange währte Pretterebners Parlamentskarriere ohnehin nicht. Im Gegenteil – kein Quereinsteiger war kürzer in der Politik als er. 1995 ließ die ÖVP die Koalition vorzeitig platzen, nach nur elf Monaten wurde wieder gewählt und Pretterebner wurde nicht mehr nominiert. Sein neu gegründetes Magazin wollte er nicht aufgeben und die Mehrfachbelastung – Verlagsleiter, Chefredakteur, Abgeordneter und durch's Land reisender Veranstaltungsreferent – überforderte ihn: „Ich habe mich gesundheitlich ruiniert." Eines Tages fand ihn ein Verlagsmitarbeiter im Büro am Boden: „Er hat sich gedacht, ich bin tot. In Wirklichkeit bin ich nur am Sessel eingeschlafen und umgefallen. Ich habe mich fertig gemacht. Das musste ich aber, weil sonst wäre mein Verlag den Bach hinuntergegangen." Auch aus einem weiteren Grund: „Ich habe nicht gewusst, dass die Kaste der Politiker generell so verhasst ist bei der Bevölkerung und auch bei meiner Leserschaft. Und für die bin ich wirklich ein Verräter gewesen und sie haben mir das auch ins Gesicht gesagt: ‚Bis jetzt waren Sie einer, der denen da oben auf die Finger geklopft hat und der denen das Leben schwer gemacht hat. Und jetzt sind Sie auch einer von denen. Sie haben sich kaufen lassen."" Pretterebner rechnete sich alles durch – und entschied sich für den Verlag und gegen die Politik. „Es war freiwillig, ich habe überhaupt kein Problem gehabt. Auch nicht mit Jörg Haider, der es durchaus versucht hat, zu verhindern und mir Möglichkeiten eröffnete." Der Parteichef von damals hat das etwas anders in Erinnerung: „Pretterebner hat gemerkt, das ist ein mühsames Bohren in den täglichen Brettern der Politik. Da kann man nicht mit einer geschickten Recherche ein Buch herausgeben und ist über Nacht berühmt, sondern da muss man hart arbeiten."

Das Verhältnis scheint wieder etwas abgekühlt zu sein.

Liane Höbinger-Lehrer, FPÖ
NATIONALRATSWAHL 1994

Geboren 1931 in Wien; Dr. jur.
Operettensängerin, Staatsanwältin. 1994 „Romy" für besten TV-Auftritt.
Abgeordnete zum Nationalrat von 1994 bis 1996 und von
April bis November 1999.
Seither Pensionistin in Wien.

„Man kann gar nichts bewirken. Überhaupt nichts."

Ihr kleines Kammerl in der Staatsanwaltschaft Wien war voll mit Blumensträußen, auf ihrem Tisch stapelweise die Telegramme, die harte Anklägerin war plötzlich berühmt.

Am Abend zuvor, im November 1993, saß – uneingeladen – Liane Höbinger-Lehrer auf der braun-beigen Couch des „Club 2" und sagte, was das Volk hören wollte. Anlass für die TV-Diskussion war der Mord an einem 13jährigen Buben, begangen von einem Triebtäter während eines genehmigten Freigangs aus seiner lebenslangen Haft. Die Staatsanwältin hatte fünf Tage zuvor den Akt auf den Tisch bekommen und wusste, dass in den Gutachten *„etwas komplett anderes stand"* als an jenem Abend im „Club 2" behauptet wurde. Sie setzte sich ins Auto, raste spätnachts ins ORF-Zentrum und kam gerade noch rechtzeitig um ihrer Amtsverschwiegenheit Luft zu machen: *„Ich gehe leicht in die Höhe, wenn ich zornig bin und nehme mir kein Blatt vor den Mund. Und ich habe gesagt: ,Ihr sollt euch mehr Gedanken machen, dass ihr die resozialisiert, bei denen es einen Sinn hat und nicht irgendwelche, wo auch der Laie sehen muss, dass es nicht gehen kann. Es gibt eben das Absolut Böse. Da bin ich sicher."*

Gesehen hatte das um diese nachtschlafene Zeit ohnehin keiner, dachte sie. Bis sie am nächsten Morgen die Titelseiten von „Krone" und „Kurier" zu Gesicht bekam, mit ihrem Foto. Im „Standard" stand: „Österreich kniet vor Frau Doktor Höbinger-Lehrer."

Unter den unzähligen Glückwünschen im Büro lag auch ein Telegramm von Jörg Haider. *„So jemanden wie Sie würden wir brauchen und so weiter ..."*

Aber auch andere wurden auf die resche Juristin aufmerksam: *„Dieser Stadthäuptling von der ÖVP – Bernhard Görg. Der hat mich zu sich gebeten und hat mir gesagt, er würde mir gerne in Wien ein Mandat anbieten. Ich habe ihm gesagt, ich verstehe nichts von Politik. Und ,Schauen Sie, wie soll ich einen Wahlkampf führen, ich weiß ja gar nicht, was ich den Leuten erzählen soll. Ich muss doch irgendein Programm haben, nicht?' Und dann hat er gesagt, ich soll es mir noch* einmal überlegen und in 14 Tagen sehen wir uns wieder und sie würden alles tun. Aber ich müsste unter [ÖVP-Justizsprecher Michael] Graff arbeiten und in mir hat sich alles aufgestellt. Ich habe mir gedacht, ich bin doch nicht blöd, da bleibe ich lieber unabhängiger Staatsanwalt." Dabei stand sie der ÖVP durchaus nahe, war damals sogar Parteimitglied: *„Aber mir war einfach nicht recht, dass ich da jemandem nach dem Maul reden soll. Das mache ich nicht."* Kurz darauf schickte sie ihr Parteibuch zurück.

Für die Grünen wäre sie sowieso nicht angetreten: *„Ich bin zwar ein Naturliebhaber, aber dieses Wickel-Wackel der Grünen …"*, das hat sie gestört. Und das Liberale Forum unter Heide Schmidt: *„Das war mir von vornherein nicht sympathisch"*.

Haider blieb hartnäckig, schickte zwei Monate später sein neues Buch und eine Einladung zum Kaffee, bei dem er ihr ein Mandat im Nationalrat antrug. Damals war sie 63 und fühlte sich *„viel zu alt für so eine junge Partei mit relativ jungen Leuten"*. Aber im Sommer 94, ein paar Monate vor der Nationalratswahl, setzte Helene Partik-Pablé, eine alte Freundin aus dem Gericht, noch einmal nach: *,‚Du sag einmal, ist dir das nicht schon langweilig bei der Staatsanwaltschaft?' und ich: ,Nein, absolut nicht, das wird mir nie langweilig – man tut ja was.' Und sie meint: ,Haider möchte noch einmal mit dir sprechen'. Sage ich: ,Worüber?' ,Ja, er würde dir ein Mandat auf der Bundesliste anbieten.' Ich habe gar nicht gewusst, was die Bundesliste ist."*

Man traf sich erneut, Haider verlangte absolutes Stillschweigen und Höbinger-Lehrer müsste sich bis zum nächsten Tag entscheiden. Er wolle sie im Herbst als Überraschungskandidatin präsentieren – auf dem zweiten Listenplatz, gleich hinter ihm. Eine Nacht lang diskutiert sie mit ihrem Mann, am nächsten Morgen sagt sie zu. Und hört nichts mehr von Haider: *„Es war dann schon Ende August und ich habe mir schon gedacht, dass sie mich vielleicht vergessen haben. Wäre sowieso gescheiter."* Dann rief der FPÖ-Chef doch an. In zwei Tagen werde sie der Presse vorgestellt, *„da ist mir dann schon ein bisschen anders geworden."*

Den ganzen Sommer lang hatte sie sich ihr Programm überlegt, natürlich zum Thema Justiz: *„Was mich immer berührt hat: dass die Opfer keinerlei Beistand bekommen haben. Ich fand einfach, man tut so viel für die Täter, man tut so viel für grauslichste Leute. Warum soll* man nicht auch für andere etwas machen. Das ist ein Programm, das niemanden stören kann – keine Linken, keine Rechten, niemanden. Das habe ich geglaubt, naiv wie ich war in der Politik. Das ist doch ein vollkommen unpolitisches und für jeden Menschen verständliches Programm. Und darüber habe ich etwas gesagt. Dann haben sie mich gefragt, ob ich ausländerfeindlich bin oder judenfeindlich. Immerhin bin ich für eine Partei aufgetreten, die damals als rechts verschrien war. Bei den Ausländern habe ich schon gesagt, dass wir bald überrollt werden. Es war ein irrsinniger Medienrummel."*

Und der Wahlkampf begann erst.

Warum sie Jörg Haider damals haben wollte, weiß sie genau: Weil sie sich was traute, weil sie keine Ja-Sagerin war, weil sie keine Angst vor Konsequenzen hatte. Und weil sie prominent war, nach ihrem Fernseh-Auftritt. *„Die Überlegung war sicher richtig, dass er sich gedacht hat, dass sich manche Menschen sagen: Wenn die bereit ist, zu dieser Partei zu gehen – die ja damals noch nicht besonders beliebt war – wenn die das macht, vielleicht könnte ich das auch."*

Haider ist heute noch begeistert von seiner Wahl damals: „Sie war sehr gut. Sie ist natürlich aus einer anderen Welt gekommen und das ist das Problem bei vielen Quereinsteigern. Sie kam aus der Staatsanwaltschaft, wo sie gewohnt war, dass Dinge so passieren, wie man sie anordnet. In der Politik ist das nicht so. Aber Höbinger war hervorragend in Diskussionen und sie hat auch im Parlament einen riesengroßen Respekt gehabt. Sie war eine Dame, die gewusst hat, was sie will. Eine Eiserne Lady. Sie hat sich wirklich gut geschlagen."

Die umständlichen Rituale in der Politik, die langwierigen Prozesse – das hat die Staatsanwältin tatsächlich frustriert: *„Ich kannte diese ganzen Spielregeln und diese Langsamkeit und diese Trägheit nicht. Ich glaube, dass das daher kommt, weil zu viele Leute ihre Meinung zu allem sagen können, wovon sie nichts verstehen. Jeder muss eine Meinung haben. Es ist aber nicht notwendig. Eine Meinung kann man schon haben, aber um sie durchzusetzen, muss man etwas von der Materie verstehen. Das ist bei den wenigsten der Fall. Ich fand es ineffizient."*

In der Politik würde *„furchtbar viel geredet, um nichts und wieder nichts."* Und außer der empörenden Zeitverschwendung waren da auch noch die schlechten Manieren: *„Immer dieses Hineinschreien. Am Anfang ist man natürlich irritiert und versucht, das zu verstehen, was einem da zugerufen wird und auch noch zu antworten, aber das gewöhnt man sich sehr bald ab. Man redet dann einfach weiter."*

Im Freiheitlichen Klub hat sie sich wohlgefühlt. *„Wirklich ganz reizend"*, sei sie von den neuen Kollegen aufgenommen worden. Und auch die ungewohnten Rituale im Plenum waren ihr bald vertraut. Schließlich ist ein Gericht auch eine kleine Bühne. Und Auftritte vor großem Publikum war sie ohnedies gewohnt. Nach ihrem Jus-Studium besuchte sie die Musik-Akademie und tourte 15 Jahre lang als Operetten-Sängerin durch Deutschland und Österreich. Und prämiert wurde sie auch – mit einer „Romy" für den „spektakulärsten TV-Auftritt" damals im „Club 2". Lampenfieber war ihr immer schon fremd, auch im Parlament: *„Ich konnte mir auch bei einer Rede nur Stichworte aufschreiben und dann frei reden und die Leute anschauen. Das ist, glaube ich, sehr wichtig. Es gibt nichts Schlimmeres, wenn man am Rednerpult den Kopf senkt und nicht mehr aufschaut, bis man fertig ist."*

Von den anderen Parteien war niemand *„garstig"*. Das fand sie angenehm, denn trotz ihres kämpferischen Images lebt die Staatsanwältin gerne in Frieden mit ihrer Umgebung. *„Ich mag nicht in einem Umfeld leben, das kriegerisch ist. Und im Nationalrat, wo man so viele Stunden und Tage miteinander verbringt – das muss auch eine Atmosphäre sein. Und die war bis auf wenige Ausnahmen so. [Heide]Schmidt und [Theresia] Stoisits, die sind immer auf mich losgegangen, aber die mochte ich auch nicht, bis heute nicht. Ich habe ein gewisses ästhetisches Empfinden, dem man natürlich auch nicht mehr ganz entsprechen kann, aber eine gewisse Linie erwarte ich von einer Frau."*

Und überhaupt: Von den Linken wäre sie doch recht hämisch behandelt worden. Wenige Tage nach ihrer Präsentation unterlief der freiheitlichen Überraschungs-Kandidatin ein *Faux pas*. Übereifrig habe sie da was *„rausgesprudelt"*. Bei einer Frage zum Ausländer-Zuzug sprach sie fälschlicherweise von 4 Millionen Ausländern und 7,8 Millionen Österreichern. Ahnungslosigkeit und politische Unbedarftheit – das waren noch die höflichen Reaktionen. Haider verteile „Ämter wie ein Feudalherr nach Gutdünken und legt auf bedingungslosen ideologischen Gehorsam mehr wert als auf Sach-kompetenz", spottete der Sozialdemokrat Josef Cap. Das hat sie zwar geärgert, rückblickend aber auch recht amüsiert.

Nach etwa einem Jahr im Parlament hatte Höbinger-Lehrer das Gefühl, ganz gut eingearbeitet zu sein. Obwohl – so gut wie die langjährigen Profis *„habe ich mich die ganze Zeit nicht ausgekannt. Weil für mich immer wieder Begriffe kamen von der Präsidiale, tausend Sachen, Ausdrücke, die es im Parlament einfach gibt und Spielregeln. Da ist man immer noch irgendwo angestanden, aber es hat mir nichts ausgemacht, zu fragen und zu sagen, ‚Wie macht man das jetzt oder ist das so richtig'. Man muss nicht immer der Gescheiteste sein, das ist gar nicht notwendig."* Dass sich Juristen grundsätzlich leichter tun, im Parlament, wie viele sagen, das hat sie nicht unbedingt erlebt. In der Justizpolitik natürlich schon, aber auch als Staatsanwältin habe sie immer wieder Probleme gehabt: *„Ein Gesetz zu verfassen, das ist eine Materie, die muss man gelernt haben. Die habe ich natürlich auch nicht gelernt. Ich habe nur Gesetze vertreten, die da gestanden sind."*

Haider hielt sein Versprechen, das er ihr in der Anwerbungsphase gegeben hatte. Sie musste sich keinem Klubzwang fügen. Höbinger-Lehrer stimmte manchmal gegen die Fraktion, vorher aber fragte sie stets, ob sie vielleicht, statt offen dagegen zu sein, den Saal verlassen sollte. Aber Haider meinte nur: *„‚Mach es, wie du willst'. Ich weiß nicht, ob er es besonders geschätzt hat, aber er hat mir zumindest nichts in den Weg gelegt."* Auch nicht bei der EU-Abstimmung. Sie hat für den Beitritt gestimmt – das würde sie heute nicht mehr machen. *„Damals habe ich eben von der Politik zu wenig verstanden."*

Ihre größte Stärke als Politikerin war gleichzeitig eine Schwäche, sagt sie: *„Dass ich ehrlich war. Ich habe auch in der Politik nie jemandem nach dem Maul geredet. Das liegt mir nicht."* Und überhaupt: *„Mehr Ehrlichkeit in der Politik würde nicht schaden. Die Politiker halten das Volk für dümmer als es ist."*

In der ersten Legislaturperiode, davon ist sie überzeugt, habe sie die Erwartungen der Partei voll erfüllt. Die erste Periode war allerdings schon nach einem knappen Jahr zu Ende, weil die große Koalition in die Brüche ging. 1995 verlor die FPÖ erstmals seit langem, wenn auch nicht viel – *„Sicherlich nicht meine Schuld, denn so ein berühmter Politiker war ich ja nicht. Ich war zwar oft im Fernsehen,* die haben unser gesamtes Haus, mitsamt dem Revolver unter dem Bett haben sie gefilmt damals, sie sind gern mit mir gegangen. Aber ich glaube eher, weil ich locker war. Ich habe keine Hemmungen gehabt."

Trotzdem war sie 1995 nicht mehr ganz so weit vorn auf der freiheitlichen Liste und sie bekam erst wieder ein Mandat, als ein anderer Abgeordneter – der heutige Staatssekretär Karl Schweitzer – ins Europaparlament wechselte: *Jörg wollte, dass ich wieder in den Nationalrat komme und hat Schweitzer mehr oder weniger veranlasst, dass er zur EU geht. Und Schweitzer hat immer gesagt, wenn er zurück kommt, will er wieder sein Mandat haben. Darauf bin ich eingegangen.*" Nur drei Monate später war Schweitzer retour in Wien, als neuer FPÖ-Generalsekretär, und Haider erinnerte Höbinger-Lehrer an ihr Versprechen. Noch am selben Tag trat sie zurück, offensichtlich zur großen Überraschung des Parteichefs, *dass einer nicht mit Nägel und Klauen kämpft um sein Mandat.*" Traurig war sie aber doch über das rasche Ende, sie wäre gerne noch im Nationalrat geblieben: *Die Anfangsängste waren vorbei, ich habe alle gekannt. Wenn ich auch noch immer kein brillanter Politiker war, die Spielregeln habe ich schon verstanden. Das ist ja nicht so schwer, das verstehen auch Dümmere.*" Die Partei trug ihr damals ein Mandat im Bundesrat an, aber: *Das mach ich nicht. Das ist ein Abstieg. Den Bundesrat kann man überhaupt vergessen.*" Ins Europa-Parlament hätte sie auch wechseln können, das war aber erst recht nichts für sie: *Das EU-Parlament ist für mich ein Horror. Das ist zum Krenreiben.*"

Ein paar Monate später wurde dann wieder ein Sitz im Nationalrat frei. Aber da hat es nicht in die Lebensplanung gepasst: *Jedenfalls wollte ich nicht mehr. Ich habe mir gedacht: ,Schau, das ist vielleicht doch nicht das Richtige für dich. Du bringst eh nichts weiter, was sollst du dort sitzen.' Das Geld habe ich auch nicht so gebraucht, dass ich gesagt hätte, ich mache das wieder. Ich habe eine schöne Pension.*" Kurz zuvor hatte sie sich als Staatsanwältin pensionieren lassen.

Und dann reizte sie die Politik doch noch einmal. Im Frühjahr 1999 übersiedelte Jörg Haider aus dem Parlament ins Klagenfurter Landhaus. Und Liane Höbinger-Lehrer hatte ein neues FP-Angebot: *Da habe ich mir gedacht, die Periode dauert bis Oktober oder November. Nächstes Mal kandidiere ich sowieso nicht, weil meine Glorie war verblasst. Jetzt bist du frisch und ausgeruht, das kann man* sich noch einmal anschauen. Ich bin dann hineingekommen und ich muss sagen, dass sie mich auf denselben Sessel gesetzt haben im Klub und es war so wie wenn ich nie weg gewesen wäre. Sie waren alle reizend und lieb zu mir."

Für die Wahlen im Herbst wurde sie dann nicht mehr gefragt. Sie wäre nicht ungern geblieben, „aber irgendwann muss halt auch Schluss sein." Dabei wäre es dann – in der schwarz-blauen Koalition – sicher spannend gewesen. Denn, was sie als Abgeordnete am meisten frustriert hatte, war: „Dass man gar nichts bewirken konnte, überhaupt nichts. Schon gar nicht in der Opposition." Aber Justizministerin, „das hätte mich selbstverständlich gereizt." Auch Volksanwältin oder Patientenanwältin hätte ihr Spaß gemacht. Das wurde ihr aber nie angetragen: „Das bietet man nur Leuten an, die man einerseits ein bisschen loshaben will und andererseits denen, die Versorgungsposten brauchen. Das hab ich ja nicht gebraucht."

Diese Unabhängigkeit hält Liane Höbinger-Lehrer für einen entscheidenden Vorteil. Nach wie vor ist sie davon überzeugt, dass Politiker „ordentliche Berufe" haben sollten: „Einen, in dem er etwas getaugt hat und in den er wieder zurückkehren könnte. Dann wäre er nicht so angewiesen und so liebedienerisch. Dieses absolute Streben, etwas zu halten, nur weil man nichts anders gelernt hat oder nichts anderes kann, finde ich falsch. Es sollte einfach mehr gute Köpfe geben in der Politik. Und man bräuchte auch nicht so viele Politiker. Dieser Meinung bin ich absolut. Den Nationalrat könnte man verkleinern."

Von prominenten Quereinsteigern ist die einst ebenfalls prominente Quereinsteigerin trotzdem nicht sehr begeistert: „Mir ist kein Quereinsteiger bekannt, der sich irrsinnig gehalten hätte in der Politik. Es gab da sicher Leute ... Herrn Ortlieb, der kann wunderbar Schi fahren, aber was er im Nationalrat zu suchen hatte, das verstehe ich nicht. Wenn man wenigstens Hermann Maier bekommen würde, der hätte einen guten Schmäh. Aber der hat es auch nicht nötig."

Auch sie selbst hat es nicht sehr lang gehalten. Nur 24 Monate war sie insgesamt im Parlament und 1999 ist sie endgültig ausgeschieden, mit vielen neuen Erfahrungen und einer interessanten Bilanz: „Politisiert bin ich überhaupt nie worden. Auch nicht im Nationalrat."

Ursula Schweiger-Stenzel, ÖVP
EU-WAHL 1996

Geboren 1945 in Wien.
Journalistin und ORF-Moderatorin („Zeit im Bild", „Mittagsjournal").
Abgeordnete zum Europäischen Parlament von 1996 bis 2005.
ÖVP-Delegationsleiterin.
Seit 2005 Bezirksvorsteherin in Wien-Innere Stadt.

„Ich muss nicht Rücksicht nehmen."

Eigentlich hatte viel dagegen gesprochen. Die Angst, zuviel unterwegs zu sein. Ihre Selbstzweifel. Und vor allem: *„Innenpolitik war mir suspekt – und das ist sie mir bis zu einem bestimmten Grad heute auch."*

Im ersten Gespräch mit dem damaligen Vizekanzler und ÖVP-Chef Wolfgang Schüssel bat sie um Bedenkzeit und fragte zum Schluss: *„Um Gottes Willen! Da muss ich dann ja auch den Wahlkampf machen?"* „Ach, das machen Sie locker!", sagte Schüssel in Hemdsärmeln – es war schwül damals. Und Ursula Stenzel erinnert sich: *„Es war mir so heiß, man konnte nicht viel denken."*

Die ehemalige ZiB-Moderatorin und langjährige Außenpolitik-Journalistin war gerade als Radio-Reporterin in der Türkei gewesen, im Frühjahr 1996, als Schüssel anrief. Nach 20 Jahren beim Fernsehen war sie vier Wochen zuvor zum Hörfunk zurückgekehrt. Freiwillig, betont sie noch heute, aber der neue ORF-Chef Zeiler hatte sie als TV-Moderatorin abgesetzt. Er wollte die ZiB auf weniger – und jüngere – Gesichter konzentrieren. Das *„ehrenvolle"* Angebot der ÖVP kam da gerade recht. Nach vier Wochen sagte sie zu.

In die Innenpolitik wäre die erste politische Moderatorin des ORF *„niemals"* gegangen, aber: *„Wir waren damals ein Jahr in der EU und es war die erste Wahl zum Europäischen Parlament. Der EU-Beitritt hat eine unmittelbare Rückwirkung auf mein professionelles und mein privates Leben gehabt. Das hat mich gereizt. Es hat mich fasziniert, in der europäischen Politik mitwirken zu können – wobei ich mir die Mitwirkung gar nicht vorstellen konnte."*

Ursprünglich ging sie davon aus, dass sie als völliger Neuling nicht Spitzenkandidatin würde, sondern eben nur *„einsteige und einen Europawahlkampf führe. Und dann hat sich das aber so entwickelt, dass ich eindeutig die Spitze gebildet habe."* Irgendwann kam Schüssel und wollte ein Dossier: *„Warum ich für's Europa-Parlament kandidiere, so zwanzig Seiten."* Bei der Recherche dachte sie sich dann: *„Irgendwann muss ich ihm das zeigen, weil vielleicht sage ich das Gegenteil von dem, was er möchte oder die ÖVP sich vorstellt.*

Und dann habe ich es ihm in letzter Sekunde hingeschickt noch mit dem Taxi und dann kam nichts. Dann habe ich angerufen, ob er das bekommen hat? ‚Ja, ja, wunderbar.' ‚Und geht das? Stehe ich nicht im Widerspruch?' ‚Nein, das ist wunderbar, aber ich bitte Sie jetzt, machen Sie aus dem Ganzen ein Konzentrat aus acht Punkten.' "

Mit dem Acht-Punkte-Programm ging man in den Parteivorstand und dann vor die Journalisten. Das war's. Ursula Stenzel war Politikerin. Nach einer Begründung, wie die ÖVP gerade auf sie gekommen war, hat sie den ÖVP-Chef nie gefragt: *„Er hat es nicht begründet, er hat einfach nur Vertrauen gehabt, dass ich das schaffe. "* Aber natürlich hat sie sich Gedanken darüber gemacht. Ihre Prominenz hätte sicher eine Rolle gespielt, keine Frage, aber: *„Nicht die ausschlaggebende. Das Ausschlaggebende war sicherlich das politische Know-how, das ich bewiesen habe in den vielen Jahren, in denen ich dort war. Ich war ja nie nur Anchorwoman, ich habe alles gemacht vom ‚Auslandsreport', über den ‚Club', über Analysen. Man hat mich schon gekannt als professionelle Journalistin in internationalen Beziehungen. Ich bin nicht vom Familienressort gekommen. "*

Die Aussicht auf den Seitenwechsel hat sie damals geängstigt. Die Sorge, mit den Vollprofis nicht mithalten zu können: *„Ich bin nicht von übertriebener Ego-Überzeugung. Kann ich mir das zutrauen? Werde ich bestehen? Es ist immerhin ein gesetzgebendes Organ. "* Aber gute Freunde rieten ihr zu: Hugo Portisch und der frühere „Kurier"-Journalist Heinz Nußbaumer, der als Pressesprecher der Bundespräsidenten Waldheim und Klestil die Politik auch von der anderen Seite kannte. Und dann kam noch etwas dazu: *„Ich habe mir gedacht, dass es ein Kick ist. Ich war knapp 50 und das ist der Moment, da kann man noch einmal durchstarten. Wie es dann so weit war, habe ich mir gedacht: ‚Ja, dann starte ich eben noch einmal durch.' "*

Niemals hätte Ursula Stenzel für eine andere Partei kandidiert. Von der Grundhaltung ein *„konservativer Mensch"*, aus einem bürgerlichen Elternhaus kommend: *„Aus einem jüdisch-christlich geprägten Milieu. Ich sage immer, ich habe das Beste aus beiden Welten mitbekommen. Ich hätte mich nie konform sehen können mit einer sozialdemokratischen Partei. Bei allem Respekt. Ich habe Kreisky sehr geschätzt – er mich auch. Ich konnte eher mit einer Partei, die anders gelagert ist. "* Dabei hatte es durchaus auch Avancen aus der SPÖ gegeben und sogar aus der FPÖ. Sehr viel früher und sehr diskret: *„Wie ich begonnen habe im Fernsehen und im Hörfunk bin ich natürlich aufgefallen. Und da haben sich einige auch für mich interessiert, aber ich mich nicht für sie. Das waren [Karl] Blecha und [Friedrich] Peter. Man hat mir Hilfestellung angeboten. Nur ich war so blöd, ich habe sie nie in Anspruch genommen. Sie hätten mich natürlich irre gepusht. Von der ÖVP ist niemand an mich herangetreten."* Erst viele Jahre später, nur wenige Monate vor dem Angebot, für die ÖVP zu kandidieren, gab es doch einen Kontakt. Stenzel wurde im ORF gefragt, ob sie das Außenpolitik-Ressort der ZiB übernehmen wolle: *„Und da habe ich mir gedacht, vielleicht sollte ich doch einmal mit irgendwem reden, bevor ich nur sage, ich möchte das werden. Und ich habe damals Khol kontaktiert, der Klubobmann der ÖVP war. Und das Gespräch ging nur dahin, dass ich gesagt habe, dass ich es mir zutraue. Ich bin nie eine gewesen, die wahnsinnig viel geplant hat. Aber wenn es eine Funktion im ORF gäbe, die ich gerne machen würde und das passt ins Gesamtkonzept, dann wäre es die außenpolitische Ressortleitung. Pech wie ich hatte, wurde das außenpolitische Ressort damals abgeschafft."*

Bei der EU-Wahl wenig später war Stenzel dann erfolgreicher. Die ÖVP-Liste unter ihrer Führung wurde Nummer Eins – der erste bundesweite Wahlsieg der Volkspartei seit 1986, als Kurt Waldheim die Präsidentenwahl gewann. Und alle Nachwahl-Analysen bestätigten den entscheidenden Anteil der prominenten Spitzenfrau am Wahlerfolg. Der zeigte sich auch an ihren Vorzugsstimmen eindrucksvoll: 168.078 – bis heute ein einsamer Rekord. Die Partei bejubelt die Wahlsiegerin, aber bald wird ihr klar, dass eine Quereinsteigerin nicht nur Freunde hat. Auch – oder gerade – wenn sie erfolgreich ist: *„Dann merkst du natürlich parteiintern, dass viele auch gerne etwas geworden wären, was sie aber nicht geworden sind. Und das spürst du dann schon. Da kannst dich nicht von allem ewig abschirmen. Und das sind Dinge, mit denen man leben muss. Ich habe mir vom Journalismus erhalten, dass du eher offen auf jemanden zugehst, damit du auch etwas herausbekommst. Profi-Politiker sind eher hinten herum. Damit kann ich mich nicht anfreunden und will mich auch nicht damit anfreunden."*

VP-Generalsekretär Reinhold Lopatka sieht in Stenzel ein „typisches Beispiel dafür, dass man parteiintern auch zwischendurch die Ellenbogen einsetzen muss, um sich durchzusetzen." Aber: „Das ist einer Person wie Ursula Stenzel völlig fremd. Wenn man ihr das sagt, dann hört sie das, aber sie richtet ihr Verhalten wieder nicht danach." Stenzel sieht das als ihre Stärke: *Ich neige eher zur Selbstunterschätzung und nicht zur Selbstüberschätzung. Das ist eine Hilfe. Ich lasse anderen gerne den Vortritt, wenn ich glaube, sie können etwas besser. Ich bin sicher teamfähig. Da ich Quereinsteigerin bin, habe ich nicht diesen Funktionsdünkel, den manche haben. Ich muss nicht ununterbrochen streiten, damit ich Funktionen horte. Ich bin einfach."*

Aufgrund ihrer Funktion sitzt Stenzel – quasi automatisch – im mächtigen Vorstand der ÖVP. Parteimitglied ist sie aber noch immer keines. Niemand hat sie gefragt, keiner hat's verlangt und ihr war es kein Bedürfnis: *„Meine Partei ist Österreich."*, sagt sie ohne jede Spur von Ironie. Trotzdem sieht sie sich längst nicht mehr als unabhängige Kandidatin. *„Nein, das wäre falsch. Man kann nicht ununterbrochen mit Blutgruppe Null durchs Leben gehen. Ich bekenne mich ja auch zur Österreichischen Volkspartei. Hier zu sagen, ich stehe abseits und schaue mir das erste Reihe fußfrei an, das ist es sicher nicht. Ich habe auch das Interesse, der ÖVP zu nützen."* Die Unabhängigkeit einer Quereinsteigerin sei aber auch ein wesentlicher Vorteil. Sie habe mehr Freiheiten als klassische Parteipolitiker: *„Also die Vorsicht-Rücksicht, oder wie das heißt, das bin ich halt nicht. Weil ich auch die Öffentlichkeit hinter mir weiß. Ich überspringe hier schon einiges. Ich muss nicht Rücksicht nehmen auf nur spezifische, nur parteiinterne Lobby-Gruppen. Das müssen natürlich reine Berufspolitiker, schon, weil das ist ihre Absicherung. Das brauche ich nicht. Ich bin abgesichert im Land. Mein Rückhalt sind die Wähler."* Gegen die Parteilinie gestimmt hat sie trotzdem nie. Sie wüsste aber auch nicht, aus welchem Grund: *„Ich kann mir gar nicht vorstellen, dass sich plötzlich so ein Punkt ergibt. Wo bitte?"*

Die Umstellung auf den neuen Beruf war hart für die Journalistin, die gewohnt war, dass alles ganz schnell gehen muss. In der Politik muss man verhandeln, für alles erst Mehrheiten suchen: *„Das dauert!"* Bis sich Stenzel tatsächlich eingearbeitet fühlte, vergingen drei Jahre. Auch den Stress hatte sie völlig unterschätzt. Plötzlich hatte sie einen Terminkalender *„wie ein Regierungsmitglied. Das ist* natürlich auch die Folge des Erfolges. Und wenn du den nicht hast, schert sich auch kein Mensch mehr um dich und du wirst ein Hinterbänkler. So einfach geht das. Bei mir war das aber so explosiv, ich konnte mich nicht mehr erwehren vor Verpflichtungen." Ganz untypisch für eine unerfahrene Quereinsteigerin wurde Stenzel nach dem Wahlerfolg sofort zur Chefin der kleinen ÖVP-Fraktion im EU-Parlament bestellt: „Als Leiterin einer Delegation merkst du natürlich, dass man dir ans Zeug flicken will. Das war eine Zeit lang die Strategie der Gegner oder der Mitbewerber – ununterbrochen der Versuch, uns Abstimmungsfehler vorzuwerfen, also bettnässerisch. Aber bei der Fülle der Abstimmungen, da passiert jedem irgendwann einmal was. Das ist nicht wirklich gravierend. Aber da habe ich gemerkt, es geht darum, jemanden zu demontieren."

Ihre größte Stärke sei ihre Fähigkeit zu kommunizieren, sagt Stenzel, eine gewisse Diplomatie, ihre Sachlichkeit. Sie sei nicht emotional und wolle „nicht durch psychologische Tricks wirken. Ich beziehe ganz klar Stellung, aber ich habe die Eklats vermieden und ich bin keine, wo dann der Scherbenhaufen herumliegt." Schwach sei sie nur bei der Organisation, aber dafür habe sie Mitarbeiter. Mit sich und ihrer Leistung wirkt sie heute durchaus zufrieden. Müsste sie sich als Politikerin benoten, dann „1 bis 2 auf jeden Fall. Aber nur, weil es immer auch Bessere gibt. Ich will nach oben den Spielraum offen lassen." Die Partei jedenfalls sei „sehr zufrieden" mit ihrer Performance, glaubt sie – und lacht.

Der Schachzug, eine landesweit bekannte Fernseh-Journalistin zum EU-Zugpferd zu machen, ist für die ÖVP voll aufgegangen. Und die Journalistin hat den Branchenwechsel nie bereut: „Wenn du mal Lunte gerochen hast, dann bist du schon drin." Quereinsteiger, wie sie, können eine Bereicherung des Metiers sein, meint sie. Aber gerade Prominente müssten damit leben können, dann nicht mehr im Rampenlicht zu stehen. „Wer das nicht kann und ein übertriebener Egomane ist, wird meistens auch als Quereinsteiger scheitern, glaube ich. Sie gehen in die Politik, weil sie glauben, damit noch ein Eitzerl für ihre Unsterblichkeit tun zu können. Die scheitern an ihrem Charakter. Die scheitern an sich selbst."

Als die Journalistin 1996 das Angebot von Wolfgang Schüssel annahm, hatte sie keine Vorstellung davon, wie lange sie Politikerin bleiben könnte. Acht Jahre später, im Sommer 2004 hatte sie eben ihre dritte Wahl gewonnen, war 59 und voller Enthusiasmus. Ja, auch andere politische Aufgaben würden sie reizen: *„Außenpolitik könnte ich mir vorstellen. Ich könnte mir vorstellen, dass ich eine gute Außenvertreterin Österreichs wäre. Nicht, dass ich das anstrebe, aber wenn man mich fragt ..."* Gefragt wurde dann allerdings Ursula Plassnik. Stenzel zeigte sich aber ohnehin für viele Herausforderungen offen: *„Bis zur Bezirksvorsteherin. Das wäre ganz lustig."*

Eineinhalb Jahre später war es soweit: Im Dezember 2005 wurde Ursula Stenzel als Bezirksvorsteherin der Wiener Innenstadt angelobt. Wieder war ihr ein beachtlicher Wahlsieg gelungen. Nach allen Umfragen schien die Innenstadt – seit jeher eine bürgerliche Bastion – erstmals an die SPÖ zu fallen. Aber die eilig von Straßburg nach Wien transferierte Spitzenkandidatin Stenzel gewann für die ÖVP sogar noch zehn Prozent dazu. Durchaus zu ihrer eigenen Verblüffung: *„Das ist ein Phänomen. Jeder sagt, ein Fernseh-Nimbus hält sich in dieser Form vier Jahre und dann ist es vorbei. Bei mir hat er sich länger gehalten."*

Karl Habsburg-Lothringen, ÖVP
EU-WAHL 1996

Geboren 1961 in Starnberg.
Kaiser-Enkel, Land- und Forstwirt, Jus-Student, Präsident der Paneuropa-
Union, Moderator der ORF-Gameshow „Who is Who".
Abgeordneter zum Europäischen Parlament von 1996 bis 1999.
Derzeit Unternehmensberater in Anif bei Salzburg.

„Ich gebe mir eine Eins."

Karl Habsburg wollte es wirklich. Er musste nicht überredet werden, nicht gelockt, nicht überzeugt. Im Gegenteil – es war eine Art Bubentraum: *„In dem Augenblick, in dem ich die normalen Allüren des Zugführers und Astronauten abgelegt hatte, war für mich völlig klar, dass ich im politischen Bereich tätig sein möchte. Es war für mich das faszinierende Thema schlechthin."*

Seine erste politische Funktion hatte er mit 12, sagt er, und bald war Karl Habsburg-Lothringen ein regelrechter Ämterkumulierer. Nicht als Kaiser von Österreich, König von Ungarn, Erzherzog von Lothringen, Markgraf von Mähren, Herr von Triest et cetera pp., wie noch sein Großvater Karl I., sondern als Jungfunktionär der Jungen CSU, in der „Paneuropa"-Jugend, in der Studenteninitiative JES und einigen anderen konservativ-katholischen Organisationen: *„Deswegen amüsiert mich immer der Begriff des politischen Quereinsteigers, weil ich mich wirklich nicht als solchen sehe. Ich bin wesentlich länger in der Politik gewesen als viele andere Leute, die später als Berufspolitiker angesehen werden."*

Seit wann er sich denn für Politik interessiert? *„Seit 800 Jahren?* (lacht) *So lange ich zurückdenken kann. Wenn mein Vater zu Hause war, hat man über zwei Dinge geredet, das war Politik und Politik. Mein Vater ist natürlich ein absoluter Vollblut-Politiker und das ist das, worüber wir zu Hause geredet haben. Es hat mich immer fasziniert."* Ein konkretes Ereignis, das ihn politisiert hat, gab es also nicht? *„Das konkrete politische Ereignis war meine Geburt. Das hört sich jetzt komisch an, aber de facto ist es so. Ich sehe es schon so, wenn man das herunterreduziert. Wenn man so will, sind wir seit 800 Jahren Berufspolitiker. Was soll's, die Umstände haben sich geändert, aber wir sind trotzdem Politiker geblieben."*

Mit Anfang dreißig wollte Karl Thomas Robert Maria Franziskus Georg Bahnam Habsburg-Lothringen dann auch ein echtes politisches Amt. Vor der Nationalratswahl 1994 führte er in seinem Heimatland Salzburg einen Vorzugsstimmen-Wahlkampf unter dem Motto „Der Neue mit dem alten Namen." Das kostete ihn eine runde Million Schilling (€ 72.700), brachte auch ein paar tausend Vorzugsstimmen, aber für ein Mandat im Wiener Parlament reichte es nicht. Auch nicht bei den Neuwahlen im Jahr darauf. Aber beide Kandidaturen waren im Rückblick ohnehin nur ein *„Showlauf, um dann ins EU-Parlament zu kommen."* Dort saß sein Vater, Otto Habsburg, schon seit den 70er Jahren für die bayerische CSU und dort wollte er auch hin.

1996 war es endlich soweit. Die ÖVP setzte den 35jährigen Jus-Studenten, Land- und Forstwirt und Präsidenten der „Paneuropa-Union" gemeinsam mit TV-Star Ursula Stenzel auf ihre Liste für die erste Europa-Wahl. Auf Platz Drei – ein sicheres Mandat. Die Motive der Parteispitze glaubt Habsburg zu kennen: *„Es war auf der einen Seite ganz klar, dass mein Name zieht. Das ist ein Punkt, der ist sicherlich nicht so ausgesprochen worden, der aber immer mitgeschwungen hat. Ein zweites Argument, das natürlich auch gezogen hat ist die Tatsache gewesen, dass ich das Europäische Parlament schon gut kannte. Ich habe dort schon vorher als Assistent gearbeitet. Ich kannte den ganzen Betrieb in- und auswendig. Meine Kontakte in europäischen Institutionen waren sehr bekannt und wurden auch in Anspruch genommen und ich habe das auch gerne zur Verfügung gestellt. Und dann natürlich auch die Tätigkeit meines Vaters, die ja auch nicht ganz uninteressant gewesen ist."* Und schließlich noch die Pro-Beitritts-Kampagne seiner „Paneuropa"-Bewegung vor der EU-Volksabstimmung 1994: *„Das war das wirklich Ausschlaggebende",* ist er überzeugt.

Auch Jörg Haider war damals auf ihn aufmerksam geworden: *„Er hat uns angesprochen und hat gesagt, er könnte sich gut vorstellen, dass die ‚Paneuropa-Union' mit ihrer Tätigkeit im Rahmen der Freiheitlichen Partei relativ gut reinpassen würde. Wir haben uns das damals sehr gut überlegt und haben dann gesagt, dass es zu viele Bereiche gibt, wo es echte Schwierigkeiten gibt und haben dann abgelehnt."*

Die ÖVP gewann die EU-Wahl 96 knapp vor der SPÖ – ihr erster bundesweiter Wahlsieg seit Jahren. Stenzel, Habsburg und fünf weitere schwarze Abgeordnete gingen nach Straßburg und Habsburg fühlte sich im Europa-Parlament, wo er schon als Assistent für einen CSU-Kollegen seines Vaters gearbeitet hatte, gleich zuhause: *„Ich kannte es de facto besser als alle meine Kollegen. Es gibt* natürlich einige Elemente … *Ich habe zu dem Zeitpunkt, als ich das erste Mal in den Plenarsaal hineinmarschiert bin, nicht gewusst, wie die Abstimmungsmaschine funktioniert. Aber das hat mich ungefähr 15 Sekunden gekostet.*"

Diesbezüglich also keine Überraschungen – an anderer Stelle aber doch: „*Eine Sache, die für mich sehr gewöhnungsbedürftig war, waren die Fragen, die mit der unmittelbaren Parteipolitik zu tun hatten. Das war für mich eine rundherum unangenehme Erfahrung.*" Die ersten Konflikte gab es gleich zu Beginn, als es um die Auswahl der parlamentarischen Mitarbeiter ging: „*Ich habe Mitarbeiter vom paneuropäischen Bereich, die ich da drin haben wollte und die auch völlig logisch erwarteten, dass sie da mitarbeiten. Nur die Partei wollte halt ihre Leute hineinsetzen und ich wollte meine Leute hineinsetzen. Und ich muss sagen, es wurde da von mir etwas erwartet, etwas zu tun, was zumindest gegen die Richtlinien des Europäischen Parlaments war und ich habe ganz klar ‚Nein‘ gesagt, ohne da auch nur zehn Sekunden darüber nachzudenken. Und dann geht natürlich das übliche Powerplay los und da hat man versucht, von der einen Seite Druck zu machen und ich bin dagestanden und habe gesagt, dass das überhaupt nicht in Frage kommt. Wobei ich sagen muss, ich war nicht allein. Es gab auch andere Abgeordnete damals, die ÖVP-Mitglieder waren, die auch, ‚Entschuldigung!‘ in Richtung Wien gesagt haben: ‚So geht das nicht.‘*"

Der Kontakt in Richtung Wien gestaltete sich tatsächlich schwierig für den neuen Mandatar, der von Anfang an klar gemacht hatte, „*dass ich nicht ÖVP-Mitglied werden will.*" Bald wurde es so schwierig, dass VP-Generalsekretär Reinhold Lopatka in einer Rückschau auf die ÖVP-Quereinsteiger der letzten Jahre sagt: „Der einzige, der gescheitert ist, war Karl Habsburg." Hatte er denn keine politischen Stärken? Lopatka: „Ich habe nie eine entdecken können."

Habsburg selbst sieht das naturgemäß anders. Seine Stärke als Politiker sei vor allem seine absolute Berechenbarkeit gewesen: „*Weil ich eine klare Aussage habe. Ich glaube wirklich, dass meine Stärke in die Richtung geht, dass ich für ein gewisses Ziel, für gewisse Ideen arbeite, für die aber kontinuierlich.*" Und dazu natürlich sein Fleiß, seine vielen Kontakte und „*dass ich die meisten europäischen Sprachen spreche.*" Auch Medienkompetenz brachte Habsburg mit in die Politik. Nicht ganz so viel wie Ursula Stenzel, aber auch er war einmal Fernsehmoderator. Anfang der 90er Jahre hatte er im ORF ein paar Ausgaben einer Game-Show mit dem Titel „Who is Who?" präsentiert. Etwas sperrig und spröde, aber mit hohem Aufmerksamkeitspotential: *„Ich habe natürlich auch meine Tätigkeit beim Fernsehen unter dem Aspekt gesehen, dass ich mir gesagt habe, man hat in Österreich schon lange keinen Habsburger mehr zum Anfassen gehabt, und wenn ich in Österreich auch politisch tätig werden möchte zu einem anderen Zeitpunkt – da ist ein Bekanntheitsgrad immer etwas Wichtiges. Und ich habe in der kurzen Zeit, in der ich dort gearbeitet habe, das auch alles mit großer Passion aufgesaugt – sofern mir das möglich war – um es dann auch in der Möglichkeit des Auftretens und des Selbstdarstellens umzusetzen. Das ist natürlich genauso wichtig."*

Sein berühmter Familienname hat auch bei seinen neuen Kollegen in der Politik Wirkung gezeigt: *„Ich bin von einem Teil sehr positiv, vom anderen Teil sehr negativ aufgenommen worden. Beide haben aus ihrer Meinung keinen Hehl gemacht und es gab kaum jemanden dazwischen. Es gab keine Grauzone. Aber das erlebe ich hier im täglichen Leben genauso. Das typische Beispiel ist, wenn ich auf der Autobahn zu schnell fahre und aufgehalten werde, zahle ich immer entweder die Höchststrafe oder die niedrigste, aber ich zahle nie etwas dazwischen drin."*

Im EU-Parlament lief anfangs alles nach Plan. Der junge Abgeordnete kam in die Ausschüsse, die er sich gewünscht hatte, seine alten Kontakte in der EVP-Fraktion halfen dabei. Und er stürzte sich in die Arbeit: Außenhandel, Copyright-Fragen, Biotechnologie. Alles war etwa so wie erwartet, große Überraschungen gab es vorerst nicht. Auch wenn manches ein wenig frustrierte: *„Leider Gottes ist es in der Politik heute so, dass man seine Arbeit dritteln muss. Ein Drittel kann ich produktiv tätig sein. Ein Drittel meiner Zeit muss ich darauf verwenden, Dummheiten, die andere Leute machen, zu verhindern. Und ein Drittel meiner Zeit muss ich darauf verwenden, das, was ich gemacht habe, zu verkaufen."* Deshalb müsse ein Politiker auf jedem Fall *„kommunizieren können"*. Gerade in der öffentlichen Kommunikation zeigten sich aber bald Probleme. Immer wieder sorgte der Kaiser-Enkel für Aufsehen in den Medien – und selten waren die Schlagzeilen positiv. Wenn er etwa den Friedensnobelpreisträger Nelson Mandela einen „kommunistischen Altterroristen" nannte oder in einem Interview bekannte: „Ich bin nicht ganz sicher, ob eine Demokratie oder eine Monarchie die bessere Staatsform ist." In der ÖVP begann es zu grummeln.

Habsburg hat dafür eine eigene Erklärung: *„Ein wirklich eigenständiger Geist reüssiert dort nicht. Es ist so, dass die österreichische Parteienlandschaft eine Landschaft ist, in die man hineinwachsen muss. Es ist sehr schwer, einfach hereinzuplatzen. Das ist fast unmöglich und das habe ich am eigenen Leib verspürt. Außer man ist gewillt, von Anfang an seinen eigenen Charakter abzulegen, um ein braver Parteisoldat zu sein."*

Und das wollte er nun wirklich nicht. Das zeigte sich auch an seinem gespannten Verhältnis zur Fraktionsdisziplin: *„Es kam immer wieder durch, dass jemand gesagt hat: ‚Und bei dieser Abstimmung müsst ihr so abstimmen.' Und wenn ich höre, ich MUSS so abstimmen und wenn ich sehe, wer mir das sagt, dann beginne ich das etwas mehr zu hinterfragen, als wenn man mir das subtil unterschoben hätte. Und da muss ich sagen, bei solchen Fragen habe ich es als absolutes Prinzip genommen, dass ich so abstimme, wie ICH es für richtig halte."*

Eine derartige Aktion führte letztlich auch zum Eklat: Als Anfang 1999 im Parlament ein Misstrauensvotum gegen die damalige EU-Kommission von Jacques Santer eingebracht wurde – nach einer monatelangen Debatte über Vetternwirtschaft und undurchsichtige EU-Finanzen: *„Ich habe gesagt, das ist nicht länger tragbar. Damals ging es dann so, dass gesagt wurde von Seiten der Partei aus: ‚Es ist völlig ausgeschlossen, kein ÖVP-Abgeordneter darf diesen Misstrauensantrag mittragen, weil es auch den Franz Fischler treffen würde.' Da ging es los mit den Telefonaten zwischen Generalsekretär und mir und hin und her: ‚Und wie kann ich? Und wie kann ich mich das trauen?' Und ich habe gesagt: ‚Ich traue mich einfach', was soll's …"*

Der Krach hatte noch einen zweiten Akt: Rund um die Bestellung eines „Weisenrates", der die umstrittene EU-Kommission beurteilen sollte, kam es zu einem offenen Konflikt zwischen Habsburg und Delegationsleiterin Stenzel, die als österreichischen Experten für den Weisenrat den Journalisten Alfred Worm vorgeschlagen hatte. Habsburg fand das *„völlig absurd"*, wie er freimütig einem APA-Redakteur am Telefon erzählte: *„Der Worm hat überhaupt keine Qualifikation. Und zweitens – das darf man nicht ver-*

gessen – Worm war ein echter Totengräber der ÖVP-Wien, als er deren Kandidat war. Fünf Minuten später bekomme ich die APA-Meldung herein: ,Karl Habsburg – Worm – Totengräber der ÖVP-Wien – Völlig unqualifiziert für den Job.' Eine halbe Stunde später kommt wieder eine Aussendung herein: ,Ursula Stenzel zur APA: Karl Habsburg ist völlig untragbar und er muss sich sofort entschuldigen für sein untragbares Verhalten.'" Aber Habsburg wollte sich nicht entschuldigen, weil „ich auch heute rückblickend der Meinung bin, dass meine Aussagen vielleicht scharf, aber richtig waren." Die Telefone zwischen Wien und Brüssel liefen heiß: „Es ging schon bis dahin – ich kann das nicht beweisen, weil es nur ein Telefongespräch war – dass man mir gesagt hat, wenn ich nicht innerhalb von einigen Stunden eine Reaktion setzen würde, würde man mich aus der Fraktion hinauswerfen. Worauf ich am Telefon einen Lachanfall bekommen habe und gesagt habe: ,Wisst ihr was? Ihr könnt mich gar nicht aus der Fraktion werfen. Weil ich habe viel mehr Freunde in der [EVP-]Fraktion als ihr. Damit zu drohen – fangt gar nicht damit an. Aus der Partei könnt ihr mich nicht rauswerfen, weil ich kein Parteimitglied bin. Aus dem Parlament könnt ihr mich nicht hinauswerfen, weil ich gewählt bin. Also bitte, was soll das?' Aber so hat man versucht, massiv Druck auszuüben. Das war nicht mehr lustig, sagen wir es einmal so."

Zu dem Zeitpunkt war aber ohnehin nicht mehr viel zu retten. Im Herbst 98 war bei der Hilfsorganisation „World Vision" ein Spendenskandal ruchbar geworden. Habsburg war dort Vorstandsmitglied gewesen, neben alten Bekannten aus der JES, und einige hunderttausend Schilling waren irgendwie von „World Vision" in die Kasse der „Paneuropa-Bewegung" geflossen. Der Abgeordnete fand sich im medialen Dauerfeuer. Auch eine alte Geschichte tauchte wieder auf: 1996 hatte Habsburg beim Flug von Genf nach Vorarlberg vergessen, ein Diadem im Wert von rund 50.000 Euro zu verzollen. Auch keine Schlagzeilen, die sich eine Partei für ihre Abgeordneten wünscht, schon gar nicht ein paar Monate vor der nächsten Wahl: „Da kamen recht viele Ansammlungen zusammen. Und damit wurde mir dann klar gemacht, dass meine Position untragbar wäre."

Am 20. Jänner 1999 kündigte Ursula Stenzel via „News" erstmals an: „Karl Habsburg wird nicht mehr aufgestellt". Im ÖVP-

Vorstand berichtete sie damals vom „Problemfall Habsburg" – und das war noch eine Woche *vor* dem Krach rund um Worm. Das Verhältnis zwischen den beiden Promis in der ÖVP-Delegation sollte sich bis zuletzt nicht mehr bessern. Und heute sagt Habsburg über Stenzel: *„Sie war jemand, der absolut von Anfang an willens war, ihre eigene Meinung den Parteiinteressen unterzuordnen. Und zwar bedingungslos. Und das ist eine Sache, der ich mich nie anschließen konnte. Und das ist bei uns – leider Gottes – System im Moment: Dass bei uns Partei-Sklaven mehr gefragt sind als unabhängige Politiker. Ich wäre sicher weiter gekommen, wenn ich mich parteipolitischen Interessen untergeordnet hätte. Dann würde ich sicherlich heute noch im Parlament sitzen."*

Nachdem ihn die ÖVP für die EU-Wahl 1999 aber partout nicht mehr wollte, trat Habsburg mit einer eigenen Partei an, der extrem konservativen „Christlichsozialen Allianz – Liste Habsburg". 43.000 Stimmen und 1,5 Prozent reichten jedoch nicht einmal annähernd für den Wiedereinzug ins EU-Parlament.

Trotzdem ist Karl Habsburg von seinem politischen Talent überzeugt. Jederzeit würde er wieder in die Politik gehen: *Jede Funktion, in der man etwas umsetzen kann, würde mich selbstverständlich reizen."* Dass ihn die Journalisten verspottet haben, dass ihn die ÖVP letztlich hinausgeworfen hat, dass ihn der heutige Generalsekretär zum einzigen „gescheiterten" Quereinsteiger erklärt – das alles irritiert ihn keineswegs. Wie er sich denn selbst als Politiker einschätzen würde? Die Antwort kommt ohne jede Ironie: *„Wenn Sie eine ehrliche Antwort wollen, gebe ich mir eine Eins."*

Peter Sichrovsky, FPÖ
EU-WAHL 1996

Geboren 1947 in Wien; Ing. Mag. rer. nat.
Journalist („Der Standard", „Süddeutsche Zeitung", „Stern") und
Schriftsteller („Bittere Pillen", „Schuldig geboren").
Abgeordneter zum Europäischen Parlament von 1996 bis 2004,
ab 2003 parteifrei.
Generalsekretär der FPÖ von 2000 bis 2002.
Derzeit Unternehmensberater auf Zypern und in den USA.

„Ich war in dieser Partei immer ein Kuriosum."

Es war ein Rauschen im Blätterwald. Ein gewaltiges. Ausgerechnet Peter Sichrovsky – der Jude, Mitbegründer der linksliberalen Tageszeitung „Der Standard", der antifaschistische Autor; Sohn eines kommunistischen Vaters, der in der britischen Armee gegen die Nazis gekämpft hatte – ausgerechnet *der* gab sich als Kandidat für Jörg Haider her. Die Mesalliance machte vor allem die Journalisten und Intellektuellen des Landes fassungslos: „Die Freundschaft zwischen Jörg Haider und Peter Sichrovsky hat den intellektuellen Charme und die moralische Qualität des Hitler-Stalin-Paktes, freilich ohne dessen massenmörderische Implikationen", befand der Politologe Anton Pelinka im „Standard".

Kein anderer Quereinsteiger hat mit seiner Kandidatur so viel mediales Aufsehen erregt – obwohl Sichrovsky in der breiten Öffentlichkeit gar nicht besonders bekannt war. Wohl aber in der Kultur- und Medienszene des Landes – und die war flächendeckend entsetzt.

„Dieser Hass … Mir war klar, dass es eine … also ganz klar war es mir auch nicht. Dass eine derartige Hassreaktion kommt, damit habe ich nicht gerechnet.", schüttelt der Auslöser der Empörung noch fast zehn Jahre später den Kopf. Und gleichzeitig war es genau dieses Risiko, das Unberechenbare, das ihn zu seinem Entschluss getrieben hatte: *„Irgendwie war es der Spaß. Letzten Endes habe ich mir gedacht, alle Argumente es nicht zu machen, sind mir zu logisch, zu vernünftig, zu bedrohlich, zu gut meinend. Wo ist eigentlich der Spaß daran, das Abenteuer? Wo ist das Risiko? Der Seiltanz? Wo ist der Moment, wo man alles in Frage stellt, was man bisher gemacht hat? Selbst bis zum möglichen finanziellen Absturz und die Arbeit verlieren, Freunde verlieren. Das war letzten Endes der entscheidende emotionelle Schub, es auch zu tun."*

Aber der Reihe nach. Peter Sichrovsky war in der Chefredaktion des „Standard", als er Ende der 1980er Jahre Jörg Haider zufällig am Flughafen traf. In seiner Redaktion hatte es damals eine Diskussion darüber gegeben, wie mit dem populistischen Aufsteiger umzugehen sei – Sichrovsky hat es als „*Interview-Verbot*"in Erinnerung, der noch amtierende Chefredakteur Gerfried Sperl bestreitet das.` Am Flughafen sagte Sichrovsky dem FPÖ-Chef jedenfalls, „*dass ich das lächerlich finde, dass hier Chefredakteure entscheiden, mit wem man redet und mit wem man nicht redet. Er hat das auch insofern verstanden, dass ich ihn verteidige. Mir ging es da mehr um die Verantwortung der Zeitung.*"Haider schlug ein längeres Treffen vor, aber dazu kam es nie. Sichrovsky übersiedelte nach Südostasien, schrieb von dort für die „Süddeutsche" und den „Stern". Und bekam irgendwann Haiders Ausspruch von der „ordentlichen Beschäftigungspolitik" der Nazis mit: „*Ich habe ihm dann sehr erbost einen Brief geschrieben, habe gesagt: ‚Wie kann man nur so blöd sein als intelligenter Mensch und in einer derartigen, dummen Art und Weise eine Chance vertun.'*"Die Chance nämlich, die FPÖ aus dem ganz rechten Eck herauszuführen und eine zweite konservative Partei in Österreich aufzubauen. Diese Idee hatte Sichrovsky schon lange fasziniert – im Gegensatz zu seinem Image war er nämlich nie ein „Linker" gewesen, im Gegenteil: „*Ich war von Grund auf immer konservativ und habe auch immer konservativ gewählt.*"An der Uni war der studierte Chemiker in den 70er Jahren bei der ÖVP-nahen ÖSU. Sogar das Etikett des „antifaschistischen Autors" war falsch: „*Das wurde mir umgestülpt. Ich kann kein Antifaschist sein – das war immer meine Philosophie – weil ich mich nicht vom Faschismus umgeben sehe.*"

Bei einem Österreichbesuch traf man sich dann: der Journalist, der FPÖ-Chef und dessen Vertraute Susanne Riess-Passer: „*Beide haben mir erklärt, dass es das Ziel der Partei ist – ohne die Partei neu zu gründen oder neu zu definieren – sie trotzdem in einer Weise zu erneuern, dass es genau das wird, was ich vorgeschlagen habe. Das heißt: Eine stabile zweite konservative Kraft, die sich insofern unterscheidet von der traditionellen ÖVP, dass es die Reformkraft wird und dadurch vor allem Wähler von der Sozialdemokratie abwirbt und für*

` In einem E-Mail schreibt Sperl: „Vorstöße dieser Art gab es öfter, sie wurden aber nie realisiert. Haider hat von sich aus einige Jahre Interviews mit uns abgelehnt. Aber das war später." Allein zwischen 1990 – so weit geht das elektronische Archiv des „Standard" zurück – und 1993 wurden laut Sperl sieben Interviews mit Haider veröffentlicht.

sich gewinnt. "Sichrovsky brachte immer wieder Gianfranco Fini ins Spiel, den italienischen Postfaschisten: *„Das hat mich fasziniert, wie er unglaublich geschickt die Partei aus dem verteufelten, rechten Eck herausgeholt hat. Und man hat mir damals versichert, das ist genau das, was man tun will."*

Er wurde eingeladen mitzumachen – als FPÖ-Kandidat bei der Nationalratswahl 1995. Aber Innenpolitik interessierte den langjährigen Außenpolitik- und Kulturjournalisten nicht. Ein Jahr später kam ein neues Offert für die ersten Europa-Wahlen und diesmal nahm Sichrovsky an: *„Dafür sprach die Hoffnung. Dagegen sprach die Erfahrung. Um es sehr kurz fassen. Ich habe mir gedacht, ich probiere es."*

Haider hatte ihn auch zu einem guten Zeitpunkt erwischt. Der Autor war vom Journalismus zunehmend enttäuscht, *„weil ich den Wert des traditionellen Schreibers immer mehr aus der Zeitung hinausgedrängt sah. Und ich habe mir gedacht, das würde sich gut treffen: Einerseits mein – ich will nicht sagen Niedergang, aber die Reduzierung meiner journalistischen Chancen auf dem Marktsegment, das ich gerne mache und gleichzeitig das Angebot etwas Neues zu machen. Das hat sich auch von der Karriereplanung her gut getroffen."*

Der Quereinsteiger verlangte einen fixen Listenplatz, aber ausdrücklich nicht die Nummer Eins: *„Ich habe immer gesagt, ich bin kein Spitzenkandidat. Ich wäre von meinen Fähigkeiten her nicht überzeugend – von Dorf zu Dorf fahren und das traditionelle Wählerpotential zu motivieren, uns zu wählen. Sondern ich habe gesagt, dass ich überall einsetzbar bin, ich mache auch alles. Ich möchte aber nicht die Nummer Eins sein."*

Haider und Riess-Passer schmeichelten ihm, alles hätten sie *„toll"* gefunden, was Sichrovsky zum Besten gab, vor allem seine internationalen Erfahrungen. Und besonders interessant erschien dem Journalisten: *„Man hat vergessen, was ich jemals früher über Haider geschrieben habe. Ich habe die FPÖ nie als faschistoide Partei gesehen. Aber doch sicher als eine rechtsextreme."*

Als Haiders *„Quoten-Jude"* ist er damals bezeichnet worden – aber dieser Aspekt sei bei weitem nicht so wichtig gewesen, wie es seine Kritiker vermuteten: *„Das ist am Anfang nie erwähnt und nie diskutiert worden. Später haben wir oft darüber diskutiert. Ich habe auch versucht, die Dinge hier auszugleichen. Aber das haben die Leute*

– besonders auch meine Gegner – falsch eingeschätzt, weil da hätten sie auch den Wert meiner Person in diesem Segment weitaus überschätzt für die Partei. Das war eigentlich nicht der Wert."

Sein Wert lag, so meint er, in seiner außenpolitischen Kompetenz: „Die hatten null außenpolitische Kontakte, hatte größte Schwierigkeiten, sich überhaupt zu außenpolitischen Themen zu äußern. Das waren die Marktsegmente im Bereich der Neudefinition der Partei, wo ich am meisten dazu beigetragen habe oder hätte beitragen können in der Vorstellung der damaligen Parteiführung."

Schon damals war Sichrovsky überzeugt davon, dass er auch für eine interne Machtprobe herhalten musste. Die Art seiner Präsentation sei ein Indiz dafür gewesen: „Sie wurde nämlich bis zur letzten Minute auch innerparteilich geheim gehalten. Und Haider hat sehr, sehr spät – ich glaube überhaupt erst einen Tag vorher oder an dem Tag, an dem die Kandidatur bekannt wurde – dem Vorstand oder dem entscheidenden Gremium dann auch seinen Vorschlag präsentiert. Er hat auch immer gesagt, für ihn war das ein Test gegenüber den Funktionären, ob sie mit so einem Vorschlag fertig werden: Was ist die Partei bereit, für ein Risiko einzugehen."

Jörg Haider bezeichnet Sichrovsky heute als „Langzeitprojekt". Auch er erinnert sich sehr genau an jenes Treffen am Wiener Flughafen, allerdings etwas anders als sein Gegenüber: „Er hat mich angesprochen und gesagt: ‚Mir gefällt vieles an Ihrer Politik. Ich möchte nur haben und erleben, dass man auch als Jude problemlos die FPÖ wählen kann.' Das war der Zugang, durch den wir zusammen gekommen sind." Der FPÖ-Chef hielt den Journalisten für einen „interessanten und lieben Menschen, der eigentlich ein Leiden mit der FPÖ hat, aber dort etwas bewirken möchte". Ganz ungelegen kam ein derart untypischer Sympathisant natürlich auch nicht: „Er war einer dieser intellektuellen Typen, die klassisches, österreichisches oder Wiener Bürgertum verkörpert haben, der in der Kunstszene beheimatet ist, der guten Zugang zu den Künstler- und Kulturkreisen hat." Eine Fehlkalkulation, sagt Sichrovsky: „Es hat eine gewisse Hoffnung gegeben, einen Zugang zu den Intellektuellen zu finden über mich, die ich sofort wieder enttäuscht habe, weil ich ihn selbst nicht habe. Weil er mich nie interessiert hat."

Dafür kam er – zu seiner eigenen Überraschung – bei einem völlig anderen Publikum an. Unmittelbar nachdem seine Kandidatur bekannt gegeben wurde, bat ihn Haider, in der Wiener Stadthalle eine Rede zu halten, ausgerechnet auf dem freiheitlichen Pensionisten-Tag: *„Da war selbst die Susanne [Riess-Passer], die gesagt hat, ‚Das kann man nicht machen, Du verheizt den. Da sitzen 2.000 bis 4.000 80jährige mit einer wohlbekannten Geschichte der FPÖ. Den können wir doch nicht einfach auftreten lassen. Es kommt zu einer Katastrophe.‘"*

Haider bestand darauf, wollte die Partei *„damit konfrontieren"*. Man fuhr gemeinsam in die Stadthalle, der neue FPÖ-Kandidat sprach eine halbe Stunde lang: *„Es war so totenstill im Saal, dass es fast gespenstisch war. Das war eines der interessantesten Erlebnisse, die ich in der Politik hatte. Dass dort tausende von Menschen, die genau diese Zeit erlebt haben, die mich auch und meine Familie am meisten belastet – sie vielleicht auch aktiv erlebt haben und da mit mir konfrontiert werden. … Es ist gut gegangen. Die haben mich voll akzeptiert."* Diese Erfahrung sei für ihn genauso wichtig gewesen, wie für Haider und Riess-Passer – vielleicht war die Partei ja tatsächlich bereit, sich zu ändern, glaubte er damals.

Andere Aspekte seiner neuen Karriere hat er weniger aufregend in Erinnerung, ganz im Gegenteil: *„Plötzlich gab es diese unglaublichen Zwänge. Das sind auch Zwänge, die das Umfeld vergnüglich erlebt. Der typische Politiker hat ja Sitzungen gern und ist ganz begeistert. Er sitzt dort für Stunden und Stunden. Für mich war das unerträglich. Ich habe Sitzungen gehabt, die haben um 10 Uhr in der Früh begonnen und waren um 10 Uhr am Abend aus. Das war für mich völlig neu. Ich habe das nie verstanden, warum Leute 10 oder 20 Stunden über etwas reden können, ohne dass dabei etwas herauskommt."*

Stutzig habe ihn gemacht, dass ewig über ein Thema diskutiert wurde – ganz basisdemokratisch – und dann geschah ohnehin, was die Führung wollte: *„Das war ich nicht gewohnt und das hat auch meinen intellektuellen Rahmen überschritten. Für diese Art von Arbeit war ich einfach nicht befähigt."*

Die wirkliche Enttäuschung wartete aber in Straßburg und Brüssel – an seinem neuen Arbeitsplatz im EU-Parlament. Niemand wollte dort etwas mit der FPÖ-Delegation zu tun haben: *„Das muss man* *ganz ehrlich sagen, dass wir dort völlig chancenlos waren, aktiv in den Entwicklungsprozess der EU einzugreifen. Das habe ich unterschätzt und vor allem habe ich gehofft, das wäre zu verändern, das wäre zu beeinflussen."* War es aber nicht, trotz aller Mühe: *„Wir haben alle möglichen Aktivitäten gestartet: mit den ganzen Amerika-Reisen mit Jörg Haider, mit den Entschuldigungen."* Ohne Erfolg – die FPÖ blieb völlig isoliert. Aber kein Schaden ohne Nutzen. Mangels politischer Aktionsmöglichkeiten richtete sich der Neo-Abgeordnete auf der Zuschauerbank ein: *„Irgendwann habe ich mir gedacht: Ich bin zwar nicht aktiv beteiligt, aber ich sitze in der ersten Reihe und bekomme ein Schauspiel geboten, noch dazu werde ich bezahlt dafür. Das war faszinierend. Deswegen denke ich auch keinen Tag so darüber, dass mir das leid tut. Wenn man sich überlegt: Der ganze Prozess mit Schengen, die Auflösung der Grenzen, die Einführung des Euros, die Vorbereitung einer Verfassung. Die letzten acht Jahre, die ich im Europaparlament war, waren ja unglaublich entscheidend."* Sichrovsky beobachtete also, lernte, nahm Einladungen an, war fasziniert: *„Für mich war das wirklich ein Abenteuer. Das war das Tollste."*

Nach zahlreichen Medienberichten, vor allem in „News", hatte das EU-Parlament noch einen weiteren Reiz für den neuen Mandatar: die großzügigen Spesen-Regelungen. Sichrovsky soll seine Frau als Assistentin beschäftigt und enorme Aufwendungen verrechnet haben. Eine Hetzkampagne einer „publizistischen Anti-FPÖ-Schlägertruppe", empörte sich der freiheitliche Pressedienst damals – alles geprüft: „Alles korrekt". Jahre später, nach der Abspaltung des BZÖ, tauchten aus der Buchhaltung der Partei – teils fotokopierte – Belege in abenteuerlicher Höhe auf. Die FPÖ kündigte Millionenklagen gegen den „Spesenritter" Sichrovsky an, der konterte via „News": „Mir ist das vollkommen wurscht." Alle Ausgaben seien im Vorstand beschlossen worden, korrekt belegt und abgerechnet.

Im Jahr 2005, bereits nach seinem Abgang aus der Politik, sorgte er noch einmal für Aufsehen. Als er dem „Profil" gestand, er hätte während seiner FPÖ-Zeit für den israelischen Geheimdienst Mossad gearbeitet, der sich für Haiders rege Kontakte in die arabische Welt interessierte. Als die Staatsanwaltschaft hellhörig wurde – Spionage für einen ausländischen Dienst ist ein Strafdelikt – ruderte

Sichrovsky rasch zurück: „Alles ein Witz", den die „Profil"-Redakteure nur nicht verstanden hätten.

Das mit dem Nicht-Verstehen – das war auch in der FPÖ ein Problem für den intellektuellen Journalisten: *„Ohne dass ich jetzt zynisch werde – aber der politische Alltag hat doch ein erschreckend einfaches Niveau, wenn man aus dem Bereich kommt, aus dem ich gekommen bin."* An eine durchschnittliche Redaktionssitzung in der „Süddeutschen Zeitung" habe eine FPÖ-Vorstandssitzung jedenfalls *„nie herangereicht"*.

Etwas anderes fiel ihm sehr viel schwerer: die parteiinterne Kommunikation. Wobei er ohnehin erstaunlich viele Freiheiten genoss: *„Ich hatte eine sehr, sehr privilegierte Position. Und ich war in dieser Partei, im Mittelbau, immer ein Kuriosum. Die einen haben mich nicht ernst genommen und diejenigen, die mich ernst genommen haben, haben mir nicht getraut."* Vielleicht zehn, fünfzehn Leute seien wirklich hinter ihm gestanden: Riess-Passer natürlich, Westenthaler und noch ein paar andere: *„Aber ich glaube, dass ich dem Gros der Funktionäre nicht geheuer war. Die haben das geschluckt, weil es von Haider kam. Jude und Intellektueller – das ist schon schlimm genug. Wobei ich das nie als Antisemitismus gesehen habe. Es ist eine Art Fremdheit, es ist eine Vorsicht. Gleichzeitig waren sie auch fasziniert von mir."*

Als die FPÖ Anfang 2000 in die Regierung kam – Sichrovsky war im Jahr zuvor wieder ins EU-Parlament gewählt worden – und Haider die Parteiführung an Riess-Passer übergab, wurde der Quereinsteiger ihr Generalsekretär, zuständig für Außenpolitik. Es war ein eher formales Arrangement – an Sichrovskys inhaltlichen Aufgaben änderte sich nicht viel, außer dass er öfter im Fernsehen war. Allerdings nicht sehr lange: *„Ich war einmal in einer Sonntagabend-Runde, wo die Partei dann intern gesagt hat: ‚Wir können den nicht mehr hinschicken. Der ist zu gut. Das blamiert immer dann, wenn wir jemand anderen schicken.' Ich war eine Zeit lang sehr oft in der ZiB 3 und dann bin ich völlig verschwunden, weil die Partei es abgeblockt hat, mich nicht mehr geschickt hat. Da kommt dann die Eifersucht über die Medienpräsenz."*

In Diskussionen war er gut, auch bei Vorträgen – überall, wo es darum ging, vor großem Publikum zu reden. Und gleichzeitig war der Kontakt zu den Wählern seine größte Schwäche, glaubt

Sichrovsky: *„Obwohl es fast ein Klischee ist – man muss eine besondere Liebe zum Menschen haben, um erfolgreich als Politiker arbeiten zu können. Es genügt nicht alleine das Fachwissen und die Rhetorik. Man muss rausgehen, mit den Leuten reden, man muss die Geduld haben, sich die Ideen und Probleme der Menschen anzuhören. Man muss ihnen das Gefühl geben, man nimmt sie ernst. All diese Eigenschaften fehlen mir für einen erfolgreichen Politiker. Mich haben die Leute insgesamt zu wenig interessiert."*

Innerhalb der Partei wurde die Lage zunehmend schwieriger. Nach ihrem Regierungseintritt verlor die FPÖ eine Landtagswahl nach der nächsten – eine völlig neue Situation für die Partei, die seit Haiders Machtübernahme 1986 ausschließlich Siege gewohnt war. Die Fraktionskämpfe wurden intensiver, Haider verlangte intern den Obmann zurück: *„Das Symbol Knittelfeld hat sich sehr früh angekündigt und wir haben dann noch ein Jahr lang darum gekämpft in einer kleinen Gruppe, das zu verhindern und die Regierung zu erhalten und auch die Partei zu erhalten."*

Im Sommer 2002 eskalierte der Konflikt: *„Eine der entscheidendsten Sitzungen war im Privathaus von [Justizminister] Böhmdorfer, wo wir bis vier Uhr früh gesessen sind und Haider gesagt hat, er sieht das alles ein und wird sich nicht mehr einmischen und er muss die Regierung arbeiten lassen. Und ich habe gesehen, dass die Susanne [Riess-Passer] aufsteht und in den Garten geht und ich bin ihr nachgegangen und sie hat gesagt: ‚Du, es ist vorbei. Es ist aus.' Ich habe gefragt wieso und sie hat gesagt: ‚Wir müssen uns überlegen, was wir weitermachen, aber das ist vorbei.' Ich habe es immer sehr ernst genommen, was sie gesagt hat, weil sie diejenige war, die zwanzig Jahre in der Partei war und jeden gekannt hat. Ich habe damals geahnt oder gewusst, das mit dem Scheitern in der Regierung diese Partei tot ist, und dass dadurch auch meine politische Karriere zu Ende ist."*

Ein paar Tage später folgte die Delegiertenversammlung in Knittelfeld – die Parteispitze um Riess-Passer trat zurück, Sichrovsky blieb noch bis zum Parteitag: *„Ich bin dann – das habe ich mit Susanne abgesprochen – am Parteitag öffentlich zurückgetreten."* Unter diesen Umständen in der FPÖ weiter zu machen, sei undenkbar gewesen: *„Nein, das war mir zuwider. Da muss ich ehrlich sagen, dass ich nur mehr Verachtung über habe. Sie haben das alles nicht miter-*

lebt." Das Projekt aus der FPÖ eine *„stabile, liberale, konservative, demokratische Partei zu machen"* war jedenfalls desaströs gescheitert. Offiziell ausgetreten ist er im Februar 2003. Die Partei sei „in einem sinnlosen Suizidversuch zerstört worden", schrieb Sichrovsky in einem offenen Brief, gemeinsam mit seinem EU-Kollegen Gerhard Hager. Ihre Parlamentsmandate behielten die beiden allerdings noch eineinhalb Jahre, bis zur Europawahl 2004.

Interessanterweise sagt Jörg Haider – den Sichrovsky in einer Vorstandssitzung nach Knittelfeld *„auf Gröbste beleidigt"* haben will – auch heute kein böses Wort über ihn: „Viele sehen ihn heute sehr negativ. Ich möchte das eigentlich nicht tun. Ich sehe ihn nach wie vor unter dem Strich für uns überwiegend positiv. Nachdem er doch mit Getöse aus Brüssel ausgeschieden ist, haben wir uns später wieder zusammengesetzt und korrespondieren miteinander und es ist eigentlich eine nette Freundschaft geblieben."

Sichrovsky, der mittlerweile eine Unternehmensberatung auf Zypern betreibt, weil die Steuersituation dort günstiger ist, hält sich im Rückblick für keinen großen Politiker: *„Wenn man alle Plus und Minus zusammenzählt, dann bin ich heute der Meinung, dass ich gescheitert bin."* Das macht aber nichts: *„Überhaupt nicht. Ich fand sogar das Scheitern interessant."*

Hans Kronberger, FPÖ
EU-WAHL 1996

Geboren in Hall (Steiermark); Dr. phil.
ORF-Journalist („Konflikte", „Argumente", „Bürgerforum")
und Umwelt-Experte.
Abgeordneter zum Europäischen Parlament von 1996 bis 2004.
Derzeit PR-Berater in Wien.

„Plötzlich stand ich im Kreise des Bösen."

Der 3. Mai 2004 war ein eigenartiger Tag für Hans Kronberger.
Am Abend sollte der FPÖ-Vorstand tagen und endlich die Kandidatenliste für die Europa-Wahlen in wenigen Wochen beschließen.
Jetzt war es Mittag und der Ex-Journalist, der die letzten acht Jahre
für die Freiheitlichen im EU-Parlament gesessen war, wartete in seinem verglasten Penthouse mit Rundblick über Wien und ließ das
Handy nicht aus den Augen. Er hatte nicht die geringste Ahnung,
ob er am Abend noch einmal nominiert werden würde. In der Vor-
woche war eine Vorstandssitzung ganz kurzfristig abgesagt worden,
weil man sich im Vorfeld auf keinen Spitzenkandidaten einigen
konnte. Rechtsaußen Andreas Mölzer hatte sich selbst ins Spiel
gebracht, Kronberger nannten manche als „Notnagel". Er nahm es
mit gespielter Gelassenheit: *Wenn man keinen Nagel hat, ist ein
Notnagel doch das Wichtigste auf der Welt.*" Immerhin war er seit ein
paar Stunden wieder optimistischer. Jörg Haider hatte ihn in einem
„Morgenjournal"-Interview auffällig gelobt. Das sprach zumindest
für eine Nominierung auf einem vorderen Listenplatz. Kronberger
kannte das Haider-Lob nur aus dem Radio – mit ihm selbst hatte
seit Tagen niemand gesprochen.

Alle paar Minuten läutet das Telefon, Journalisten sind dran:
Nein, er wisse nichts. Nein, er sei nicht zur Vorstandssitzung eingeladen. Ja, er würde den Spitzenkandidaten machen. Parteimitglied
sei er nicht, würde es aber werden, wenn es eine Voraussetzung sei.
Die APA bittet um ein Foto und Lebenslauf – man kann ja nie
wissen. Kronbergers Mitarbeiterin ruft einen Boten.

Sein Einstieg in die Politik, acht Jahre zuvor, war ähnlich unge-
wohnlich. Seit vielen Jahren hatte Kronberger im ORF gewerkt – an
der Seite von Walter Schiejok, in den populären Sendungen „Argumente", „Bürgerforum" und „Konflikte". Seine Spezialgebiete:
Umwelt und Energie. Im Sommer 1996 hatte er, wie häufig, die
FPÖ angerufen – er wollte eine Haider-Aussage für eine Energie-
Geschichte. Ein Rückruf wurde versprochen. *Am Tag darauf, um
11 Uhr – ich weiß es noch ganz genau – läutet bei mir das Telefon und*

es sagt Susanne Riess-Passer: ‚Du, wir suchen jemanden, der für uns ins EU-Parlament geht und diese ganzen Themen draußen, wie Energiepolitik, erneuerbare Energien und diese großen Zukunftsgedanken vertritt.‘ Ich habe ihr gesagt, dass ich darüber nachdenken muss: ‚Da fällt mir auf Anhieb auch niemand ein, wann sind denn überhaupt Wahlen? Bis wann wird das gebraucht?‘ Und sie hat gesagt: ‚Nein, wir haben an dich gedacht.‘ Ich habe dann gefragt: ‚Wie viel Zeit habe ich zum Nachdenken?‘ Und sie hat mir gesagt, dass sie es am nächsten Tag um 10 Uhr wissen muss, weil am Montag darauf die Kandidaten vorgestellt werden."

Vorher gab es kein Gespräch?

„Nie. Kein einziges Vorgespräch, keine einzige Überlegung. Nur dieses eine Telefonat."

Kronberger war – gelinde gesagt – überrascht: „Spinnt ihr komplett? Ich bin da im ORF unkündbar, privilegiert, nicht versetzbar, praktisch 80 Prozent Pensionsanspruch, mit großer Überstundenpauschale. Warum soll ich in die Politik gehen? Außerdem bin ich kein Politiker. Ich kann mich nicht hinstellen auf einen Marktplatz und eine Rede schwingen. Und vielleicht sagen: ‚Wählt mich!‘"

Damals war Hans Kronberger 45 Jahre alt, „parteilos und neutral der Politik gegenüber – das ist als Journalist selbstverständlich". Die großen Sendungen der letzten Jahre waren weniger geworden, die letzte – „Konflikte" – in den zuseherschwachen Samstag Nachmittag verräumt, Verbesserung war keine in Sicht. Das sprach für eine neue Herausforderung. Er rief einen alten Bekannten an: Hermann Scheer, Träger des „alternativen Nobelpreises" und SPD-Veteran: „Die wollen, dass ich ins EU-Parlament gehe und er hat gesagt, ich soll das sofort machen. ‚Das musst du machen. Aber Moment mal – so clever sind unsere Sozialisten in Österreich nicht, das kann nur der Haider gewesen sein.‘"

Montag früh marschierte er zu seinem Vorgesetzten im ORF: „Der ist fast vom Sessel gefallen, als ich ihm gesagt habe, dass ich für die FPÖ ins Europäische Parlament gehe oder zumindest, dass ich kandidiere." Wenige Stunden später, Punkt zwölf Uhr mittags, saß er dann im Wiener „Hilton" und wurde der Presse präsentiert: „Und damit war ich in der Politik."

Was die Partei von ihm wollte, war offensichtlich. Aus dem Fernsehen hatte er einen gewissen Bekanntheitsgrad, das Thema Ökologie war noch immer en vogue und dazu kam, *„dass eine damals explodierende Partei – vom Wachstum her – natürlich Probleme hat, aus dem eigenen Kader zu rekrutieren. Vor allem jemanden, der eventuell auch international in irgendeiner Form präsentierbar ist."*

Für Kronberger war es die größte Herausforderung in seinem bisherigen Leben: Mit 45 ein neuer Beruf. Er hatte *„natürlich Bauchweh"*, aber es faszinierte ihn auch, *„sich auf die andere Seite zu stellen. Das war damals. Heute ist ja die FPÖ eine respektierte, bürgerliche Partei. Damals war sie ja noch eine rebellierende Oppositionspartei. Es war faszinierend, von der einen Seite, wo man als ‚Rächer der Enterbten', als ‚Helfer der Kleinen' mit unseren Fernseh-Sendungen ‚Everybody's Darling' ist, zum Herzeigen, salonfähig könnte man sagen – sich auf die andere Seite zu stellen und plötzlich im Kreise des ‚Bösen' zu stehen."*

Und dann war da noch was. Jahrelang hatte er als Journalist kritisiert, hatte Bücher über eine zukunftsträchtige Energiepolitik geschrieben und sich über die kurzsichtige Politik geärgert. Da konnte er jetzt nicht kneifen: *„Politik zu verweigern, wenn sie jemandem angeboten wird, ist eigentlich feig. Diese Überlegung hat sich eingebrannt in mein Hirn bis heute."*

FPÖ-Mitglied wurde er nicht. Das war am Anfang so vereinbart, wäre jedoch nach einem Jahr *„kein Ding"* mehr gewesen. Aber niemand hat danach gefragt. Überhaupt war ihm die Partei nicht so wichtig. Er hätte auch für eine andere kandidiert: *„Die Grünen wahrscheinlich"*, der Ökologie wegen. Er kam auch aus der linken Ecke: *„Ich bin eigentlich ein später 68er. Ich habe Marcuse gelesen. Ich habe die Mao-Bibel gelesen genauso wie Marx und Engels."* Sogar beim Verband sozialistischer Mittelschüler war er damals: *„Das war nicht unwitzig. Ich habe nur gesehen, dass dort Chaoten herumlaufen und dass das teilweise völlig ineffizient war."* Als Journalist begann er beim linken „Extrablatt", gemeinsam mit Peter Pilz. Im ORF hatte er dann viele Jahre lang für Sendungen gearbeitet, die Konflikte zwischen Bürgern und der Bürokratie und Politik thematisierten: *„Wir waren eigentlich eine Bürgerinitiative."*

Aber irgendwann war ihm das zuwenig. Es müsste doch mehr geben – etwas Nachhaltigeres. Er begann sich mit alternativen Energien zu beschäftigen und mit Umweltjournalismus. „Sein Öko-Trip hatte fast schon etwas religiös anmutendes.", zitierte das „Profil" einen Kollegen. Kronberger wollte etwas verändern. Da kam der Schritt in die Politik gerade recht.

Und trotzdem musste er den Wechsel auf die andere Seite erst verarbeiten: *„Die Grundthese lautet, dass es zwei Berufe gibt, bei denen man wirklich nichts gelernt haben muss und freien Zugang hat. Das eine ist der Journalist, das andere der Politiker. Das ist natürlich so eine Wechselwirkung zwischen diesen beiden Berufen, die in sich eine Faszination haben. Man muss dann irgendwann in seinem Kopf die Lösung finden und dann draufkommen, dass man jetzt auf der anderen Seite steht. Und dass es auf der anderen Seite genauso ein Bohren in harten Brettern ist wie umgekehrt. Und das sind gemeinsame Voraussetzungen: Man will etwas bewirken."*

Mitte der 90er Jahre für die FPÖ im Europa-Parlament – das war nicht einfach. Die Freiheitlichen galten im Ausland als Rechtsextreme, im besten Fall als gefährliche Rechts-Populisten. Ihm persönlich habe das im EU-Parlament jedoch genützt, sagt Kronberger: *„Dass sie gemerkt haben, da kommt ein völlig normaler Mensch, mit dem man halbwegs intellektuell kommunizieren kann und der überall bereit ist anzupacken und mitzumachen."*

Es war eine völlig neue Welt für ihn, mit neuen Vokabeln, Strukturen und Regeln. Aber das konnte man studieren. Schwieriger fand er eine andere Entdeckung: *„Diese zwei Gesichter der Politik. Nämlich dass man persönlich recht gut miteinander ist und dann dreht man sich um und der andere hält eine Rede und klopft dir eine aufs Haupt. Das war irgendwie negativ, das habe ich nicht gekannt. Das war eine Sache, mit der ich heute noch kämpfe und umgehen lernen muss."* Und noch etwas sei ganz wichtig in der Politik: *„Man muss lernen mit Niederlagen zu leben."*

Aber letztlich war es leichter als er dachte. Nach zwei Jahren fühlte er sich eingearbeitet, die Kontakte von früher, die Medienerfahrung und die Expertise in Umwelt- und Energiepolitik halfen. Und sein anderer Zugang als Quereinsteiger: *„Das hängt vielleicht auch damit zusammen, dass man nicht verletzt wurde im Kampf auf* *der Hierarchieleiter und sich nie dieser Auseinandersetzung stellen musste, weil man einfach gleich oben war. Ich bin vorne hingesetzt worden und habe das mit einer gewissen Demut angenommen und das war wahrscheinlich einer der praktikabelsten Zugänge."*

Leichter war es auch durch den speziellen Arbeitsplatz. Im Europa-Parlament spielt die Parteipolitik weniger Rolle als im Nationalrat – vor allem für die Freiheitlichen, die ohnehin keiner Fraktion angehörten. Er habe abstimmen können, wie immer er wollte, versichert Kronberger mehrfach, gesteht aber ein: *„Im Nationalrat wäre es wesentlich schwieriger gewesen."* Und da er sich völlig auf sein Kernthema Umwelt konzentrierte, dabei fleißig, kompetent und kompromissbereit war, gewann er bald Anerkennung bei Kollegen aus anderen Parteien. Die Fähigkeit zu *„Konfliktvermeidung und Teamwork über die Parteigrenzen hinweg"*, hält er auch für seine eigentliche Stärke als Politiker. Obwohl – er sieht sich gar nicht als Politiker sondern als „Parlamentarier": *„Das ist ein ganz kleiner Unterschied. Ich decke nicht das ganze Spektrum des politischen Daseins ab – nämlich auch innerparteilich zu strukturieren und die Partei effizienter zu machen. Ich bin ein Volksvertreter."*

Richtige „Politiker" – *„der Kader, der die Strukturen aufrecht erhält"* – seien natürlich auch wichtig. Aber die sollte man durch Personal von außen ergänzen, das wäre die ideale Kombination. Allerdings hat Kronberger keine Illusionen: „Die Berufung der ‚Quereinsteiger' dient vorrangig der Stimmenmaximierung.", schrieb er vor ein paar Jahren in einem Buch: „Jeder andere Grund, von welcher Partei auch immer vorgegeben, kann als Heuchelei abgetan werden." Für die Funktionäre wären die Neueinsteiger jedoch ein „Affront" – und das sieht er noch immer so: *„Weil sich die gesamte Parteiarbeit schwer tut mit einem Quereinsteiger. Wie begegnet man ihm? Das ist ein Marsmensch. Ein Quereinsteiger ist ein Fremdkörper, das ist überhaupt keine Frage. Beim Fremdkörper ist es dann die Frage, ob ihn der Organismus abstößt oder ob er ihn inhaliert und auch als eigenes Plasma existieren lässt."*

Als er diese Frage formulierte, an diesem Montag Mittag im Mai 2004, war die Antwort für ihn selbst noch offen. Wenige Stunden später tagte der FPÖ-Vorstand, beriet über die Wahlliste für die Europa-Wahl, Kronberger wurde kurzfristig dazu gerufen – und der

Presse als neuer Spitzenkandidat präsentiert. „Das ist der faszinierendste Tag in meinem politischen Leben.“, sagte er den versammelten Journalisten. Und der Partei werde er jetzt auch beitreten: „Ja, warum nicht?“

Es sollte nichts helfen. Andreas Mölzer, ein Freiheitlicher seit Jahrzehnten – Haider-Berater, Bundesrat, Chef der Parteiakademie und Herausgeber des nationalen Blattes „Zur Zeit“ – war mit seinem Listenplatz hinter Kronberger und einem ehemaligen Kärntner SP-Sekretär ganz und gar nicht zufrieden. Als „echter Freiheitlicher“ warb er um Vorzugsstimmen und schürte in seiner Zeitschrift den Unmut strammer Kameraden über die „linken“ Quereinsteiger. Kronberger machte es Mölzer nicht allzu schwer – selbst die zurückhaltende APA nannte ihn damals „zu spröde für einen Wahlkampf“.

Den Wahlabend vom 13. Juni 2004 wird Hans Kronberger nie vergessen: Eine Katastrophe für die FPÖ – von über 23 stürzte sie auf weniger als sieben Prozent ab, ihr schlechtestes bundesweites Ergebnis seit Haider die Partei 1986 übernommen hatte. Gerade noch eines von fünf Mandaten war geblieben – aber Kronberger war die Nummer Eins auf der Liste. Er war drin. Für nicht einmal 24 Stunden.

Am Tag nach der Wahl wurden die Vorzugsstimmen ausgezählt – um 12.39 Uhr schickte die APA ihre „Eilt“-Meldung aus: „Mölzer hat Sieben-Prozent-Hürde übersprungen“. Eine Besonderheit im EU-Wahlrecht sieht vor, dass ein Kandidat, der sieben Prozent der Stimmen seiner Partei als Vorzugsstimmen bekommt, nach vor gereiht werden muss. Mölzer schaffte über 13 Prozent, Kronberger nicht einmal sechs. Die Parteibasis hatte den „Fremdkörper“ doch noch abgestoßen.

Abfinden wollte er sich damit aber nicht. Kronberger ging zum Verfassungsgerichtshof – die Sieben-Prozent-Schwelle sei zu niedrig, ein klarer Widerspruch zum Wählerwillen. Aber sein Einspruch wurde wegen einer Fristüberschreitung abgelehnt. Nach knapp acht Jahren im EU-Parlament war die politische Karriere des ehemaligen Journalisten zu Ende.

Bereut hat er den Seitenwechsel keinen einzigen Tag: *„Als ich das erste Mal gesehen habe – im ‚Weißbuch über erneuerbare Energien‘, das* die gesamte Energiepolitik der nächsten Jahre bestimmen wird – als ich dort meine eigenen Passagen stehen sah, habe ich gewusst, dass diese Entscheidung richtig war und sich schon allein dafür gelohnt hat. Wenn Sie einen Millimeter in der EU verändern – gerade als Ökologe – dann verändern Sie bereits Welten. Dafür hätte ich mir als Journalist Jahrzehnte lang die Finger wund schreiben müssen.“

Hans-Peter Martin, SPÖ

EU-WAHL 1999

Geboren 1957 in Bregenz; Dr. jur.
Journalist („Der Spiegel") und Bestseller-Autor („Die Globalisierungs-
falle", „Bittere Pillen").
Abgeordneter zum Europäischen Parlament von 1999 bis 2004 für die
SPÖ, seit 2004 für die „Liste Martin – echte Kontrolle in Brüssel".

„Viktor Klima war der Mann – ich war die Frau."

Hans-Peter Martin hat es geschafft. Der Mann im weißen Leinensakko, mit der schnarrenden Stimme und dem ausgeprägten Ego wechselte vom Journalismus in die Politik, führte die SPÖ zu einem Wahlsieg, holte mit seiner eigenen Partei auf Anhieb 14 Prozent, darf jeden Sonntag drei Millionen „Krone"-Lesern seine Meinung verkünden. Und im Frühling 2006 rätseln die Strategen aller Parteien besorgt, ob er im Herbst zur Nationalratswahl antreten wird. Nicht, dass eine „Liste Martin" die geringste Chance auf eine Mehrheit hätte, aber sie würde alle Parteien Stimmen kosten – und die meisten koalitionären Sandkastenspiele zunichte machen.

Wenn Aufmerksamkeit tatsächlich die neue Währung des „mentalen Kapitalismus" ist, dann ist HPM, wie er oft genannt wird, ein sehr reicher Mann. Auch wenn er ständig darüber klagt, dass er von den heimischen Medien „totgeschwiegen" wird. Aber Klagen, das ist Martins allerliebstes Hobby. Der Mann – vielen so lästig wie ein ewig nörgelnder Nachbar, für manche ein notorischer Querulant im Ego-Rausch – ist nie zufrieden. Grundsätzlich. Das widerspräche seiner Natur. Im Juni 2004 schaffte er mit Spesendebatte, Spitzelei und einer Schlammschlacht aus dem Stand den dritten Platz bei den EU-Wahlen. Das Profil titelte: „HPM frisst FPÖ". Aber selbst diesen Triumph konnte er nicht richtig genießen, er grämte sich lieber über die „schlechte Behandlung durch den ORF" und dass nicht ein drittes Mandat auch noch drinnen war.

Hans-Peter Martin hält sich für einen aufrechten, unbestechlichen Volksvertreter mit einer Mission: *„Ich bin der Kontrolleur und der, der gegen die Mächtigen auftritt."* Da kann man bei der Wahl der Mittel nicht heikel sein: Knopflochkamera, versteckte Mikrofone, für seine Kritiker „Stasi-Methoden" – es musste einfach sein: *„Ich war ein WWW – ein Wallraff wider Willen. Ich bin nicht in die Politik gegangen, um Dinge offen zu legen. Ich habe die offen gelegt, weil es wichtig ist, dass die Leute davon erfahren."*

Professionelle Beobachter sehen ihn anders: „Sein ganzer öffentlicher Lebensweg ist geprägt von Egozentrik und Selbstinszenierung", schrieb Peter Rabl im „Kurier": Ein „als Politik getarnter Egotrip."

Hans-Peter Martin war schon immer so: *„Im Wesentlichen mache ich immer das Gleiche",* sagt er – und meint damit seinen Kampf *„gegen die Übermächtigen".* Schon als 16jähriger Mittelschüler in Bregenz ging es in seiner Schülerzeitung „Rübe und Zwiebel" darum *„prügelnde Lehrer bloßzustellen und auch Nazi-Lehrer".* Irgendwann im letzten Wahlkampf hat ihn dann ein Jugendfreund angerufen und gemeint: *„Jetzt verstehe ich, was du da machst – das ist ‚Rübe und Zwiebel' in Brüssel und Straßburg.' Und ich habe gelacht und gesagt: Genau."*

Nach Matura und Jus-Studium blieb Martin im Journalismus – beim „Profil", später beim deutschen „Spiegel". Er schrieb am Bestseller „Bittere Pillen" mit und 1996, gemeinsam mit seinem „Spiegel"-Kollegen Harald Schumann, „Die Globalisierungsfalle". Das Buch verkaufte sich weltweit vier Millionen mal. Martin war beim „Club of Rome", im Aufsichtsrat von „Greenpeace" und Dauergast bei Vorträgen, Konferenzen und Talk-Shows: *„Ich habe damals das Leben eines internationalen Popstars geführt."*

Auch die SPÖ lud den damaligen Österreich-Korrespondenten des „Spiegel" als Referenten ein, auf eine Klubklausur im burgenländischen Bad Tatzmannsdorf Anfang 1997: *„Und mir war damals aufgefallen, dass in der ersten Reihe fußfrei, mit seiner später legendär gewordenen zähnefletschenden Freundlichkeit, Viktor Klima saß. Das einzige Regierungsmitglied der SPÖ, das ich nicht persönlich gekannt hatte. Und aus journalistischem Instinkt heraus bin ich auf ihn zugegangen, wir haben uns ganz kurz danach getroffen. Es lief dann innerhalb von Tagen. Es war so, dass da etwas passiert ist zwischen Viktor Klima und mir. Ich habe das dann später als für mich unbegreifliche Form von einer gewissen Homoerotik bezeichnet."*

Wenige Monate später war Klima als Nachfolger von Franz Vranitzky Bundeskanzler und SPÖ-Chef, der frühere ORF-Manager Andreas Rudas organisierte als Geschäftsführer für ihn die Partei. Man blieb mit Martin in Kontakt, immer wieder kam es zu Treffen. Rudas war jedes Mal dabei, oft auch Josef Cap und einige Intellektuelle aus dem Umfeld der SPÖ. Sehr bald, sagt Martin, sei in diesen Gesprächen die Idee aufgekommen, ihn und andere unabhängige Kandidaten für die 1999 anstehenden EU-Wahlen an Bord zu holen. Rudas' zahlreiche Umfragen hätten gezeigt, dass sich ein großer Teil der Wähler für Brüssel unabhängige Experten wünschte:

„Jedenfalls kam mir dann zu Ohren, dass tatsächlich eine Liste gebaut wird mit der Hälfte ‚Anderer'. Es war auch immer die Rede davon, die da draußen [im EU-Parlament], völlig auszuwechseln. Und in diesen Planspielen war ich schon ein Jahr vor der Wahl immer wieder die Nummer Eins, [die Diplomatin] Eva Nowotny die Nummer Zwei, dann wieder anders herum, das ging so hin und her. Im Frühjahr 1999 sah es dann ganz nach Spitzenkandidat [Wolfgang] Petritsch aus. Es ist mir erst später klar geworden, dass Rudas, mit den Einflussmöglichkeiten, die er hatte und permanent ausgenützt hat, andere getestet hat. Da war Petritsch plötzlich mehr im Fernsehen, ich war immer wieder in der ZiB 3. Wie das zustande gekommen ist, weiß ich nicht, es fiel mir nur auf. Da wurde ich aus deren Sicht auch mal getestet."

Andreas Rudas hat den damaligen Ablauf so in Erinnerung: „Chronologisch kann man sagen, dass Wolfgang Petritsch für uns die klassische Nummer Eins war und wir mit zwei Quereinsteigern in die Wahl gehen wollten. Wir hatten Hans-Peter Martin als Nummer Sechs auf der Liste durch. Mehr wollten wir nicht, weil wir nicht hundertprozentig wussten, ob Martin das Zeug zum Spitzenkandidaten hat." Eines war aus der Sicht des SPÖ-Wahlkampfchefs aber entschieden – man wollte erstmals einen Quereinsteiger an der Spitze: „Für uns war klar, dass eine Neuauflage des Duells ‚Swoboda gegen Stenzel' nicht zugunsten der SPÖ ausgehen konnte. Es war klar, dass wir einen neuen Mann holen mussten."

Wolfgang Petritsch, einst Pressesprecher von Bruno Kreisky und zuletzt als Verhandler im Bosnien-Konflikt zum internationalen Diplomatie-Star aufgestiegen, schien ideal. Man war sich einig, sagt Rudas, alles war fix. Bis zum Tag der entscheidenden Sitzung in der Parteizentrale: „Um sieben Uhr früh kam der Anruf von Wolfgang Petritsch: ‚Nein, er macht es nicht.' Er hat sein Handy abgedreht und war fortan für mich nicht mehr erreichbar. Und ich hatte bis zum Parteipräsidium ein paar Stunden später eine hektische Zeit. Wir hatten auch zwei andere Kandidaten im Visier, die beide entweder nicht erreichbar waren oder nicht bereit waren es zu machen.

Das heißt, wir hatten bis knapp vor der Präsidiumsliste nur mehr einen Kandidaten und das war Hans-Peter Martin."

Der Journalist war plötzlich die Nummer Eins: *„Es kam der Anruf von Andreas Rudas am Morgen des 7. April. In seiner so bezeichnenden, durchaus unnachahmlichen, verlogenen Art: ‚Hans-Peter, der Kanzler freut sich so.'"*

Martin saß gerade an einem neuen Buch – „Der Geldkrieg" sollte es heißen, *„es wäre ein Riesen-Bestseller geworden"* – als ihn Rudas mit der Bestellung zum Spitzenkandidaten überraschte. Schon vor Monaten hatte er sich zum Seitenwechsel in die Politik entschlossen. Die Chance zu ergreifen, nicht zur zu reden, zu kritisieren, zu beklagen sondern selbst zu gestalten – vom „teilnehmenden Beobachter zumindest zum beobachtenden Teilnehmer" zu werden, wie er in einem noch unveröffentlichten Buchmanuskript formulierte – dieser „Versuchung" wollte er nicht widerstehen: *„Ich habe geglaubt: Jawohl, das schaffe ich auch noch. Es war ein beispielloser Höhenflug. Ich kam mir vor wie ein Vogel, der schon auf vielen Inseln gelandet ist und plötzlich war da so eine ganz schillernde Insel und ich habe mir gedacht: ‚Die besuche ich auch noch, die nehme ich auch noch mit.' So wie Touristen, die so ihre Häkchen machen: Dort war ich auch schon, in der Karibik fehlt mir noch … Aruba, aber sonst war ich schon überall. Und im Landeanflug habe ich gemerkt, dass diese Insel, die ich da angesteuert habe, nämlich Spitzenkandidat der SPÖ, eine große Öllacke ist. Nur das Bremsen ist sich nicht mehr ausgegangen. Ich bin da voll hinein."*

Innerhalb von Stunden nach Rudas Anruf gab es die ersten Probleme. Die Partei habe voreilig die Medien informiert, klagt Martin, so habe es die „Spiegel"-Chefredaktion aus den Nachrichtenagenturen erfahren. Er war mit dem Lebenslauf nicht einverstanden, den die SPÖ-Presseleute verteilten. Vor der Pressekonferenz am frühen Abend wäre noch ein Gespräch mit Klima vereinbart gewesen, das nie zustande kam. *„Dann kam ein Anruf von Rudas: ‚Du,*

---

* Wolfgang Petritsch stellt den Ablauf anders dar: „Meine Absage konnte keinen der Beteiligten überrascht haben." Er habe schon sehr lange vorher abgewunken, aber Parteichef Klima wollte „meine mündlichen Argumente einfach nicht zur Kenntnis nehmen".

wir haben ein Problem. Kann es nicht sein, dass du schon seit 5 Jahren Parteimitglied bist und nur vergessen hast, deine Parteibeiträge einzubezahlen?' Ich sage: ,Was?' – ,Ja, du weißt schon, der Vorstand…' Und im Hintergrund der Kanzler … Und dann wollten die mich wirklich rückwirkend zum Parteimitglied machen, um dieses aktuelle Problem des Vorstands zu lösen. Das war furchtbar. Da war es eigentlich vorbei, bevor es noch richtig begonnen hatte. Einerseits diese wirkliche Verbundenheit … Ich habe Klima gemocht. Ich habe das auch richtig machen wollen. Letztendlich war es ein Mann-Frau-Verhältnis zwischen Viktor Klima und mir. Er war der Mann, ich war die Frau. Die Grundbegegnungsform war, dass es ein wechselseitiges Werben gab. Sicherlich stärker ausgehend von der Frau. Und bevor es zur Vereinigung kam, war schon bei ihm ganz klar spürbar das Gefühl: ,Die ist aber zickig, schwierig, wird nicht rückwirkend Parteimitglied.' Und bei mir: ,Um Gottes Willen, der stinkt.' Dieses Grundgefühl gibt es zwischen Viktor Klima und mir seit dem 7. April 1999, 18.15 Uhr, seit diesem Telefonanruf."

Während des Wahlkampfs wurde es nicht besser. Martin fühlte sich von der SPÖ-Zentrale – vor allem von Rudas – ferngesteuert, dort war man entsetzt über den unberechenbaren Kandidaten. In Magazinen erschienen erste Berichte über einen cholerischen Eigenbrötler auf Wahlkampftour, der Mitarbeiter drangsalierte und in Wutanfällen auf Autos eintrat. Der Kandidat erlebte es ganz anders, wie er in seinem Buchmanuskript beschreibt: „Parteiangestellte und Chauffeure arbeiteten wie Spitzel und informierten unverzüglich die Parteiführung. ,Ich bin der Chef', brüllte Geschäftsführer Rudas wiederholt, ,und zwar von Klima und dir'. Auch im Privatleben wurde geschnüffelt." Rudas kontert: „Er war sprunghaft, undiszipliniert, nicht sehr gut in der Personenführung. In der Partei haben wir immer Probleme gehabt."

Dass Nicht-Parteimitglieder für die SPÖ kandidieren konnten, war damals erst seit kurzem möglich, nach einer Änderung des Parteistatuts. Martin war der erste Kandidat ohne Parteibuch. Seine Aufnahme in der über 100 Jahre alten, traditionsbewussten Organisation beschreibt er so: *„Mit völlig unerwarteter Eiseskälte. Intrige von vorn herein. Dieses völlige Abgestoßen werden: ,Was will der überhaupt?' Die Partei hat von Anfang an revoltiert. Die wollten* *niemanden Fremden haben.*" Er habe sich als Zuwachs gesehen, als Bereicherung, aber die Funktionäre hätten nur den Konkurrenten und die Bedrohung wahrgenommen: *„Ich denke, dass der eine Witz alles über mich sagt, der kursiert – ich weiß nicht, woher er kam: ‚Das allerschlimmste an Hans-Peter Martin? Dass man ihn nicht aus der Partei ausschließen kann.' Der Witz kam ganz schnell. Das hat nicht einmal 14 Tage gedauert.* "

Schnell habe er erkannt, dass es der SPÖ gar nicht um seine politischen Konzepte ging – *„Ich wollte am Umbau Europas aktiv beteiligt sein"* – sondern nur um den Wahlerfolg. Und da hätten die Umfragen von Rudas eben für einen Quereinsteiger gesprochen: *„Letztlich sehe ich es so vom Mechanismus her kaum anders, als wenn Herr Lugner sich irgendeine Film-Ex-Schönheit einlädt, um damit am Opernball zu glänzen. Da gehören aber immer zwei dazu. Ich wurde da missbraucht und eingesetzt, ich habe mich aber auch missbrauchen lassen.* "

Das Kalkül ging jedenfalls auf. Die SPÖ hatte mit einer hochgetrommelten Neutralitätsdebatte ein griffiges Wahlkampfthema gefunden, der Kanzler war damals noch populär – und der Spitzenkandidat kam gut an: „Das Wahlvolk hat durch die Bank positiv reagiert", sagt Rudas auch heute noch über Martin: „Bei den Veranstaltungen war er ein Star und er hat mehr Stimmen für die SPÖ aquiriert und mehr dazu beigetragen, dass die SPÖ gewählt wird als es Stenzel für die ÖVP getan hat. Eindeutig." Die SPÖ bügelte die Schlappe von 1996 aus, am Wahlabend lag sie um knapp 30.000 Stimmen vorn und Rudas will aus seinen Nachwahl-Umfragen wissen: „35 Prozent der Stimmen, die die SPÖ bekommen hat, waren ausschließlich wegen des Spitzenkandidaten."

Wenn es so war, dann wurde es ihm nicht gedankt. Noch am Wahlabend entbrannte – live im Fernsehen – ein Streit um die Leitung der neuen Brüsseler SP-Delegation („Das war extrem unprofessionell auch von Seiten der Partei", sagt Rudas heute). Martin versichert, Klima habe ihm diesen Posten persönlich versprochen – geworden ist es der Partei-Routinier Hannes Swoboda. Der übergangene Spitzenkandidat hat für den *„Wählerbetrug"* inzwischen eine Erklärung: *„Es ist ein strukturelles Problem und das mündet in den Satz: Das Unabhängige ist der SPÖ wesensfremd. Es ist eine* absolute Unverträglichkeit. *Die derzeitigen Führungsgarnituren aller europäischen sozialdemokratischen Parteien sind in ihren Grundreflexen geprägt von stalinistischen Reflexen. Die Sozialdemokratie und praktisch alle eingesessenen Parteien in ihrer bisherigen Form in Westeuropa sind aufgestellt wie im Industriezeitalter, als Armeen. Wenn da plötzlich ein Quereinsteiger reinkommt, das kann strukturell nicht gut gehen. Außer der Quereinsteiger ist eigentlich nicht mehr das, wofür man ihn genommen hat, und er gibt sich selbst auf.*"

Der neue Abgeordnete saß im EU-Parlament, fühlte sich ohnmächtig und zur Seite geschoben. Es blieb ihm nur der Vorsitz im „Gemischten parlamentarischen Ausschuss mit der Slowakei" – „ein besserer Reiseleiter einer zweifelhaften Einrichtung", spottet er in seinem Buchmanuskript. Dabei wäre doch so viel zu tun gewesen: *„In dieser historischen Situation 1999 wäre es noch möglich gewesen, da hätten wir noch dieses Europa hinbekommen. Die Sozialdemokratie hat versagt. Die Sozialdemokratie ist hauptschuldig an dem Desaster, das wir jetzt haben. Sie hat zugelassen, dass die Erweiterung zu schnell kommt. Sie managt das alles ganz schlecht. Und da hat mich mein Blick dazu gebracht – mit dem enormen Privileg durch diese Welt zu reisen für den „Spiegel", so einen tollen Job zu haben, so viel Zugang zu haben In der konkreten Phase hat mich das Politikmachen interessiert.*"

Ganz schnell habe er jedoch erkennen müssen, dass die Politik, die ihm begegnete, vor allem aus Intrigen, Ränkeschmieden und dem Aufbauen von Zwickmühlen bestand: *„Da funktioniert das nach dem Mafia-System. Es wird von dir erwartet, dass du selbst ein Verbrechen begehst. Sobald du das begangen hast, gehörst du dazu, wirst geschützt, aber gleichzeitig erpressbar. Mir wurden immer wieder solche Anträge gemacht.*"

Hat ihn irgendetwas an der Politik positiv überrascht? *„Nichts. Das ist die ehrliche Antwort.*"

Die inhaltliche Arbeit und die Organisation fand er simpel. Routine und Kontakte aus zwanzig Jahren Journalismus hätten sehr geholfen. Für ihn sei es eben kein Problem gewesen, *„schon am ersten Tag, als ich nach Brüssel gekommen bin, mit drei Kommissaren Termine zu haben. Das war für einen üblichen Abgeordneten undenkbar.*"

Das Verhältnis zwischen Martin und seinen sechs Fraktionskollegen – vor allem zu Delegationschef Swoboda – verbesserte sich nie. Im Gegenteil. Nach etwa einem Jahr drangen die lange internen Konflikte immer lauter nach außen. Swoboda kritisierte öffentlich die „höchst unterdurchschnittliche Arbeitsleistung" des „unabhängigen Abgeordneten in der Fraktion der europäischen Sozialdemokraten", wie sich Martin beharrlich nannte. Der war empört, nannte die Vorwürfe „völlig unbegreiflich und widerlegbar" – und rückte zum Gegenschlag aus. Wenig später präsentierte Martin erstmals eine Anwesenheitsliste der österreichischen Abgeordneten im EU-Parlament, das Magazin „News" druckte sie in großer Aufmachung.

Ein Mann hatte – endlich – seine Mission gefunden: nicht mehr die globalisierten Finanzmärkte Europas, sondern die Finanzen seiner Kollegen: Tagesdiäten, Flugbelege, Hotelrechnungen. Hans-Peter Martin wurde zum selbsternannten Schrecken der europäischen „Spesenritter", ausgerüstet mit Kamera und Mikrofon, sekundiert von „News", „Krone", „Stern-TV" und „Bild".

Ein besonderes Talent half ihm dabei: *Die Fähigkeit, schnell an Leute, die mir wichtig sind, heranzukommen. Da bin ich sehr berechnend. Wenn ich das will, schaffe ich es häufig, einen bleibenden Eindruck zu hinterlassen."*

Bei seinen Kollegen im EU-Parlament war der Eindruck so bleibend, dass sie ihn schließlich aus der Fraktion warfen – ein Abgeordneter sollte „nicht wie ein Polizist dem anderen folgen", argumentierte der Fraktionschef der Europäischen Sozialdemokraten. Martin war jetzt tatsächlich parteilos, auch formal nun der Einzelkämpfer, der er sowieso war. Aber seine fünf Jahre im EU-Parlament neigten sich dem Ende zu: *„Da haben mir viele gesagt: ‚Hans-Peter, du hast da was an die Öffentlichkeit gebracht, da wird heftig darüber diskutiert, du musst jetzt auch dazu stehen und das durchziehen. Sonst ändert sich nichts und sonst ist es auch nur so ein Medienereignis ohne Wirkung.'"*

Und dann war da noch etwas. Schon 1999 hatte er in seinem ganzen Frust den SPÖ-Wahlkampf nur durchgestanden, *„weil wenn ich es nicht mache, dann gewinnt es der Haider, das war klar."* Und jetzt, fünf Jahre später das gleiche: Würde er nicht mit einer eigenen

Liste antreten, „*dann würde natürlich Jörg Haider ganz locker durchmarschieren. Und da war es wieder ein Stück Verantwortung. Aber auch Lust. Ein bisschen anders als 1999.*"

Monatelang zieht Martin im Frühling 2004 im stets gleichen weißen Leinensakko durchs Land. Weil ihm Umfragen bis zu 15 Prozent versprechen, holt er sich die prominente Fernseh-Journalistin Karin Resetarits auf seine Liste, die fehlenden Strukturen und Finanzen macht die „Kronenzeitung" mit einer massiven Kampagne wett. Das Ergebnis ist eindrucksvoll: Aus dem Stand überholt die „Liste Martin – für echte Kontrolle in Brüssel" die FPÖ und die Grünen, schafft 14 Prozent und zwei Mandate. Zwei Drittel ihrer Wähler nennen in Umfragen als wichtigstes Wahlmotiv den Spitzenkandidaten.

Aber schon im Wahlkampf hatte sich der Listenführer mit Resetarits, seiner Nummer Zwei, zerstritten. Dass er sie damals geholt hat, nennt er heute ein „*Blackout*" und „*die größte berufliche Fehlentscheidung meines Lebens*". Sie sagt, sie habe in ihrem ganzen Leben „noch nie mit einem so bösen Menschen zu tun gehabt." (Siehe Resetarits-Porträt, Seite 177)

Dass er einfach nicht teamfähig sei – das bestreitet Martin mit Verve: Er habe zahllose internationale Kontakte und auch im EU-Parlament arbeite er klaglos mit anderen Abgeordneten zusammen, die – wie er – an Aufklärung, Transparenz und echter Demokratie interessiert seien. Nicht teamfähig sei er nur „*mit hörigen Haberern*" und: „*In den üblichen politischen Tugenden wie Mauscheln und Intrigieren – da bin ich untalentiert.*" Seine Stärken? „*Neugierde. Menschen mögen und wirklich an ihren Meinungen interessiert sein. Ich glaube, mich gut organisieren zu können und nie gebrochen worden zu sein.*"

Dabei hatte er nach seinem turbulenten und frustrierenden Einstieg in die Politik lange an sich gezweifelt: „*Ich habe mich als absolut gescheitert gesehen, weil ich mir nicht und nicht erklären konnte, wie ich in so etwas hineingeraten konnte. Wie ich Herrn Rudas nicht durchschauen konnte, wie ich Herrn Klima und die Strukturen nicht durchschauen konnte. Letztendlich ist für mich der subjektive Moment der persönlichen Anziehung geblieben. Wobei ich überhaupt im erotischen Bereich keinerlei … Ich mag Frauen … Es war irgendetwas.*"

Heute kann sich der *„liberale soziale Demokrat"* kein positives Wort über die Sozialdemokratie mehr abringen. Und man darf vermuten, dass ihn der Gedanke, diese *„rote Sekte"* bei der Nationalratswahl 2006 mit einer eigenen Liste zu ärgern, nicht gerade demotiviert. Offiziell geht es natürlich um etwas ganz anderes: *„Es bedarf glaubwürdiger Funktionsträger in der Politik, die eben von Altem nicht angepatzt sind, die tatsächlich nach bestem Wissen und Gewissen und möglichst frei entscheiden."*

Spätestens 37 Tage vor der Wahl müsste er seine Kandidatur bekannt geben, betont er immer wieder. Er will sich Zeit lassen. Er will es spannend machen.

Das garantiert die maximale Aufmerksamkeit.

Mercedes Echerer, Die Grünen
EU-WAHL 1999

Geboren 1963 in Linz.
Schauspielerin (Volkstheater, Theater an der Josefstadt) und
ORF-Moderatorin („Kunststücke").
Abgeordnete zum Europäischen Parlament von 1999 bis 2004.
Derzeit freie Schauspielerin in Niederösterreich und Wien.

„Ich war ein Rettungsanker für die Grünen."

„Man kann von einem schleichenden Einstieg sprechen und dann von einem entscheidenden Moment." So beschreibt die Schauspielerin Mercedes Echerer ihren Wechsel vom Theater in die Politik. Viele Jahre lang hatte sie sich schon politisch engagiert – in Minderheiten-Fragen, bei den „Müttern gegen Atomkraft", bei Benefiz-Veranstaltungen: *„Als Schauspielerin ist es mir ähnlich ergangen wie den meisten Künstlern. Man beschäftigt sich mit gesellschaftspolitischen Themen innerhalb seiner Arbeit, man hat mehr Diskussionen als Otto Normalverbraucher, das bringt einfach der Beruf des Künstlers mit sich, dass man sich mit gewissen Dingen profunder auseinandersetzen muss. Daraus resultiert manchmal, dass man von der einen oder anderen Idee gefangen ist oder dass man sich für eine Sache einsetzen möchte. Ich habe die Popularität, die man hat und diesen Beruf, den man ausübt, benützt."*

So fiel sie auf. Und so kam es zum entscheidenden Moment: 1998 rief Stefan Schennach, heute grüner Bundesrat, damals Pressesprecher der Partei und für die Öffentlichkeitsarbeit verantwortlich, bei der Schauspielerin an. Eigentlich wollte er sie nur für eine Lesung engagieren, aber im Laufe des Telefonats bekam das Gespräch eine etwas andere Richtung: *„Er hat mich dann ganz spontan gefragt: ‚Man registriert Sie, Sie kritisieren manches Mal da und dort. Sie setzen sich für manche Dinge ein, wollen Sie nicht versuchen, es besser zu machen.' Sage ich: ‚Was meinen Sie damit.' Er: ‚Wollen Sie nicht einmal auf der anderen Seite sein, um die Gestaltungsmöglichkeiten auszuschöpfen?'"* Und Schennach wurde gleich konkret: Für die Europa-Wahlen 1999 würden die Grünen noch eine Nummer Zwei hinter Johannes Voggenhuber suchen. Aufgrund der parteiinternen Quoten-Regelung müsste es eine Frau sein. Und es müsste schnell gehen. *„Ich glaube nicht, dass er das Mandat hatte, mich wirklich offiziell zu fragen. Er hat mich spontan gefragt und er hat das damals bei Van der Bellen und Voggenhuber durchgesetzt."*

Der grüne Parteichef kannte Echerer damals nur aus dem Fernsehen – als Präsentatorin der „Kunststücke" im ORF: „Die Geschichte hat mir gefallen – wie sie es gebracht hat, was sie gebracht hat. Es schien jemand zu sein, der zu den Grünen passt.", erinnert sich Van der Bellen. Und die Bekanntheit einer Fernseh-Moderatorin war auch kein Hindernis: „Es wäre völlig verlogen zu sagen, dass es keine Rolle gespielt hat, dass sie aus dem Fernsehen kommt. Na klar." Van der Bellen, Schennach und auch Voggenhuber waren schnell einig – ein größeres Problem war es, die traditionell promi-skeptische Parteibasis von der Quereinsteigerin zu überzeugen. Und beinahe wäre es schief gegangen. Auf dem Bundeskongress, der bei den Grünen über jeden einzelnen Platz auf der Kandidatenliste abstimmen muss, hielt Van der Bellen ein – für seine Verhältnisse – nahezu flammendes Plädoyer für Voggenhuber und Echerer. Bei den eher antiautoritär geprägten grünen Funktionären kam das nicht so gut an. Van der Bellen im Rückblick: „Meine Leute haben mir nachher gesagt: ‚Bitte, musst du so ein Risiko eingehen? Was wäre gewesen, wenn Echerer nicht gewählt worden wäre. Dann steckst du als Bundessprecher schön in der Scheiße und wir mit dir.'" Aber letztlich ging alles glatt, die Wunschliste der Parteispitze wurde abgesegnet, wenn auch mit etlichen Streichungen.

Dass die Grünen damals gerade auf sie gekommen waren, dafür hat Echerer eine ganz pragmatische Erklärung: „Sie suchten nach einer Frau, die etwas darstellen kann, die eine Widerspiegelung des Frauentypus von heute ist. Im Sinne von: Mutter, ist aber noch nicht über 50, ist auch nicht Anfang 20, in der Mitte, im Saft ihres Lebens, schmeißt den Laden mit zwei Kindern, kann auch in der Öffentlichkeit zugeben, dass sie nicht alles schafft. Auch ich bin ein Versager. Also nicht die Super-Top-Lady, aber auch nicht die Birkenstock-Abteilung – als Synonym. Das war mir nicht so bewusst, das ist mir erst nachher klar geworden, dass ich zu dem Zeitpunkt auch ein Rettungsanker war für die Grünen, das Image nach außen ein bisschen zu verändern. Natürlich war auch für sie eine gewisse Eigenpopularität ausschlaggebend, weil sie gewusst haben, das zweite Mandat wird ein Kampfmandat. Das wäre mit einem völlig unbekannten Wesen noch viel schwieriger."

Echerer hatte Engagements am Landestheater Salzburg, am Theater an der Wien, am Volkstheater, war Ensemble-Mitglied am Theater in der Josefstadt und moderierte für TV und Radio. Wie bei fast allen Quereinsteigern erwischte sie das Angebot zum Wechsel in die Politik in einer Phase des beruflichen Umbruchs: *„Ich hatte genug vom Ensemble. Ich hatte das, was zu lernen war, gelernt und war frei für das freiberufliche Dasein als Künstlerin. Ich wollte ganz frei sein und nicht mehr unter den Zwängen des Ensembles arbeiten Aber das war dann auch gleichzeitig das größte Argument dagegen, weil ich gesagt habe: ‚Jetzt habe ich diese Freiheit, jetzt möchte ich im Beruf auch diese Freiheit ausleben.‘ Dann hat aber die Neugier überwogen und die Möglichkeit, als normaler Mensch diese Chance zu bekommen – falls man gewählt wird – das alles kennen zu lernen, was man nur schemenhaft mitgeteilt bekommt. Das war die größte Herausforderung."*

Zwei Aspekte reizten Echerer besonders am Angebot der Grünen: Nicht immer nur zu kritisieren sondern tatsächlich auch selbst aktiv zu werden, etwas zu bewegen. Und das Thema Europa, das sie schon lange fasziniert hatte, auch aufgrund ihrer Familiengeschichte, mit Vorfahren aus allen Teilen der k.u.k.-Monarchie. In ihrer Familie wurde die junge Oberösterreicherin auch politisiert: *„Mein Vater war Kanonenfutter bei Hitler. Meine Mutter war vom kommunistischen Mädchenbund bis zum Bund Deutscher Mädchen alles … Und da gab es zu meiner Kinderzeit noch genügend andere Erwachsene, mit denen ich immer wieder diskutiert habe. Daraus haben sich natürlich auch Fragen für mich gestellt und das waren oft sehr polarisierende Fragen für meine Eltern, sehr schwierige Fragen. Das hat mich sehr geprägt."*

Als 17jährige kam Echerer in ihrer Linzer Mittelschule in eine neue Klasse: *„Die waren ziemliche Revoluzzer damals, aber gescheite Revoluzzer. Die waren nicht einfach nur dagegen, sondern die haben recherchiert, die waren sehr genau und sehr penibel und haben einen Lehrer durchaus auflaufen lassen, wenn er sich nicht den Schulgesetzen entsprechend verhalten hat. Aber sie haben zuerst die Kommunikation gesucht, bevor sie den nächsten Schritt gemacht haben. Das hat mir unheimlich imponiert."* Damals entwickelte die Mittelschülerin ihre ersten – noch sehr unkonkreten – politischen Ambitionen: *„Ich habe mich berufen gefühlt zu einer modernen Jeanne d'Arc. Da war es schon so, dass ich überlegt habe, Schauspielerei ist spannend, aber eigentlich sollte man sich mit denen im Untergrund zusammentun und mit den Anarchisten und mit den ganzen Netzwerken, die es so gibt, die da damals schon zarte Bande hatten, weltweit zu funktionieren.*

Das hat mich immer wieder fasziniert." Dann wurde sie aber doch Schauspielerin und engagierte sich nebenbei, allerdings nie in einer Partei: *„Jede Vereinsmeierei hat mich immer furchtbar abgeschreckt."*

Bis 1998 dann das Angebot der Grünen kam. Das halbe Jahr vom Bundeskongress bis zum eigentlichen Wahltermin verbrachte Echerer mit dem Parieren journalistischer Kritik. Abgeprüft wurde da gleich mal ihre politische Kompetenz – und als sie da nach der Bedeutung der „EU-Troika" befragt, passen musste, legte sie sich ihre eigene Strategie zurecht: Das Talent, so war sie überzeugt, hatte sie. Und die Fakten und das Handwerk würden sich, wie alles, lernen lassen. Aber in der politischen Realität war es dann doch *„schlimmer als befürchtet: Statuten, Artikel, Programme, parteiinterne Statuten, parteiinterne Regelungen. Dann hast du gerade einen Hauch davon kapiert und inhaliert, werden sie reformiert und geändert. Eine Vereinsmeierei hoch 100. Und jeder ist wahnsinnig wichtig. Niemand ist ersetzbar. Es ist eine virtuelle Welt, bei der ich mir gedacht habe: ‚Kinder, wisst ihr überhaupt, was da draußen die Probleme sind?' Es war grauenvoll."*

Das EU-Parlament mit seiner komplexen Organisation war für eine Neueinsteigerin eine besondere Herausforderung: *„Ich war nicht einmal im Gemeinderat. Ich habe wirklich null Ahnung gehabt. Mich hat es nur interessiert und ich habe mir gedacht, ich könnte etwas beitragen. Und dann war es ein großes, kaltes Wasser."*

Und doch überraschte sie bei ihrer Ankunft in Straßburg manches auch positiv: *„Die erste Frage bei meinem Antritt war nicht: ‚Von welcher Partei sind Sie?' und auch nicht: ‚Von welchem Land sind Sie?' sondern: ‚Was ist Ihre Kompetenz?' Und dann hat man mir zu verstehen gegeben, wenn ich wirklich kompetent bin und etwas zu sagen habe, dann wird man mir auch zuhören. Wenn ich nicht kompetent bin, dann soll ich besser die Klappe halten und als Stimmvieh dienen, weil man mir dann auch nicht zuhören wird. Und dass das auch tatsächlich so ist: Wenn man eine Kompetenz hat, dann wird die auch wirklich akzeptiert."* Da unterscheide sich das EU-Parlament wohl ziemlich vom Nationalrat, meint sie, wo die Fraktionsdisziplin deutlich mehr zählt. In den folgenden fünf Jahren lernte die Neo-Politikerin aber auch andere Seiten kennen – die ihr deutlich weniger behagten: *„Dass sich niemand zu gut ist, den billigsten,* miesesten parlamentarischen Geschäftsordnungs-Trick anzuwenden, um jemanden auszutricksen. Das ist so tief. Bei manchen Geschichten habe ich mir gedacht: ,Ich könnte mich da nicht in den Spiegel schauen am nächsten Tag.‘ Aber offensichtlich gehört das zum Handwerk der Politik dazu, auch durchaus einmal etwas so Untergriffiges zu machen, um zu überleben. Untergriffig im Sinne von tief, nicht unter der Gürtellinie. Das muss man akzeptieren. Und man muss lernen, mit solchen moralischen Verfehlungen – ich sehe das so – auch zu leben. Man muss einfach generalistisch sein und fragen: Was ist in dem Moment wichtiger? Meine Moral oder etwas zum Ziel zu führen."*

Inhaltlich ist Echerer zufrieden mit sich. Ihre praktischen Kenntnisse aus dem Kulturbetrieb hätten ihr enorm geholfen. Sie sei von ihren Gesprächspartnern in Brüssel und Straßburg ernst genommen worden – auch in den anderen Fraktionen und bis in die EU-Kommission. Und sie habe für die europäischen Grünen einige Themen beackert, mit denen sich vorher niemand beschäftigt hatte: Neue Technologien, Software, Urheberrecht. Das hätte ihr im Europa-Parlament viel Respekt eingebracht. Im eigenen Land aber blieb es schwierig bis zum letzten Tag: *„Ich glaube, weil ich Quereinsteigerin war, weil ich prominent war und unterstützt wurde von Voggenhuber, Schennach und ein paar anderen auch und von Van der Bellen. Und dann hieß es: ,Aha, da wird wieder protegiert‘, und das verstehe ich auch. Aber einige konnte ich durch meine inhaltliche Arbeit überzeugen, einige sind mir bis zum Schluss gegenüber skeptisch gewesen und geblieben. Das ist aber auch ihr gutes Recht, finde ich. Es muss mich nicht jeder lieben, ich liebe auch nicht jeden."*

Niemals hätte sie für eine andere Partei kandidiert – aber Mitglied wurde Echerer bei den Grünen nicht. Das hatte auch niemand von ihr verlangt. Aber die Defizite, die der Einstieg von außen mit sich bringt, hat sie bis zuletzt in ihrer Arbeit gespürt: *„Ich hatte keine Netzwerke, keine zwanzig Jahre Erfahrung, keine Kaderschmiede. Keine Partei, die mir blind vertraut und mich hochhebt und durch die Wellen trägt. Keine außerparlamentarischen Netzwerke. All das, was der große Vorteil ist, ist gleichzeitig auch der große Nachteil."*

Für die Grünen war Echerer – ihre erste Promi-Quereinsteigerin – ein Lehrbeispiel, gibt Alexander Van der Bellen zu, der selbst keine klassische Parteikarriere hinter sich hat: „Wir haben – nicht ohne Kosten für Mercedes Echerer – gelernt, dass es nicht so einfach ist mit Quereinsteigern. Neulinge in der Politik bedürfen der Beratung, der Unterstützung, der Schulung, einfach das Handwerk zu lernen. Das ist eine Schwäche bei uns, das trifft ja nicht nur auf sie zu, dass man die *newcomer* zu sehr sich allein überlässt und sie nicht systematisch schult und drillt." Aber der grüne Parteichef hat bei seiner Europa-Abgeordneten noch etwas Erstaunliches entdeckt: „Die mediale Arbeit war ihr fremd, trotz ihrer Arbeit beim Fernsehen. Mit medialer Arbeit meine ich jetzt, sich hinzusetzen und zu überlegen, mit welchen Themen komme ich bei Journalisten in Österreich durch. Das hat sie vielleicht unterschätzt, diese Gefahr, wie leicht man aus Österreich in Brüssel gar nicht mehr wahrgenommen wird." Die Konsequenz nach Einschätzung des grünen Öffentlichkeitsarbeiters und Echerer-Entdeckers Schennach: „Europa hat wesentlich mehr von Mercedes wahrgenommen. In Österreich wurde sie von den Medien als Leichtgewicht dargestellt, das hat leider eine bessere Performance verhindert."

Fünf Jahre dauerte Echerers erste Amtsperiode im EU-Parlament und schon ziemlich lange vor der nächsten Wahl wusste sie, dass es auch ihre einzige bleiben würde: *Ich wollte meine Familie nicht aufs Spiel setzen, wollte meine Beziehung nicht aufs Spiel setzen und wollte auch meinen halbwegs gesunden inneren Haushalt nicht aufs Spiel setzen. Nachdem ich dann gesehen habe, dass das 14-Stunden-Tage sind und wenn ich es ganz ernst genommen habe, war ich sechs Tage in der Woche unterwegs und nicht nur in Straßburg und in Brüssel, sondern irgendwo in Europa. Da hat sich mir die Frage gestellt: ‚Wenn du das ernsthaft so weiter betreibst: Kannst du dich reduzieren? Schaffst du das genauso wie das manche machen?' Da tue ich mir schwer als Mensch. Das ist aber lernbar, das würde ich noch schaffen. Dann bleiben immer noch 14-Stunden-Tage, die man arbeitet – wie schaut das mit der Familie aus?"*

Es war also ein freiwilliger Rückzug – aber Echerer hätte es auch nicht leicht gehabt, vom grünen Bundeskongress noch einmal nominiert zu werden, jedenfalls auf einem wählbaren Listenplatz. Das sagt auch der Parteichef: „Wie eine Wahl [Eva] Lichtenberger gegen Echerer ausgegangen wäre? Mit allem Vorbehalt der Einschätzung denke ich, hätte Lichtenberger gute Chancen gehabt durchzukommen." Echerer hätte einfach zu wenig parteiinternes Lobbying für sich betrieben, meint Van der Bellen und „im Zweifel haben wir sie damit auch allein gelassen."

Heute lebt Mercedes Echerer mit ihrem Lebensgefährten, dem Autor und Schauspieler Rupert Henning, und ihren Kindern wieder in Niederösterreich, arbeitet als freie Schauspielerin und organisiert einmal im Jahr ein europäisches Film-Festival, für das sie ihre Kontakte aus der Europa-Politik nützt. Die Politik ist nicht für immer abgeschrieben: „*Wenn in zehn Jahren, in 15 Jahren, in 20 Jahren, wenn es dann den Ruf noch einmal geben sollte, könnte ich mir durchaus vorstellen, diesem noch einmal zu folgen.*" Unbeleckte Quereinsteigerin wäre sie dann keine mehr. Jetzt weiß sie, „*wie das Werkel funktioniert, da kann mir keiner ein X für ein U vormachen*". Aber nach wie vor hält sie Quereinsteiger in der Politik für wichtig. Auch aus ihrer Erfahrung in ihrer eigentlichen Branche, dem Theater: „*Wenn wir in einem fixen Ensemble plötzlich einen Gast hatten, dann war das immer spannend. Da waren alle neugierig: Wie ist der? Skeptisch und vorsichtig, aber dann passiert etwas, weil eine neue Kraft, eine neue Energie da ist. Und ich glaube, in einem Werkel, das durch Parteien einfach starr ist, da kann noch so viel Individualität herrschen – wenn da immer wieder einzelne Figuren auftauchen, die sich frei fühlen, die unbefangen sind, die bringen einfach frisches Blut hinein. Einfach durch ihre Existenz, einfach durch ihr Dasein. Und das ist toll.*"

Ulli Sima, SPÖ
NATIONALRATSWAHL 1999

Geboren 1968 in Klagenfurt; Mag. rer. nat.
Molekularbiologin, Umwelt-Aktivistin („Global 2000").
Abgeordnete zum Nationalrat von 1999 bis 2004. SPÖ-
Umweltsprecherin.
Seit 2004 Wiener Stadträtin für Umweltfragen.

„Wenn der Cap das hört, kriegt er Verfolgungswahn."

An einem warmen Frühlingstag im Mai 1998, um halb zehn Uhr früh, dringen sechs österreichische Atomkraftgegner in die slowakische Botschaft in Wien-Döbling ein, und verschanzen sich im ersten Stock. Mit der Besetzung wollen sie gegen das AKW Mochovce protestieren. Kurz nach elf rückt die Polizei an, räumt das Gebäude und steckt die Demonstranten für ein paar Stunden ins Polizeigefangenenhaus.

Etwas mehr als ein Jahr später saß eine der sechs im Parlament – als Quereinsteigerin für die SPÖ: Ulli Sima, Projektleiterin bei „Global 2000", Enkelin eines früheren Kärntner Landeshauptmannes und ehemalige Nationalratskandidatin der Grünen.

Die SPÖ war durch das Gentechnik-Volksbegehren, das die studierte Molekularbiologin mitorganisiert hatte, auf sie aufmerksam geworden. Nach einer Pressekonferenz bat ein Mitarbeiter von Viktor Klima um einen Lebenslauf: *„Wozu wollt ihr einen Lebenslauf von mir? Gut, habe ich mir gedacht, hilft es nichts, schadet es auch nicht, schicke ich eben einen Lebenslauf."* Da vermutete sie noch, man wolle ihr vielleicht einen Job als Referentin in einem Ministerbüro antragen. Beim Gesprächstermin mit einem der berühmten „Spin-Doktoren" in der SPÖ-Zentrale kam es aber etwas anders: *„Der hat mir gesagt, dass sie noch eine attraktive Kandidatin für die Liste suchen, und dass das völlig unverbindlich ist, weil er mir da nichts versprechen kann: Ich soll mir doch überlegen, ob ich nicht für die SPÖ kandidieren möchte. Ich bin dort fast vom Sessel gefallen."*

In den Tagen und Wochen danach wurden die Granden der SPÖ abgeklappert: Andreas Rudas, Renate Brauner, Barbara Prammer, Andrea Kuntzl, schließlich auch Parteichef Klima selbst: *„Die haben mir noch ein bisschen auf den Zahn gefühlt."*

Fast zwei Monate dauerte diese Phase und *„es galt oberste Geheimhaltung"*. Als die geplante Kandidatur aber langsam durchsickerte, wurde die Quereinsteigerin auf einer Pressekonferenz präsentiert: *„Ich bin damals neben Klima und Prammer gesessen und das war für* *mich ... Ich habe mir gedacht, ich bin da im falschen Film. Da sitzt neben mir der Bundeskanzler und hat mich über alle Maße gelobt, wie toll ich bin und wie super und das war sehr ‚spacig‘. Wenn man aus einer Umweltschutzorganisation kommt und plötzlich die tausenden Journalisten – vor allem wenn man gewöhnt ist, dass da so ein kleines Grüppchen ist. Das war von Null auf 100.“*

Eine ihrer Bedingungen in den wochenlangen Gesprächen war ein Listenplatz an wählbarer Stelle gewesen. Eines wollte sie nämlich nicht: *„Dass ich für den Wahlkampf ein netter Aufputz bin, die sich die supergrüne Umweltmasche umbinden – und dann ist nichts.“*

Die SPÖ hatte damals dringend eine Quereinsteigerin gesucht. Die Partei war nämlich „in einer extrem schwierigen Position“, wie sich Andreas Rudas erinnert, der 1999 Partei-Geschäftsführer und Wahlkampfleiter war: „Wir waren ganz knapp vor der FPÖ. Wir waren im Meinungsbild, vor allem von jungen, urbanen Wähler-schichten extrem schlecht. Deswegen haben wir uns überlegt, wo wir extreme Schwächen haben. Das war bei jungen, intelligenten Frauen – unser Hauptproblem. Und überhaupt bei Jungwählern. Ulli Sima war für uns ein absoluter, punktgenauer Treffer. Auf den Punkt genau.“

Die Wunschkandidatin war damals in deutlich besserer Verfas-sung als die SPÖ, aber nach vier Jahren bei „Global 2000“ und vier Jahren Gentechnik-Kampagne war ihr *„schon fad“*. Alles schon einmal gemacht: Volksbegehren, Freisetzungsversuche, in Brüssel Richtlinien begleitet. Sie sehnte sich nach etwas Neuem. Das Ange-bot kam also zu einer guten Zeit. Aber sie war auch skeptisch. Als Umweltaktivistin hatte sie mit der SPÖ nicht nur gute Erfahrungen gemacht: *„Ich fand, dass die SPÖ in vielen Bereichen entsetzliche Kompromisse eingegangen ist in der großen Koalition. Ich habe mir nur schwer vorstellen können in diesen Abstimmungen einfach irgend-wie mitzustimmen. Und dass die Freiheiten für einen Abgeordneten bei einer Regierungspartei nicht sehr hoch sind, das war mir schon bekannt.“*

Das war übrigens ihre zweite Bedingung im Vorfeld der Kandi-datur: *„Die Möglichkeit, mich nicht immer dem Klubzwang unter-werfen zu müssen. Wobei das von außen betrachtet immer sehr nett ist. Aber wenn man dann weiß, was man für einen enormen Druck dann* *auch bekommt von den Kollegen – die vielleicht auch nicht immer Lust haben mitzustimmen, das aber aus einer gewissen Disziplin heraus machen … Ich spreche jetzt immer von einer Regierungspartei, weil das dort einfach viel, viel wichtiger ist als bei einer Oppositionspartei.*"

Apropos Opposition: In ihrer Zeit an der Uni hatte sich Sima an führender Stelle bei der GRAS engagiert, der grünen Studentenorganisation, und 1994 stand sie sogar auf der Nationalratsliste der Grünen, allerdings auf einem unwählbaren Platz. Und sie hatte – was ihre Entscheidung für die SPÖ nicht leichter machte – viele Freunde in der Umweltpartei: *„Viele in meinem persönlichen Umfeld sind eher bei den Grünen, so wie die Eva [Glawischnig], die eine meiner besten Freundinnen war und ist. Das war persönlich schwierig für mich: ‚Was werden die sagen?‘ Es hat auch Freunde gegeben, die das überhaupt nicht verstanden haben, die haben das überhaupt nicht akzeptieren können. Ich habe mir dann gedacht, Na gut, wenn Freunde so reagieren, dann hat etwas nicht gestimmt, weil das nicht so ausschlaggebend sein kann.*"

Verstimmt war man auch in der grünen Parteizentrale – dort warf man der roten Quereinsteigerin vor, sie hätte noch während ihrer Verhandlungen mit der SPÖ an einem Wahlkampfkonzept für die Grünen mitgearbeitet. Ohne etwas zu sagen.

Aber auch in ihrer neuen Partei herrschte Skepsis: *„Da waren natürlich alle Hans-Peter Martin-geschädigt, weil ein paar Wochen davor der EU-Wahlkampf war und da haben einige nicht so gute Erfahrungen gemacht. Ich habe einfach das Gefühl gehabt, dass auch in der SPÖ das Gefühl da ist: ‚Wir haben jetzt eigentlich genug Quereinsteiger – jetzt kommt da noch einer.‘ Manche waren sehr reserviert. Und natürlich gibt es auch immer so Alteingesessene, die dann natürlich auch Angst haben, dass du jetzt jemand kommt von außen, der in der Partei nichts gemacht hat und sie jetzt überholt. Die empfinden das auch als ungerecht.*" Der damalige Wahlkampfleiter Rudas bestätigt das: „Wir hatten große Probleme, Ulli durchzubringen, weil alle das Quereinsteiger-Syndrom hatten." Geholfen habe Simas Name – ihr Großvater, Hans Sima, war in den 70er Jahren SPÖ-Landeshauptmann in Kärnten, ein Urgestein. Und dann war da noch was, sagt Rudas: „Eine junge, hübsche Frau – ich sage das recht brutal – war in der SPÖ leichter durchzubringen."

Nach einem Jahr im Parlament trat Sima der Partei auch bei: *„Weil es mir irgendwie lächerlich vorgekommen ist als unabhängige Abgeordnete der SPÖ. Es war, als ich Umweltsprecherin geworden bin. Erstens, weil Alfred [Gusenbauer] zu mir gesagt hat, er findet es ein bisschen komisch, wenn ich für die SPÖ in Umweltsachen spreche, aber nicht der SPÖ angehöre und das habe ich auch nachvollziehen können, dieses Argument. Aber es war keine Bedingung oder so. Das gar nicht. Und weil es auch für die Akzeptanz innerhalb der SPÖ sicher positiv war."*

Sie ließ sich aber nicht einfach ein Parteibuch schicken, sondern suchte bewusst den Kontakt zur Wiener Landespartei und zur „Basis" im 16. Bezirk, wo sie mit ihrem Lebensgefährten – dem Wiener SP-Klubchef Christian Oxonitsch – in einem Schrebergarten wohnt: *„Ich hab mir damals einen Wahlkreis genommen, weil ich gemerkt habe, dass es doch relativ wichtig ist, wenn man in der Partei verankert sein will. Und das empfiehlt sich für jeden, außer man will nur so eine Einmal-Geschichte machen."*

SPÖ-Chef Alfred Gusenbauer hält das für eine der besten Entscheidungen, die die Quereinsteigerin treffen konnte. Vor allem, weil sie sich keinen hippen Studenten-Bezirk als Wahlkeis gesucht hatte, sondern eben Ottakring, einen traditionellen Arbeiterbezirk. „Das war ein ganz wichtiges Signal", sagt Gusenbauer: „Das war sehr gescheit, zu sagen: ‚Ich begebe mich nicht dorthin, wo eh alle so ähnlich sind wie ich, sondern ich begebe mich in einen ganz klassischen proletarischen Parteibereich hinein und signalisiere euch damit: ‚Freunde, wo immer ich auch herkomme, jetzt gehöre ich zu euch.'"

Im Nationalrat fand sich Sima recht schnell zurecht. Die Erfahrungen aus der Uni-Politik und von „Global 2000" halfen, sie sollte sich ohnehin auf die Umweltpolitik konzentrieren. Auch Journalistenkontakte und Know-how in der Pressearbeit brachte sie mit. Was sie allerdings vermisste, war der Teamgeist, den sie aus der kleinen Umwelt-NGO gewohnt war: *„Ich habe sehr schnell gemerkt, dass Teamarbeit in der Politik eher nicht so angesagt ist. Dass da eher viele Einzelkämpfer sind, vor allem unter den Abgeordneten. Und dass man nicht darauf warten muss, bis jemand kommt und sagt, ‚Mach das', sondern dass man einfach selbst aktiv werden muss."*

Die positive Seite des Alleingelassenseins war eine gewisse Autonomie. Die Einsteigerin war überrascht, wie selbständig sie agieren konnte. Obwohl – so selbständig dann auch wieder nicht: *„Ich habe immer nur alle fertiggemacht, weil mir immer alles zu langsam gegangen ist. [Klubobmann] Kostelka hat einmal ein echt wirklich ernstes Wort mit mir geredet, weil ich einen Antrag selbst eingebracht habe, ohne ihn ihm vorher zu zeigen. Und er war wirklich fassungslos. Normalerweise geht das über die Klubsekretäre und die bringen das dann ein und zeigen es dem Klubobmann. Und mir war das zu langsam. Ich habe das dann selbst gemacht, was natürlich theoretisch geht. Und er ist dann zu mir gekommen und hat gesagt, ‚Das geht so nicht!‘ Das war echt super.“*

Wenige Monate nach Simas Einzug ins Parlament wurde klar, dass die große Koalition zu Ende ging. Die schwarz-blaue Regierung trat an, die SPÖ musste nach dreißig Jahren auf der Regierungsbank in die Opposition – und tat sich nicht leicht damit: *„Ich habe das Gefühl gehabt, ich war Oppositionsarbeit gewöhnt von ‚Global‘ – als Umweltorganisation ist man immer in Opposition – und das war in dem Fall ein Vorteil. Die anderen alle waren jahrzehntelange Regierungsarbeit gewohnt und haben Umstellungsschwierigkeiten gehabt, logischerweise. Plötzlich war kein Ministerbüro mehr da, das alles aufbereitet hat. Sondern man hat es selbst machen müssen, auch viel selbst inhaltlich arbeiten. Ich war das gewöhnt und die anderen nicht und das dauert dann. Wäre es anders herum gewesen, hätte ich wahrscheinlich einen Nachteil gehabt, weil die hätten alle gekannt in den Regierungsämtern und Ministerbüros und ich nicht.“*

Noch einen Vorteil hatte die Arbeit für eine Oppositionspartei. Die Sache mit dem Klubzwang war nicht so heikel wie in einer Regierungsfraktion, vor allem, wenn man in einer Koalition regiert. Oppositionsparteien müssen nur selten schwer verdaubare Kompromisse schließen und knappe Mehrheiten sichern. Und so musste Sima nie auf die Zusicherung zurückkommen, im Notfall auch gegen ihre Fraktion stimmen zu dürfen. Mit einer Ausnahme gleich zu Beginn: *„Da hat es einmal eine Tierschutzabstimmung gegeben – das war die einzige, wo ich wirklich gern dagegen gestimmt hätte. Das war meine erste Abstimmung im Nationalrat und Kostelka hat zu mir gesagt: ‚Das geht nicht. Bei der ersten Abstimmung kannst du nicht mit*

den Grünen mitstimmen, das kannst du nicht machen.' Und hat mich angefleht, den Sitzungssaal zu verlassen. Das war aber wirklich die einzige Abstimmung, die mir einfällt in fünf Jahren. Und das war in der Übergangszeit, als sich in der SPÖ die Überzeugung gehalten hat, man wird mit der ÖVP koalieren und darf nicht den Koalitionspartner verärgern. Wobei ich damals schon gesagt habe, das glaube ich nie."
Sie hörte auf den Klubchef und ging vor der Abstimmung aus dem Saal: „Das habe ich mir vier Jahre lang von Tierschutzorganisationen anhören können. Ich habe es schwer bereut."

Grundsätzlich sei eine gemeinsame Linie einer Fraktion durchaus sinnvoll, hat sie nach fünf Jahren im Parlament gelernt. Man müsse sich bei der Vielfalt der Themen und Materien auch auf Kollegen verlassen können: „Ich kenne mich auch nicht in allen Bereichen so gut aus – das ist klar. Es ist dann auch so wie bei der Steuerreform, dass man das so akzeptiert wie [Budgetsprecher] Matznetter das vorschlägt. Weil man sich denkt, ,Der wird das schon wissen und sich gut auskennen', so wie viele meiner Kollegen mir vertrauen müssen, was Umweltfragen angeht und die sagen, ,Die Ulli Sima wird das schon wissen.'"

Alfred Gusenbauer, der Viktor Klima als Parteivorsitzender ablöste, hat die junge Abgeordnete schnell zur Umweltsprecherin der Fraktion gemacht. Als Nachfolgerin des Langzeit-Mandatars Peter Keppelmüller, was im Klub für einige Unruhe sorgte: „Da hat es ein paar Kollegen gegeben, die einfach angefressen waren." Eine gewisse Reserviertheit hat sie lange gespürt – vor allem im so genannten „Hocke-Klub", einer informellen Runde von eher konservativen SPÖ-Abgeordneten aus den Bundesländern. Da sei sie schon sehr genau beobachtet worden. Von einer größeren Freiheit für Quereinsteiger konnte keine Rede sein: „Ganz im Gegenteil. Man muss immer aufpassen. Man muss immer überall sein. Man muss zu allen Sitzungen gehen. Während andere fast mehr Freiheiten haben, das wird ihnen eher verziehen als jemand, der auch in den Medien vorkommt. Da wird immer ganz genau aufgepasst."

Bei den Journalisten kam sie gut an: „Ich glaube, dass es eine gewisse Kontinuität in der Arbeit gibt, dass es nicht nur ein kurzes Aufflackern im Wahlkampf war und dann ein der Versenkung verschwinden, was für viele Quereinsteiger ein Problem ist. Und weil ich glaube, dass ich einen guten Ruf habe und man mich immer anrufen kann zu Umwelt-

fragen und ich weiß immer Bescheid und kann ein Papier schicken. Das ist für Journalisten ein relativ wichtiges Kriterium. "

Trotz der guten Nachrede in den Medien und ihrem Bemühen, sich in die Partei zu integrieren, war Sima nicht ganz sicher, ob sie 2002 wieder aufgestellt wird: *„Weil jeder ein Mandat haben will und da gibt es ein Gedränge darauf von allen Seiten und weil natürlich jeder Parteivorsitzende neue Leute hereinbringen möchte und in der Politik einfach nichts fix ist.* "

Ihre Enttäuschung wäre jedenfalls enorm gewesen, *„weil ich das Gefühl gehabt habe, dass ich zu den wenigen Abgeordneten gehöre, die man ein bisschen kennt und die man thematisch zuordnen kann. Und das waren in der SPÖ nicht so viele in der letzten Periode.* "

Für Sima war von Anfang an klar, dass sie nicht nur eine Periode in der Politik bleiben wollte, sondern dass es da um einen neuen Lebensabschnitt ging. Nicht bis zur Pension, aber doch für eine gewisse Zeit. In der SPÖ gilt sie als ziemlich ambitioniert, was ihr nicht nur Freunde schafft, und sie macht kein Geheimnis draus, dass sie auch prominentere politische Ämter reizen würden. Im Sommer 2004 meint sie dazu lachend: *„Ja, Klubobfrau. – Scherz! Wenn das der Cap hört, kriegt er Verfolgungswahn.* " Und im Ernst? *„Ich glaube, dass das ein netter Job sein kann. Weil es ein Job ist, bei dem man viele Dinge mitentscheiden kann, auch inhaltlich und sehr viele Weichenstellungen vornehmen kann. Keine Ahnung, ob ich das könnte. Während hingegen einen Ministerposten fände ich überhaupt nicht reizvoll.* " Das sei mit zwei Kindern nicht vernünftig zu machen und außerdem hätten Minister – mit Ausnahme des Finanzministers – sowieso nicht viel Handlungsspielraum: *„Nein, ehrlich nicht. Da könnte ich mir das eher auf Landesregierungsebene vorstellen. Ich glaube, dass man da konkretere Dinge machen kann.* "

So kam es dann auch: Im Herbst 2004, wenige Monate nach diesem Gespräch, übersiedelte Ulli Sima aus dem Parlament über die Stadiongasse ins Wiener Rathaus, als Stadträtin für Umweltfragen. Diesmal musste sie kein Büro besetzen und auch vorher keinen Lebenslauf schicken. Sie ist beim Angebot auch nicht vom Sessel gefallen. Es kam ihr nicht einmal mehr „spacig" vor.

Patrick Ortlieb, FPÖ
NATIONALRATSWAHL 1999

Geboren 1967 in Bregenz.
Abfahrtsläufer (Olympia-Sieger 1992, Weltmeister 1996), Hotelier.
Abgeordneter zum Nationalrat von 1999 bis 2002.
Seither Hotelier in Oberlech am Arlberg.

„Ich bin auch nicht der Dümmste."

Jede Menge Wortspielereien drängten sich damals auf: „Von der Piste auf die Liste" oder „Der Mann wagt sich aufs Glatteis" oder „Schussfahrt in die Politik."

Im September 1999 spürte Patrick Ortlieb, Olympiasieger und Weltmeister im Abfahrtslauf, *„eine irrsinnige Aufbruchsstimmung"* – und kandidierte für die FPÖ.

„Faxe", wie der gefräßige Riese aus „Wickie & die starken Männer", nannten ihn seine Fans, er selbst bezeichnete sich zu aktiven Sportler-Zeiten in Interviews schon mal als „Schwein", „Arschloch" oder „egoistische Sau". Mit diesen herzhaften Selbstbeschreibungen war's dann vorbei. Ortlieb gab brave Interviews, war vorsichtig – und lobte den Mann, der ihn zum Spurwechsel in die Politik überredet hatte: „Jörg Haider ist ein sportlicher Typ, ein Kämpfer."

Erste Kontakte zur Politik hatten sich fast zwangsläufig ergeben, bei den vielen Preisverleihungen und Großveranstaltungen, zu denen der Schi-Star geladen war: *„Es war immer gang und gäbe, die erste Reihe fußfrei mit Politikern zu besetzen. Und so haben sich im Lauf der Jahre sehr interessante Gespräche ergeben, was mich sehr fasziniert hat."* Vor allem mit dem damaligen Landeshauptmann Purtscher von der ÖVP und dessen Stellvertreter – Landesstatthalter heißt das in Vorarlberg –, dem Freiheitlichen Hubert Gorbach war er immer wieder zusammen getroffen, auch privat: *„Und da hat sich die Diskussion ergeben, ob ich nicht kandidieren will."* Aber die EU-Wahl 1999 relzte ihn nicht, *„weil ich mich doch erkundigt habe und gehört habe, dass in Brüssel der Einfluss, den man nehmen kann, sehr gering ist."* Aber wenige Monate später standen schon Nationalratswahlen an und diesmal ließ er sich von Jörg Haider überzeugen. Unter einer Bedingung: *„Kein Kampfmandat – das war eine Art Voraussetzung für mich, weil ich sicher nicht der prädestinierte Wahlkämpfer bin oder der, der auf die Straße gehen wird, zum Stimmen keilen."* Ortlieb wurde auf den zweiten Platz des FPÖ-Wahlvorschlags gesetzt, gleich hinter den Industriellen Thomas

Prinzhorn und vor die ORF-Moderatorin Theresia Zierler – auch Quereinsteiger.

Warum man ihn gefragt hatte, war ihm glasklar: *„Ich bin auch nicht der Dümmste: Dass prominente Namen an der Front immer besser ziehen als ‚no names‘ ist ganz klar. Die Öffentlichkeit kannte mich.“*

Das stimmt. Der damals 32jährige Vorarlberger hatte erst wenige Monate zuvor, nach einem kapitalen Sturz auf der Kitzbühler Streif, seine Schiausrüstung für immer im Spind verstaut. Jetzt waren seine vielen Pokale im Foyer des Oberlecher Hotels „Montana“ drapiert, das seiner Familie gehörte und dessen Leitung er übernommen hatte. Den neuen Lebensabschnitt fand er ganz angenehm und ein wenig schreckte ihn die Aussicht *„wieder exponiert in der Öffentlichkeit zu stehen“*. Andererseits: Er hatte so viel in die Politik einzubringen. *„Sport und Hotellerie und Gastronomie – da kenne ich mich wirklich aus bis zum Letzten. Diese beiden Ressorts galt es zu besetzen. Erfahrungen und Sachen einzubringen, die die Kollegenschaft sich wünscht.“* Und er sagte auch zu, weil „das Land mir soviel gegeben hat. Jetzt will ich ihm etwas zurückgeben.“, wie er der „Presse“ anvertraute. Ortlieb ist zwar in Vorarlberg aufgewachsen, wurde aber erst mit 18 Jahren Österreicher, als dem Sohn eines französischen Vaters die Staatsbürgerschaft verliehen wurde. Auf die Frage, ob sich das nicht ein wenig mit der Ausländerpolitik seiner Partei spieße, meinte er knapp im „Format“: „Meine Mutter stammt aus Österreich, ich habe lang genug hier gelebt und Steuern gezahlt.“

Mit ihrem Transferangebot Richtung Politik war die FPÖ übrigens allein auf weiter Piste, keine andere Partei machte ihm je ein Angebot – obwohl sich Ortlieb nie als Freiheitlicher geoutet hatte. „Er ist politisch unauffällig“, meinte der Bürgermeister seiner Heimatgemeinde damals. Ortlieb sympathisierte zwar schon länger mit der FPÖ – mit dem *„gemäßigten, liberalen Flügel“*, wie er sagt – aber in Vorarlberg, wo die Freiheitlichen schon viele Jahre in der Landesregierung saßen, fiel das tatsächlich nicht auf: *„Da war man eher als Roter ein Aussätziger.“*

Politisch engagiert hat er sich nie, auch wenn er in seiner aktiven Zeit als eine Art „Betriebsrat“ der Schi-Mannschaft galt: *„Das ist nur medial so kolportiert worden. Ich hab mir nie angemaßt, dass ich jemanden vertrete, oder so. Man ist nur aus Diskussionen oft herausge-*

gangen und hat gesagt: ‚Patrick, klär du das. Versuche das zu regeln.‘ Aber Schisport ist ein Einzelsport. Es ist kein Mannschaftssport, das wird immer nur so dargestellt. Da kämpft jeder gegen jeden.“

Als dann sein Start in die Politik bekannt wurde, streuten ihm Kollegen und Wegbegleiter Lorbeeren: „Der Faxe, der Hund. Jetzt wird er Vizekanzler“, jubelte Armin Assinger. „Die Kandidatur passt zu ihm. Er hatte schon im Kader immer das Kommando“, ließ Hermann Maier verlauten. Und ORF-Mann Heinz Prüller kommentierte: „Er ist ein sehr gescheiter Mann, der sich immer Gedanken über die Welt gemacht hat.“

Die politischen Leitartikler waren skeptischer: „Mittlerweile geht es offenbar nicht mehr nur darum, parteifreie Quereinsteiger zu finden, sondern sie müssen total ahnungslos sein“, höhnte der „Standard“, die anderen Kommentare waren nicht viel freundlicher. Den Wählern war das egal – die FPÖ feierte 1999 den größten Wahlsieg ihrer Geschichte, kam um vierhundert Stimmen vor der ÖVP ins Ziel und im Februar 2000 in die Regierung. Zu diesem Zeitpunkt saß der neu gewählte Abgeordnete Patrick Ortlieb bereits drei Monate im Parlament und fühlte sich wie ein Abfahrer auf einer Slalomstrecke: „Ich will jetzt nicht sagen, wie ineffizient das Ganze abläuft, sondern mir war nicht ganz klar, dass es da ein Regelwerk gibt, das nach Punkt und Beistrich eingehalten werden muss. Im Nachhinein verstehe ich das. Anders wäre das Parlament nicht zu führen. Aber das waren Sachen für mich, die ich nicht gewohnt war. Was mir komisch vorgekommen ist, wie langwierig das alles ist. Dass Termine einberufen werden und bis es zu einer Ausschusssitzung kommt. Da gibt es Begutachtungsfristen. Das wird alles immer mühseliger.“

Auch sonst war vieles anders als früher. Fast zwei Jahrzehnte kämpfte er auf der Piste gegen seine Mitstreiter – und gegen sich selbst. Jetzt war Konsens angesagt: „Früher war ich einzig und allein für meine Leistung verantwortlich. Und als Politiker ist das Kollektiv da. Die Fraktionen entscheiden miteinander, ob man ab und zu will oder nicht. Damit hat es sich. Dagegen stimmen gibt es nicht und die einzige Möglichkeit ist, nicht dabei zu sein, wenn man sich nicht mit einem Thema identifizieren kann.“

Auch als Quereinsteiger, als prominenter noch dazu, hatte man da nicht mehr Freiheiten als andere. Die schwarz-blaue Koalition verfügte über keine sehr große Mehrheit im Nationalrat – der früher in der FPÖ lockere „Klubzwang" wurde plötzlich ernst genommen. Was Ortlieb, der auch nie Parteimitglied werden wollte, ziemlich störte: *„Es gibt keinen Klubzwang. Es gibt nur ein ‚Stimmverhalten', wie es so schön heißt. An das hat man sich zu halten. Ich habe mir die Freiheit genommen, bei Themen oder Abstimmungen, wo es für mich von der Einstellung her nicht gepasst hat, der Abstimmung fernzubleiben. Ob das demokratisch die richtige Einstellung ist, weiß ich auch nicht. Wahrscheinlich würde der Bürger oder der Wähler von einem aufgeschlossenen Mandatar erwarten, dass er dagegen stimmt. Aber das geht nicht."* Was denn passiert wäre, wenn er gegen die Parteilinie abgestimmt hätte? *„Wie stark der Druck der Partei nachher gekommen wäre, nach einem Rücktritt von mir, das weiß ich nicht. Ich wollte es auch nicht darauf ankommen lassen."*

In der Fraktion habe damals, nach dem Wahlsieg, ein großer Zusammenhalt geherrscht. Die erfahreneren Abgeordneten halfen den Neulingen großzügig und führten sie in die komplizierten Regeln des Hohen Hauses ein. Mit den politischen Gegnern und mit den Journalisten war es schwieriger: *„Negativ überrascht hat mich das parteipolitische Hickhack im Plenarsaal und via Medien – das hat mich gestört. Gleich am Anfang gab es ein recht interessantes Gespräch außerhalb des Plenarsaals mit einem recht hochrangigen sozialdemokratischen Politiker, mit dem ich per Du war. Wir haben über Sachen geredet und auch private Sachen. Auf einmal läuft er weg, weil er auf der Rednerliste war, geht hinaus auf's Rednerpult und zieht in einer Leier über mich her, dass es ärger nicht mehr gegangen wäre. Das waren zwei komplett verschiedene Welten. Anschließend geht dann das Gespräch wieder normal weiter. Da habe ich gesagt: ‚O. K., das ist etwas anderes, wenn man da drinnen ist, da ist man einfach Gegner, beinhart.' Ich habe es versucht zu vergleichen, und im Sport ist es nicht anders. Wir trainieren das ganze Jahr miteinander, sitzen im gleichen Flugzeug, wohnen im gleichen Hotel und kaum steht man im Starthaus drinnen, sind die Herren Maier und Schifferer die gleichen Gegner wie Heintz oder Alfons, eben die aus anderen Ländern."*

Die Erfahrung aus dem Sport half ihm auch mit der Eifersucht umzugehen, die er in der Partei zu spüren bekam – dass da einer gleich ein Mandat bekam, obwohl er sich nie vorher für die FPÖ engagiert hatte: „*Wie gerecht ist das Leben schon? Es hat sicher im Sport Athleten gegeben, die doppelt so viel trainiert haben und trotzdem nur halb so viel gewonnen haben. Ist das gerecht? Es gehören eben auch andere Faktoren dazu: das Glück, zur richtigen Zeit am richtigen Platz zu sein. Ich habe dafür in Kauf genommen, von einem relativ beliebten Sportler in ein Eck gedrückt zu werden, wo man plötzlich politisch zwei Drittel des Landes als Gegner hat. Das war der Preis, den ich für das Mandat gezahlt habe.*"

Ortliebs Vater Guy machte sich einst Sorgen um den Buben: „Wenn ich mir das glatte Parkett in Wien vorstelle, sehe ich eher schwarz als blau." Und es dauerte tatsächlich nicht sehr lange, bis die kritischen Kommentare noch lauter wurden: Patrick Ortlieb, „der große Schweiger" schrieb „News" in einem seiner Rankings über die faulsten Politiker des Landes. Vom September 2001 bis zum Juni 2002, zum Beispiel, hielt er exakt zwei Reden à zwei Minuten: Einmal überraschte er das Plenum mit neun Sätzen zum „Erdöl-Bevorratungs- und Meldegesetz", in seiner zweiten Wortmeldung lobte er die Gewerbeordnung. Das war's – und brachte ihm den Titel „Faulster Politiker des Landes" ein, was ihn heute noch ärgert: „*Wenn auf der Tagesordnung einfach kein Thema ist, wo ich mich auskenne, habe ich auch nichts am Rednerpult verloren. Aber es haben die großen Redner auch sehr viel versprochen, was sie dann nicht eingehalten haben. So etwas hat es bei mir nicht gegeben.*" Auch in seinen Ausschüssen (Sport, Unterricht, Wirtschaft) gab er sich ziemlich wortkarg. Das „Format" erklärte das damals mit Ortliebs Vorleben: Das oberste Ziel eines Abfahrtsläufers sei es eben, möglichst wenig Zeit auf der Piste zu verbringen. Und eines war sicher: „Kaum ein anderer Mandatar bewältigt die Distanz Sitzplatz-Rednerpult und retour schneller als Ortlieb." Der grüne Abgeordnete Dieter Brosz witzelte damals: „Auf seinen Minutensatz umgerechnet, verdient er wahrscheinlich mehr als bei einem Weltcuprennen." Ortliebs kleines Parlamentsbüro zierte ein Schild mit der Aufschrift: „Sportlerzimmer".

Die Häme findet er bis heute unfair: „*Man ist teilweise schon belächelt worden und da mache ich keinen Hehl daraus. Auf der anderen Seite denke ich mir: ,Was habt ihr schon viel gemacht bis jetzt, außer dass ihr da sitzt?' Ich habe immerhin auf einer anderen Ebene doch schon etwas Überdurchschnittliches geleistet.*"

Für weltmeisterlich hält er seine Leistung als Politiker selber nicht – aber im Rückblick ist er auch nicht unzufrieden: *„Grobe Fehler habe ich mir keine erlaubt und ich habe auch keine gemacht. Die Stärke als Politiker war mein Netzwerk in den Sport hinein. Guten Input hineinzubekommen. Die Netzwerke im Hintergrund zu spielen. Ich muss sagen, da waren die Momente, wo ich mir gedacht habe, man hat doch etwas bewirkt.*" Insgesamt stellt er sich ein mittelgutes Zeugnis aus: *„Ich bin ehrlich und fair und viel mehr als ein Dreier ist es sicher nicht gewesen. Das muss ich fairerweise sagen. Es ist mehr der Durchschnitt. Meines Erachtens nach waren einige noch schwächer, viele andere waren wesentlich besser aufgrund der Erfahrung und des Abgebrühtseins.*"

Sein ehemaliger Parteichef Jörg Haider, der sehr viele Quereinsteiger in das FPÖ-Team geholt hat, ist da kritischer: „Wenn man einen findet, der vielleicht enttäuschend war, ist es eigentlich Patrick Ortlieb gewesen. Er ist mit vielen Chancen ausgestattet ins Rennen gegangen, war von allen getragen und hat eigentlich kein Profil zusammen gebracht. Er hat im Parlament weder als Vertreter der Tourismuswirtschaft noch im Sportbereich etwas bewegt." Und warum? „Keine Ahnung. Er hat sich schwer getan. Das war nicht seine Welt."

Ortlieb sieht das – naturgemäß – anders: *„Ich bin einfach überzeugt von dem, was ich mache. Ich habe mich politisch in nichts hineindrängen lassen, womit ich mich nicht identifizieren kann.*"

Wirklich in die Schlagzeilen kam der Vorarlberger während seiner kurzen Politik-Karriere nur einmal – und das hatte nichts mit Politik zu tun: Im März 2001 berichtete das „Format" unter dem Titel „Sex, Samen, Videotapes" von einem seltsamen Vorfall in einer Innsbrucker Tiefgarage. Eine Ortlieb-Bekannte war nach einer gemeinsamen Zechtour schwer verwirrt im Parkhaus des Flughafens aufgefunden worden. Neben ihr lag Unterwäsche und ein Tausender. Eine Überwachungskamera zeigte, wie die Dame aus Ortliebs Auto gestiegen war. Das Verfahren wurde jedoch nach einigen Wochen eingestellt, Ortlieb konnte laut Staatsanwalt „hinreichend erklären, warum die Dame keine Unterwäsche trug". Hubert

Gorbach gab seinem Landsmann damals Schützenhilfe: „Patrick Ortlieb ist auch nur ein Mensch." Spätestens damals war allerdings klar, dass die FPÖ mit ihrem Seriensieger nicht mehr viel gewinnen konnte. Als im Sommer 2002 in Knittelfeld erst die Parteispitze und dann die Koalition zerbrach, wurde er nicht mehr in die Mannschaft gebeten. Quereinsteiger seien „in solchen Zeiten nicht sinnvoll", erklärte sein einstiger Förderer Gorbach. Ortlieb erinnert sich so: *„Ob es eine freiwillige Entscheidung war? Von meiner Seite auf jeden Fall. Es ist zeitlich nicht mehr machbar gewesen für mich. Es ist auch gar nicht andiskutiert worden, ob ich noch einmal kandidiere oder nicht. Dadurch habe ich weder zu- noch absagen müssen."*

Aber Quereinsteiger in der Politik – die hält er nach wie vor für sinnvoll: *„Meiner Meinung nach gibt es sehr viele Leute, die in der Öffentlichkeit als perfekte Politiker dastehen, die in ihrem Leben noch nie etwas anderes gemacht haben. Das sind Leute, die über Summen in Budgets entscheiden, die nicht einmal wissen, wie es ist, einen eigenen Tausender zu investieren. Die haben ihr Leben lang einen Chauffeur gehabt, sind ewig an der Parteikassa gehangen, von Studentenvertretern oder noch weiter unten, über Parteisekretäre hinauf gekommen – das sind einfach in der Ansicht der Öffentlichkeit die besseren Politiker. Das sind sie meiner Meinung nach überhaupt nicht. Da gehört einfach ein Mix hinein. Damit hat es sich."*

In einem Interview mit dem deutschen „Stern" blickte Patrick Ortlieb vergangenes Jahr noch einmal zurück: „Bei uns im Team hieß es: Helm auf. Hirn aus." Das bezog sich allerdings auf's Schifahren. Zu seiner Zweitkarriere hatte Ortlieb aber auch was zu sagen: „Ich schließe eine Rückkehr in die Politik nicht aus."

Theresia Zierler, FPÖ
NATIONALRATSWAHL 1999

Geboren 1963 in Eibiswald (Steiermark).
Journalistin und ORF-Moderatorin („Willkommen Österreich").
Abgeordnete zum Nationalrat von 1999 bis 2002.
Generalsekretärin der FPÖ von 2000 bis 2001.
Abgeordnete zum steirischen Landtag von 2002 bis 2005.
Derzeit Medien- und Kommunikationstrainerin in Wien.

„Nichts ist mit dem vergleichbar, was in einer Partei abläuft."

Sie hatte es aus der „Kronenzeitung" erfahren, nicht von ihren Vorgesetzten im ORF. Dass sie nach vier Jahren als Moderatorin der Vorabend-Sendung „Willkommen Österreich" ausgemustert werden sollte. Die Sendung müsse „urbaner" werden – die resche steirische Blondine passte nicht mehr ins Bild. Theresia Zierler war sauer. Sehr sauer. Sie wollte sich nicht einfach abschieben lassen, wehrte sich, gab Interviews – und bekam eines Tages einen Anruf von einer Frau, die sie nicht kannte: *Die hat mir gesagt: ‚Eine ganz wichtige Persönlichkeit will mit Ihnen sprechen. Und diese Persönlichkeit ist gerade nicht erreichbar, aber geben Sie mir Ihre Handy-Nummer und dann wird diese Persönlichkeit sich bei Ihnen melden.'"* Das war der Fernsehmoderatorin, die in ihrem Job immer wieder seltsame Anrufe bekam, aber doch zu schräg: Entweder ein Name oder keine Nummer. Ein paar Mal ging es noch hin und her, bis die geheimnisvolle Anruferin nach ein paar Stunden wieder anrief. Nochmals wurde Zierler auf Vertraulichkeit eingeschworen, dann wurde ihr der Name der „ganz wichtigen Persönlichkeit" offenbart: Peter Westenthaler, damals Generalsekretär der oppositionellen FPÖ. *„Da war ich etwas erstaunt"*, lacht Zierler noch heute: *„Weil geklungen hatte das, als wäre das was für ein Staatschef, der mich da sprechen will."*

Westenthaler war ORF-Kurator und wollte sich dringend mit ihr treffen. Sie dachte, es ging um ihren Job als Moderatorin, tatsächlich ging es um einen Job in der Politik. Es war im August 1999 und dringend – nur noch zwei Tage bis die FPÖ-Kandidaten für die Nationalratswahl präsentiert werden sollten. Westenthaler bot ihr den dritten Platz auf der freiheitlichen Bundesliste an – ein sicheres Mandat.

Der Antrag war reizvoll: *„Die Situation im ORF war eigentlich so, dass mir klar war, ich könnte eigentlich nur einen Schritt zurück machen. Was auch immer – es ist nichts Neues, kein Reiz für mich da. Und der Reiz und die Herausforderung waren eigentlich das Aus-*

schlaggebende. "Dagegen sprach ihre familiäre Situation: Mann und Kind lebten in der Steiermark, das war mit den geregelten Diensten im ORF gerade noch organisierbar. In der Politik würde das schwierig werden. Und dann war da noch *„eine gewisse Unsicherheit, überhaupt keine Vorbereitungszeit zu haben, dass man von heute auf morgen am Präsentierteller ist. Von heute auf morgen politisch argumentieren muss, sich auskennen muss und noch dazu wahrscheinlich als ehemalige Journalistin nicht gerade mit Glacéhandschuhen angegriffen werden wird."*

Nach einer Nacht Überlegen sagte sie zu – der Reiz des Neuen war stärker als die Bedenken. Wobei sie sich keine Illusionen machte, was die FPÖ von ihr wollte: *„Wenn man jemanden hat, der bekannt ist – noch dazu gerade in der FPÖ –, der sich bekennt, ist sicherlich ein gutes Signal. Man musste bei mir keine Aufbauarbeit leisten, mich bekannt machen. Das war Kalkül. Ich war da nie so naiv, dass ich mir gedacht hätte, die haben mich als großes politisches Talent entdeckt."*

Bis heute glaubt Zierler, dass Jörg Haider, der damalige Parteichef, wesentlich mit ihrer Kandidatur zu tun hatte, aber der bestreitet das. Peter Westenthaler habe die Quereinsteigerin erfunden, sagt Haider: „Er hat gesagt: ‚Pass auf, Theresia Zierler hat von ihrer Sendung her eine gewisse Bekanntheit und auch Popularität.‘ Sie wäre sicher als Kandidatin eine, die auch den Zugang zu einer Wählerschaft öffnet, die wir so nicht gehabt hätten. Leute, die eher unpolitisch sind, die ein bisschen an der Heimatfront sind, aber politisch nicht ansprechbar sind." In jedem Fall waren beide Seiten zufrieden, meint Zierler: *„Ich wollte einen Berufswechsel. Die Partei konnte meine Popularität für sich nutzen."*

Die Freiheitlichen kamen der Journalistin gerade recht. Niemals hätte sie für eine andere Partei kandidiert: *„Meine Unzufriedenheit bezog sich auf das damaligen System in Österreich mit der großen Koalition und auch meine Erfahrungen mit Kollegen und Kolleginnen mit Parteibüchern. Ich war immer eine Unabhängige im ORF. Da hat auch niemand gewusst oder geahnt, dass ich jemals für die FPÖ kandidieren würde. Ich habe nie eine politische Lobby gehabt. Ich habe nie irgendeine Unterstützung gehabt, habe aber darunter gelitten unter der politischen Unterstützung der anderen."*

Mitte der 1990er Jahre bekam sie einmal ein Angebot in der Steiermark, für ein Landtagsmandat. Die Partei will sie keinesfalls nennen, nur soviel: *„Es war mir zu klerikal."* Die gelernte Buchhändlerin, die bald in den Journalismus wechselte, stammt aus einem freiheitlichen Elternhaus – trotzdem stand sie der FPÖ nicht immer nahe. Vor allem in der Zeit, als sie viel mit Künstlern zusammen war und mit einem Südamerikaner zusammenlebte: *„Der hat schon furchtbar gelitten unter den Aussagen, die von Jörg Haider gekommen sind. Der Weg war also nicht vorgegeben. Das hat immer irgendwie gewechselt."* 1999 war sie jedenfalls von Haider wieder begeistert, „weil ich seine Pläne, seine Ziele und seine Visionen großartig finde", wie sie in einem Interview verriet.

Zwei Tage nach ihrer Zusage wurde die Überraschungs-Kandidatin – gemeinsam mit dem zweiten Quereinsteiger Patrick Ortlieb – öffentlich vorgestellt. In einem Wiener Hotel war ein extra-großer Saal reserviert: 50 oder 60 Journalisten, Kamera-Teams, Blitzlichtgewitter: *„Auch nach sehr vielen Jahren Fernsehen war das ein Wahnsinn. Ich habe kurz überlegt, dass ich mich umdrehe und wieder gehe, weil das schaffe ich nicht. Das war mein ganz persönlicher erster Eindruck, wo ich das erste Mal nach langer Zeit und nach vielen Jahren nervös war – bei dem ich gespürt habe, das ist eine Herausforderung."*

Die Umstellung auf die neue Rolle war enorm. Vor dem Parlamentsmandat wartete der Wahlkampf – dafür war sie ja geholt worden. Drei Wochen lang tourte sie mit dem Spitzenkandidaten Thomas Prinzhorn und mit Haider durch Österreich: *„Positiv überrascht hat mich, dass ich im Wahlkampf von den Bürgern sehr positiv aufgenommen wurde. Was jetzt nicht heißt, dass das alles freiheitliche Wähler waren. Was mich überrascht hat, war, wie sehr man – das habe ich bei Großveranstaltungen gesehen – wie sehr man die Menschen manipulieren kann. Wie sehr man mit Emotionen arbeiten kann, wie sehr man beeinflussen kann – mit Worten, mit Aktionen. Das war mir in der Form sicher nicht bewusst. Da sage ich auch dazu, dass das für mich unter ‚negativ' fällt, weil ich gesehen habe, was wirklich möglich ist."*

Ende Oktober 1999 wurde Zierler im Nationalrat angelobt, gemeinsam mit 51 weiteren Freiheitlichen. Es war, nach dem Wahltriumph mit fast 27 Prozent, die größte Fraktion in der Geschichte der FPÖ. Aber *„im Klub bin ich in der Anfangszeit nicht sehr positiv aufgenommen worden, weil ich natürlich dort auch sofort als extreme Konkurrentin gesehen wurde. Es hat damit begonnen, dass ich – trotzdem ich neu war – im Plenarsaal recht weit vorne saß. Und dass ich relativ bald zu reden begonnen habe und relativ wichtige Reden gehalten habe, die auch im Fernsehen übertragen wurden. Das hat vielleicht der Partei geholfen, im Klub hat es mir nicht geholfen.“* Nach vier, fünf Monaten begann sie sich *„ein bisschen wohl zu fühlen“.* Es war nicht mehr alles fremd und ungewohnt. Die komplizierten Abläufe im Parlament hatte sie auch durchschaut. Es begann zu laufen. Und als sie sich endlich ein wenig *„entkrampfen“* konnte, kam aus heiterem Himmel das nächste Angebot: Generalsekretärin in der Parteizentrale. Haider wollte die Parteiführung an Susanne Riess-Passer übergeben – „Susi, geh du voran …“ – und Zierler sollte ihre rechte Hand werden, zuständig für Organisation und Öffentlichkeitsarbeit. Der EU-Abgeordnete Peter Sichrovsky würde neben ihr die außenpolitischen Agenden im Parteibüro übernehmen: *„Ich hatte mit allem gerechnet, nur sicherlich nicht damit. Und ich habe mir dann Bedenkzeit erbeten und habe gesagt, dass ich das nicht so schnell entscheiden kann und dass ich darüber nachdenken muss.“* Und dann hat sie wieder zu rauchen begonnen.

Der Ehrgeiz hatte sie gepackt, aber gutes Gefühl hatte sie keines: *„Vielleicht habe ich da auch nicht den Mut gehabt, es abzulehnen.“* Kaum ein Quereinsteiger schafft eine derart steile Karriere in so kurzem Zeitraum: *„Es hat meinen Erfahrungsschatz sicher sehr bereichert. Ich sehe es auch nicht als Fehler. Die Entscheidung war damals schon richtig. Es war einfach alles – wie es so oft bei mir der Fall war – furchtbar schnell und das war wirklich im Zeitraffer-System. Es hätte nicht so schnell sein dürfen – ein Jahr später, vielleicht zwei Jahre später wäre es sicher auch parteiintern leichter für mich gewesen.“* Es war gar nicht die Arbeit, die sie schreckte, sondern eben die Reaktion der einfachen Funktionäre, für die der rasante Aufstieg der Neuen *„nicht nachvollziehbar war. Da kommt eine als Quereinsteigerin, hat noch nie vorher irgendwas für die Partei geleistet, wird jetzt schon einmal Nationalrätin. Andere arbeiten dreißig Jahre und werden nicht einmal Gemeinderat und die wird dann auch gleich Generalsekretärin. Ich habe als Quereinsteigerin dieser Funktion sicher mehr* leisten müssen, als ein langjähriger Funktionär. Ich habe mich jeden Tag beweisen müssen."

Auch diesen Karriere-Sprung verdankte sie dem Fernsehen. Die schwarz-blaue Koalition wollte damals das Frauenministerium abschaffen, die SPÖ tobte und Zierler wurde als frischgebackene FPÖ-Frauensprecherin zur Live-Konfrontation in die „ZiB 3" geladen: „Barbara Prammer ist dort hingekommen, als ehemalige Frauenministerin, und hat sich gedacht, ‚das kleine arme Würstel, das seit wenigen Wochen in der Politik ist, die wische ich weg wie nichts.' Das ist aber nicht passiert. Ich habe sie bei dieser Sendung filetiert." In ihrer Partei, glaubt sie, „war es das Aha-Erlebnis: Die kann ja wirklich etwas".

Das Lob war groß, nicht nur aus den eigenen Reihen: „Es hat mich dann auch die damalige ÖVP-Generalsekretärin Rauch-Kallat angerufen und hat gesagt, sie ist wiehernd im Bett gelegen und so eine Freude hat sie noch nie gehabt."

Unmittelbar vor der Bestellung zur Generalsekretärin entdeckte Zierler noch ein kleines Versäumnis: „Da habe ich in den Statuten gelesen, dass man das nur werden kann, wenn man Parteimitglied ist." Also wurde sie Parteimitglied. Verlangt hatte es niemand, lustig war er aber nicht in der Partei: „Sie kennen sicher auch die Steigerung [Feind – Todfeind] bis hin zum Parteifreund. Damit hatte ich nicht gerechnet. In jedem Unternehmen kämpft jeder um seine Existenz, auch beim ORF, gerade wenn man in der Öffentlichkeit steht, aber es ist nichts mit dem vergleichbar, was in einer Partei abläuft. Da ist ein Konkurrenzkampf, eine Eitelkeit … In der Anfangszeit hatte ich in meinem Büro einen Kalender hängen und da habe ich jeden Tag ein Hakerl gemacht: Wieder einen Tag überlebt."

Aber Zierler überlebte nicht nur – ein paar Wochen später wurde sie schon wieder befördert. In der Steiermark standen Landtagswahlen an und Parteichefin Riess-Passer überredete ihre Generalsekretärin, in ihrem Heimatland die Spitzenkandidatin zu machen. Heute nennt das Zierler „den einzigen wirklichen Fehler, den ich gemacht habe." Die steirischen Funktionäre wollten sie nicht, die Landespartei war heillos zerstritten: „Rosenkrieg vor der Landtagswahl", titelte die „Presse". Am Wahlabend war das Debakel perfekt – die erfolgsverwöhnte FPÖ stürzte von 18 auf 12 Prozent ab. Die

Grazer Funktionäre gaben der Spitzenkandidatin die Schuld, trotzdem sollte Zierler auf Wunsch der Parteispitze in Wien in die Landesregierung gehen. Die Steirer rebellierten, Riess-Passer zog zurück und Zierlers Heimat-Ausflug war zu Ende. Sie blieb im Nationalrat und kehrte ins Generalsekretariat zurück – politisch jedoch ziemlich beschädigt.

Ein knappes Jahr später, im Oktober 2001, war dann sie es, die die Partei überraschte: Über Nacht gab Zierler ihren Rücktritt als Generalsekretärin bekannt. Jeder interne Streit wurde heftigst dementiert – „Es gibt keine Partei-Krise", richtete sie der APA aus – die Gründe seien rein privat: „Mein Sohn braucht mich jetzt." Auch im Rückblick beharrt sie auf dieser Version: *„Ich habe einfach gesehen, dass sich meine familiäre Situation zuspitzt. Mein Sohn kam in die Schule und um meine Beziehung zu retten, habe ich die Entscheidung getroffen, zwar als Nationalrätin tätig zu sein, aber nicht mehr Tag und Nacht zu arbeiten."*

Parteichefin Riess-Passer und Klubchef Westenthaler waren gar nicht amüsiert. Die FPÖ war nach Wahlniederlagen in den Ländern und einigen Rücktritten ohnehin öffentlich angeschlagen. Der Abgang einer weiteren wichtigen Funktionärin verstärkte den Eindruck der Krise. Es gab damals, gesteht sie, *„große Zerwürfnisse mit der Parteispitze"* – aber erst wegen ihres Rücktritts, nicht davor.

Im Sommer darauf wurden die Zerwürfnisse innerhalb der FPÖ noch sehr viel größer: Zierlers Mentorin Riess-Passer, Finanzminister Grasser und Klubchef Westenthaler traten zurück, die ÖVP kündigte die Koalition und ein Jahr früher als vorgesehen wurde wieder gewählt. Die neue Führung, die die Kandidaten-Listen zusammenstellte, bestand nicht aus Zierlers Förderern. Sie wurde gar nicht mehr gefragt. Privat war sie deswegen nicht traurig, das Pendeln nach Wien war ohnehin immer schwieriger geworden – *„rein inhaltlich"* wäre sie aber gerne im Parlament geblieben. Jetzt ging sie doch in den steirischen Landtag, als einfache Abgeordnete, bis zur Landtagswahl 2005.

Als Politikerin war sie gar nicht so übel, findet sie: das Auftreten nach außen, ihre Lust an der Konfrontation, eine gewisse Selbstsicherheit, der andere Zugang als Quereinsteigerin – lauter Stärken. Und ihre Schwächen? *„Mich in eine Materie wirklich tief einzuarbei-*

ten – weil die Zeit fehlt. Das geht bei Einzelthemen, aber wenn man schaut, wie viele Themen man behandeln muss, dann ist es in Wahrheit sehr oft ein gewisses oberflächliches Wissen, das man hat. Das ist sicher eine Schwäche. "Das sei aber nicht wirklich das Problem gewesen, in ihren wechselvollen sechs Jahren als Politikerin. Und die politischen Gegner erst recht nicht. *„Wenn ich gescheitert bin und wo ich gescheitert bin"*, sagt Theresia Zierler voller Überzeugung, *„bin ich an der Partei gescheitert."*

Jutta Wochesländer, FPÖ
NATIONALRATSWAHL 1999

Geboren 1948 in Wiener Neustadt; Dr. phil.
Lehrerin, ORF-Sprecherin und Radio-Moderatorin (Ö1, Ö2).
Abgeordnete zum Nationalrat von 2000 bis 2002.
Derzeit ORF-Mitarbeiterin und Kommunikationstrainerin.

„Ich war nicht einmal mehr fähig,
mich zu weigern."

Er braucht einen gewissen Intelligenz-Quotienten. Er kann auch ein Bauer sein – es muss ja kein dummer Bauer sein, es kann ein gescheiter Bauer sein. Er darf auf keinen Fall introvertiert sein. Er sollte gerne mit Menschen zusammen sein, sich gerne ihrer Probleme annehmen. Aber nicht aus jedem Floh einen Elefanten machen. So einer, sagt Jutta Wochesländer, wäre der ideale Quereinsteiger.

Die promovierte Politikwissenschafterin unterrichtete am Polytechnischen Lehrgang und in Volksschulen, war viele Jahre Nachrichten-Sprecherin und Moderatorin beim ORF, vor allem im Radio, und arbeitete als Kommunikations-Trainerin. Auch für die FPÖ: *„Alle, die in der Partei etwas zu sagen haben, waren irgendwann einmal bei mir, inklusive Frau Dr. Riess-Passer, die meine Förderin war und auch Dr. Haider".* 1999 fragte man sie dann, *„ob ich nicht auch möchte."* Sie war sicher, das kann sie. Diese Überzeugung stehe jedem zu, *„sonst würden alle Menschen nur Straßenfeger werden."*

Wochesländer kandidierte in Niederösterreich, der damalige FPÖ-Landeschef Ewald Stadler bot ihr den ersten Platz auf der Landesliste an. Damit war sie zufrieden, sie brauchte eine reale Chance in den Nationalrat zu kommen, *„denn danach ist es im ORF für mich vorbei."*

Stadler versicherte ihr damals, dass sie die Kandidatur *„keinen Groschen kostet".* Das war ihr wichtig, das wollte sie vorab geklärt haben. Aber dann gab es einige Verschiebungen und *„das interne Gerangel ist blitzartig losgegangen."* Und nach der Wahl wollte man dann plötzlich doch eine „Wahlkampfspende" von ihr: 100.000 Schilling (€ 7.270). Worauf sie sich erneut an Stadler wandte und ihn erinnerte: *„Du hast zu mir gesagt, das kostet nichts. Du bist doch nicht die Putzfrau der FPÖ, sondern du bist immerhin Klubobmann. Das zahle ich nicht. Er hat gesagt: ,Nimm dir einen Kredit auf.' Und ich: ,Entschuldige, das heißt nicht, dass ich es nicht zahlen kann, sondern ich will es nicht zahlen, weil ich eine falsche Auskunft bekommen* habe. Ich kann auch ein Auto zurückgeben, wenn man mir eine falsche Auskunft gibt.'"

Das hat den Einstieg in die Politik etwas gedrückt. Und dann haben die innerparteilichen Kämpfe begonnen: *„Hinter meinem Rücken müssen die Fetzen geflogen sein und zwar speziell von der Basis her. Weil man als Quereinsteiger einfach präsentiert wird und weil die wirkliche Parteiarbeit wie sie bei den Altparteien – unmodisches Wort, aber trotzdem – bekannt ist, dass man mit Plakate kleben beginnt und das Türklinkenputzen dazugehört … das kennt man alles nicht als Quereinsteiger.“*

Auch Ewald Stadler kannte sie von den Seminaren für die Parteiakademie der FPÖ, *„wo er gemerkt hat, dass ich rhetorisch nicht auf den Mund gefallen bin. Ich glaube, was Stadler gerne tut ist, dass er der Schachspieler ist und die anderen die Figuren. Nur hat er bei mir sehr bald merken müssen, dass ich bei Gott keine Schachfigur bin.“* Aber gesagt hat man ihr nie, warum man sie als Kandidatin haben wollte. Ihre aus dem Radio bekannte Stimme, ihre sporadische Fernseh-Präsenz (*„Ich bin immer wieder hinausgeflogen.“*), ein akkurates Mundwerk und der Wunsch, die FP-Mannschaft zu erweitern – das wird es wohl alles gewesen sein, glaubt sie heute.

Jörg Haider will jedenfalls nichts mit Wochesländers Nominierung zu tun gehabt haben: „Das war ein Produkt von Peter Westenthaler. Die ist nicht auf meinem Mist gewachsen. Niederösterreich war immer ein Sorgenkind. Wahrscheinlich hat man deshalb gesagt, es wäre kein Fehler eine Niederösterreicherin zu nehmen, die auch ein bisschen über die Medien bekannt ist und zusätzlich was bringen kann.“

Für sie wäre jedenfalls keine andere Partei in Frage gekommen. Für die SPÖ – *„Gegen das Soziale habe ich nichts, aber es ist nicht ganz meines.“* – und die Grünen – *„Die sind immer so abgeschmiert, schauen alle immer ein bisschen schmuddelig aus.“* – hätte sie nicht kandidiert. Und bei der ÖVP, die denkbar gewesen wäre, gab es kein Unterkommen: *„Da drängen zu viele um den Futtertrog herum. Daher ist meine Chance gleich Nullkommanull.“*

Für die FPÖ sprach, *„dass ich viele Leute kannte, die sehr nett waren.“* Und: *„Was mich gestört hat, war die große Koalition, wo ich gesehen habe, dass wirklich so vieles den Bach hinuntergeht, wo man* *merkt, dass das Volk benachteiligt wird.*" Beruflich war sie auch frustriert. Im ORF war sie ein paar Jahre zuvor versetzt worden, zur wenig gehörten „Kurzwelle". Das habe ihr *„nicht sehr behagt".* Und aus noch einem Grund schien der Zeitpunkt ideal: *„Zehn Jahre vorher hätte man mich nicht ins Parlament nehmen können, weil ich vom Styling her so verrückt war, dass ich dort nicht hineingepasst hätte. Ich war sehr modisch. Ich war nicht nur beim ORF, ich war auch Mannequin."*

Politisch aktiv war sie dagegen nie: *„Gar nicht. Mich hat immer nur das Vergnügen interessiert."* Im turbulenten Umbruchsjahr 1968 war sie zwanzig. Viele in ihrem Alter wurden damals politisiert, durch den Vietnam-Krieg oder die Studentenbewegung. Wochesländer nicht: *„Da war ich in der Eden-Bar. Ich habe mein Leben genossen."*

1985 schloss sie trotzdem ihr Politik- und Publizistik-Studium ab. Mit der Arbeit als Trainerin kam dann auch das Interesse an der Tagespolitik. Der Wunsch mitzumischen und auch das nötige Selbstvertrauen, an dem es der Endfünfzigerin ohnehin nicht mangelt: *„Ich habe zum Beispiel Frau Minister Sickl trainiert und da bin ich draufgekommen, ich könnte auch Sozialministerin werden. Soviel wie die, weiß ich auch."*

Nach der Wahl 1999 kam Wochesländer aber vorerst doch nicht ins Parlament – die FPÖ hatte zu hoch gewonnen. Erstmals entschied die Partei ganze Wahlkreise für sich, für die Landesliste blieben aber kaum „Reststimmen" über. Die ORF-Mitarbeiterin musste ein knappes Jahr warten, bis doch noch ein Parlamentssitz für sie frei wurde, weil ein anderer Niederösterreicher zurücktrat. Aber Stadler drängte sie, auf das Mandat zu verzichten – für einen anderen Kandidaten. Sie weigerte sich und wurde schließlich angelobt. Drei Tage später landete ein Brief der Partei im Postkasten – die vereinbarte „Wahlkampfspende" wäre nun fällig. *„Ich habe einen Brief zurück geschrieben, der sich gewaschen hat. Ich habe gesagt: ‚Ich zahle das auf keinen Fall, das hat mir vorher keiner gesagt.' Dass ich 100.000 Schilling bezahlen soll, damit ich arbeiten darf. Ich habe das nicht als Karriere gesehen, sondern als Arbeit empfunden. Niemals in meinem Leben habe ich so viele Akten studiert wie in der Zeit im Parlament. Ich habe eine Brille gebraucht, als ich ins Parlament kam* *um das ganze Kleingedruckte zu lesen. Ich bin wirklich nächtelang gesessen."* Mit dem Bestehen auf ihrem Mandat zog sie sich endgültig die Feindschaft ihres einstigen Mentors Stadler zu: *„Der hasst mich wie die Pest. Er ist aber immer gleich freundlich, das ist klar. Mir ist er egal, für mich ist er jemand, um den ich einen Bogen mache und eigentlich keinen Kontakt will. Gewisse Sachen, wie zum Beispiel das, was man jetzt merkt, diese Rechtsradikalität, die habe ich damals nicht erkannt. Ich sehe Stadler aber sehr wohl als Rechtsradikalen. Und das ist eine Sache, mit der ich nichts zu tun haben möchte."* Für den Start in die Politik war ein derart mächtiger Feind aber nicht gerade hilfreich: *„Es gab Leute, die gesagt haben: ‚Ich gratuliere dir für deinen Starrsinn, aber leicht wirst du's nicht haben'. Ich bin zwischen den Fronten wie ein Spielball drinnen gesessen. Es war sehr schön."*

Nach zwei Monaten hielt sie im Parlament ihre erste Rede. Die hat sie *„so goschert"* in Erinnerung, dass man sogar in der Parlamentskantine darüber geredet hätte. Aber nach diesem Auftritt wäre es plötzlich schwer geworden, wieder auf einen vorderen Platz der Rednerliste zu kommen: *„[Klubobmann] Westenthaler hat gemerkt, da kommt jemand, der ist mindestens so gut im Mundwerk wie er. Da sind dann Leute drangekommen, denen man Reden geschrieben hat, die sie dann gut runterlesen konnten."*

Auch sonst waren die Profilierungsmöglichkeiten für den selbstbewussten Neuling begrenzt. Die FPÖ hatte nach ihrem Wahlsieg plötzlich über fünfzig Abgeordnete, so viele wie nie zuvor: *„Da hat man die Hinterbänklerei sehr zu spüren bekommen. Man hatte keine Chance, Bereichssprecher zu werden, wo man ein bisschen mehr durchsetzen kann. Irgendwie habe ich das Gefühl gehabt: Hinterbänkler, wenn der vor dir aufsteht [zur Abstimmung], stehst du mit auf, wenn sich die niedersetzen, dann setzt man sich auch nieder. Es hat Tage gegeben, an denen ich sehr verzagt war, weil ich gesagt habe: ‚Immer auf und nieder – meine einzige Gymnastik in dem Haus'. Dass ich nach einem Plenumstag hinaus gegangen wäre mit dem Gefühl, wirklich etwas geleistet zu haben, das hat mir gefehlt."*

Als einfache Abgeordnete, ohne Funktion, könne man im Parlament nicht viel bewegen. Eher noch im Wahlkreis, aber den haben Quereinsteiger selten. Und Wochesländer hat sich auch nicht sehr um ihren Heimatbezirk bemüht: *„Bei einem meiner Auftritte ist*

146

ein Funktionär gekommen: ‚Hören Sie, Sie sind von Stadler gemacht worden, wir wollen Sie nicht.' Worauf ich gesagt habe: ‚Wissen Sie, lieben müssen Sie mich nicht, Sie müssen mich nur respektieren, das genügt mir.' Und als er es noch nicht verstanden hat, habe ich gesagt: ‚Wissen Sie, meine Mutter musste schwer arbeiten, damit mein Bruder und ich studieren konnten und sie hat mich studieren lassen, damit ich mich mit Leuten wie Ihnen nicht abgeben muss.'"

Für die Verankerung in der Partei war das nicht so hilfreich.

Auch bei den Abstimmungen im Plenum wollte sie sich nicht verbiegen lassen. „Wenn es mir ganz gegen den Strich gegangen ist, dann bin ich hinausgegangen. Ich kann es nicht beziffern. Sie stimmen oft in einer Sitzung über so viele Gesetze ab, die noch dazu im Bündel sind. Da kommt ein Gesetzesblatt heraus, da sind siebzig Materien drinnen und dann stehen Sie siebzig Mal auf oder bleiben einfach sitzen. Das können Sie oft gar nicht mehr überblicken." Gegen die Parteilinie hat sie trotzdem nie gestimmt: „Zu feig." Warum, was wäre passiert? „Passiert wäre wahrscheinlich nichts. Aber ich war teilweise schon so frustriert, dass ich nicht einmal mehr fähig war, mich zu weigern."

An die Parteipolitik konnte sie sich bis zum Schluss nicht gewöhnen. Dass Vorschläge der anderen Parteien grundsätzlich abgelehnt werden: „Nein, das machen wir nicht, weil das ist nicht von uns. Sondern das machen wir erst in einem halben Jahr, das wird vertagt, weil dann können WIR das machen. Die denken nur in Parteilinien. Das kann der Quereinsteiger nicht, weil der Quereinsteiger hat keine Parteilinie in sich."

Und trotzdem hat ihr „der Job gefallen". Es sei halt schwierig gewesen, sich als newcomerin durchzusetzen. Nach der Wahl von 2002, bei der die FPÖ zwei Drittel ihrer Mandate verloren hat, wäre es wahrscheinlich leichter gewesen, meint sie. Unter 18 Abgeordneten könnte man sich leichter profilieren als unter 52. Allerdings wurde sie 2002, nach dem Koalitionsbruch, nicht mehr aufgestellt – obwohl sie damals der Partei beigetreten ist. Ausdrücklich nach Knittelfeld und in die FPÖ Kärnten. Als Signal. Aber niemand hat sie mehr gefragt und angetragen hat sie sich auch nicht: „Ich war für die Leute verschollen." Auch für die Öffentlichkeit: „Mir ist es immer so vorgekommen, dass die Kamera, die im Parlament steht und geschwenkt wird, immer vor mir angehalten hat. Ich bin über-

haupt nicht aufgeschienen". Außer einmal, als das „Profil" eine alte Geschichte über sie ausgegraben hatte, über ein Disziplinarverfahren als angebliche „Prügel-Lehrerin". Was sie auch heute noch empört bestreitet.

Quereinsteiger hätten es jedenfalls schwer in der Politik, ist sie nach ihren Erfahrungen überzeugt. In allen Parteien und in allen wichtigen Funktionen. Am leichtesten wäre es wahrscheinlich noch in der Gemeindepolitik: *„Das ist eine Sache, die lokal überschaubar ist. Nur ist sie wahrscheinlich für jeden Quereinsteiger zu wenig reizvoll. Wenn sich der Quereinsteiger die Zeit nehmen würde, einmal über die Gemeindepolitik einzusteigen, dort auf kleiner Ebene das kennen zu lernen und sich dann hinauf dient ... dann ist er kein Quereinsteiger mehr. Damit beginnt es. Aber die Quereinsteiger auf hoher Ebene werden immer im Nachteil sein."*

Und sie selbst? Wie erfolgreich war sie? *„Vielleicht bin ich ein Versager. Ich habe mich im ORF nicht durchgesetzt und auch im Parlament nicht."*

Elmar Lichtenegger, FPÖ
NATIONALRATSWAHL 2002

Geboren 1974 in Klagenfurt.
Hürdenläufer (mehrfacher Staatsmeister, 2001 Militärweltmeister, 2002 Vize-Europameister).
Abgeordneter zum Nationalrat von 2002 bis 2005 und wieder seit 2006.
Nach einer Doping-Sperre wieder aktiver Leichtathlet.

„Die würden dem Klubobmann die Schuhe putzen."

Es war heiß, damals. Sehr heiß, im August 2003. Also warum dann nicht die Hüllen fallen lassen? Elmar Lichtenegger, Leichtathlet und zu diesem Zeitpunkt gerade mal fünf Monate in der Politik, ließ sich ablichten wie der Sport ihn schuf: muskulös, durchtrainiert und nackt. Das Foto veröffentlichte der Profisportler und FPÖ-Quereinsteiger auf seiner „official website" www.el110.at, wo es gemeinsam mit einer Reihe anderer Nacktaufnahmen (auch im Clinch mit einer barbusigen Schönheit) bis heute zu bewundern ist. „Cool und nicht vulgär", fand das Hürden-Ass die Fotos. Und wäre er damals nicht – mit Anzug und Krawatte – im Parlament gesessen, kein Gockel hätte danach gekräht.

Etwa ein Jahr zuvor – die FPÖ war nach dem „Putsch von Knittelfeld" ein wenig im Imagetief und suchte verzweifelt nach populären Kandidaten für die vorgezogene Nationalratswahl – war der Vize-Europameister angeworben worden. Es war eine der wenigen Taten von Mathias Reichhold in seinen 40 Tagen als Parteichef. Man kannte sich aus Kärnten, auch freundschaftlich. Zwei Männer, eine simple Frage: *„Er hat mich gefragt, ob ich Nationalrat werden will. Das war schlicht und einfach mein Zugang zur Politik."*

Einen Monat Zeit zum Nachdenken gab Reichhold seinem Schützling noch – dann war der Deal im Oktober 2002 perfekt.

Ja, es gab vorher auch schon Angebote wie: *„,Willst uns nicht ein bisschen helfen?' oder ,Möchtest nicht da auf ein Plakat drauf' und so was. Das hat mich nicht interessiert."*

Mathias Reichhold gab Lichtenegger nicht wirklich eine Begründung. *„Er hat mir gesagt, dass ich an mich denken muss, an meine Zukunft. Ich kann da, wenn ich will, sehr viel einbringen. Wobei den eigentlichen Grund hat er mir nicht genannt, den habe ich schon gewusst: Die FPÖ war einfach in einer schwierigen Lage und ist vor einer schwierigen Wahl gestanden und da haben sie probiert, einfach sämtliche Ressourcen anzuzapfen, die möglicherweise diesen schon vorhergesagten Absturz noch aufhalten können."*

Stimmt: „Er war einer der sportlichen Stars in Kärnten", sagt sein Landeshauptmann Haider. Und was spricht dafür, einen Sport-Star ohne politische Erfahrung in den Nationalrat zu schicken? „Vielleicht gerade sein unpolitischer Zugang zur Politik. Dass er eher an der Sache interessiert ist und den Versuch macht, für die Jugend ein neues Image als Politiker zu prägen. Einem Spitzensportler, der in der Politik auftritt, hört man leichter zu, dem glaubt man leichter, da kann man vieles besser transportieren."

Kein einziger Freund oder Bekannter habe ihm damals abgeraten, erinnert sich Lichtenegger heute. Dabei hoffte er insgeheim, dass irgendjemand sagt: *„'Elmar, mach das nicht!' Aber es war nicht so – eigenartigerweise. Das war für mich schon ein großer Grund, nicht skeptisch zu sein."* Obwohl er sich vorher mit Politik *„nicht wirklich beschäftigt"* hat. Interessiert hatte ihn das Thema erstmals in der siebten Klasse Gymnasium, im Fach „Politische Bildung". Aber: *„Politisiert – das Wort passt, glaube ich, nicht zu mir. Das würde ich auch so nicht stehen lassen wollen. Als ich in den Nationalrat gekommen bin, habe ich versucht, zu vermitteln, dass ich kein Politiker sein will, der Politik der Politik wegen machen will, sondern ich will konstruktiv arbeiten und wenn man dieses konstruktive Arbeiten in einem demokratischen System als Politik sehen will, dann soll es das sein."*

Und so saß Elmar Lichtenegger im März 2003, gerade mal 28 Jahre jung, im Nationalrat. Ganz hindernisfrei war der Weg dorthin nicht gewesen. Das schwache Wahlergebnis der FPÖ hatte nicht gleich gereicht – der Profi-Sportler konnte im Parlament erst starten, als Herbert Haupt nach langen Koalitionsverhandlungen wieder Minister wurde und sein Abgeordneten-Mandat freigab. Seinem Zivilberuf sprintete Lichtenegger weiterhin nach, aber auch die Politik entpuppte sich schnell als Hürdenlauf: *„Dass das schlussendlich nicht so einfach ist, habe ich dann gemerkt. Weil die eigenen Ideen sind zwar vielleicht nicht schlecht, logischerweise. Aber dann bemerkt man, dass es noch mindestens 182 andere Leute gibt, die vielleicht nicht dieser Meinung sind. Dann lernt man zumindest einmal, dass es nicht so einfach ist, sich mit anderen Leuten zu arrangieren. Man merkt, man muss oft Entscheidungen mittragen, die man persönlich vielleicht nicht so treffen würde."*

152

Der Einzelkämpfer, der sein Leben lang gegen andere gelaufen war, musste zum Teamspieler werden. Anfangs wollte er die Politik noch als *„quasi Ausgleich zum Sport"* sehen: *„Der Sport und die Nationalratstätigkeit sollen sich von der Energie gegenseitig aufheben bzw. ergänzen."* Und inhaltlich gab es sowieso viele Berührungspunkte: *„Weil ich immer jemand war, der gerade für meinen Bereich, für Sport und Jugend, den verschiedenen Institutionen in Österreich kritisch gegenüber gestanden ist. Und dafür auch meine Rügen wieder bekommen habe. Und das war Ansporn genug für mich, dass ich sagen kann, jetzt habe ich die Chance, vielleicht in eine Position zu kommen, wo es mir leichter fällt, irgendwas zu ändern oder mitzuhelfen, den österreichischen Sport auf neue Wege hinzuweisen."*

Sacharbeit – das war das, was ihn an der Politik interessierte. Etwas weiterzubringen, jedenfalls nicht der *„politische Kleinkram, weil das kostet unendlich viel Energie und führt schlussendlich zu nichts. Diese tagespolitischen Themen, wo es immer darum geht, der eine hat das gesagt, der andere hat das gesagt … Wo man versucht, kleine interne oder externe Machtkämpfe medial auszutragen. Das ist nicht das, was mich interessiert."*

Deshalb war er zuerst mal auch so richtig enttäuscht vom Parlament: *„Dieses ehrenwerte Haus, das man sonst nur von außen kennt, das verblasst relativ schnell. Weil man merkt, dass es in Wahrheit schrecklich zugeht drinnen. Also teilweise war es wirklich erschreckend für mich, diese politische Diskussion, die da im Parlament stattfindet. Bei den Plenarsitzungen, das ist in Wahrheit nur mehr für die Show. Das hat keinen Effekt mehr. Die Diskussionskultur habe ich schon in manchem Wirtshaus besser erlebt."* In den Vorgesprächen, in den Ausschüssen und verschiedenen Arbeitsgruppen – da sei es besser. Da werde sehr konstruktiv gearbeitet. Aber trotzdem: *„Man verliert relativ schnell diese anfängliche Ehrfurcht."*

Nach einem halben Jahr in der Politik machte Elmar Lichtenegger zum ersten Mal richtig auf sich aufmerksam, allerdings nicht mit einer originellen Gesetzesinitiative sondern mit einem positiven Dopingtest. „Ich habe nie etwas Unerlaubtes genommen", beteuerte der Leichtathlet – das verbotene Steroid müsse aus einem „verunreinigten Nahrungsergänzungsmittel" stammen. Als der Skandal ruchbar wurde, rechnete er für seine politische Karriere mit dem

Schlimmsten: *„Ich habe gedacht, das wird jetzt ein Massaker werden hier im Haus. Aber überhaupt nicht. Es hat vielleicht – so im leisen Hintertürl – ein paar politische Funktionäre gegeben, die aber nicht in dem Haus sind, die gesagt haben, ‚Naja, schaut's der Lichtenegger.' Aber hier im Haus hat es eigentlich sehr viel Solidarität gegeben und das hat mich auch positiv überrascht, wenn man so will."* Die Zeitungen schrieben: „Lichtenegger droht nach einer positiven Dopingprobe das Karriereende" – und irrten. Er nahm die Hürde. Und durfte bleiben. Parteikollege Karl Schweitzer – immerhin Staatssekretär für Sport – erklärte großzügig: „Lichtenegger hat ja schließlich kein Haschisch konsumiert." Die zuständigen Sportgremien nahmen es weniger gelassen. Die ursprüngliche Sperre des österreichischen Leichtathletikverbandes von sechs Monaten wurde vom Internationalen Sportgerichtshof auf 15 Monate hinauf gesetzt. Der geplante Olympia-Start in Athen fiel ins Wasser. Und Lichtenegger lernte einen Unterschied zwischen seinen beiden Berufen kennen: *„Die Sportjournalisten haben prinzipiell – ich will jetzt einmal ganz Schwarz-Weiß malen – Gutes im Sinn. Weil der Sport ist immer irgendwo was Positives. Während der Politikjournalist versucht natürlich – auch im Hinterkopf immer die Verkaufszahlen – sich immer etwas kritisch zu stellen, zu hinterfragen. Irgendwelche Skandale und sonstige G'schichtln lassen sich natürlich wesentlich leichter verkaufen. Und da wird in Wahrheit vielleicht gar nicht richtig recherchiert."*

Durch die Präsenz als bekannter Sportler war er gewöhnt, in der Öffentlichkeit zu stehen: *„Natürlich war man aufgeregt, z. B. wenn man die erste Rede im Parlament hält. Aber das war nicht wirklich eine große Sache. Man lernt auch, und weiß auch um die Wichtigkeit der medialen Präsenz. Ich weiß genau aus meinem Sport, dass ich in Wahrheit von der Öffentlichkeit lebe, weil das interessiert normalerweise keinen Menschen, ob der Lichtenegger da über die Hürden rennt und schneller ist als die anderen oder nicht. Sondern das Ganze muss eben ein öffentliches Spektakel werden. Die Politik ist für mich nichts anderes als ein großes Werbespiel. Wer es besser versteht, seine Dinge zu verkaufen, der wird schlussendlich Erfolg haben."*

Diese Routine im Umgang mit der Öffentlichkeit sieht er als eine seiner Stärken gegenüber den Berufspolitikern im Parlament. Aber diese hätten natürlich auch Vorteile: *„Die haben dieses Feinwerkzeug,* die haben natürlich auch eine ganz andere Raffinesse als jemand, der aus einem anderen Beruf kommt und in die Politik geschickt wird, um dort Politik zu machen. Dem wird man wahrscheinlich nicht so schnell das Wasser reichen können." Aber das Grundhandwerk, das könne man in vier, fünf Monaten schon lernen. Und ziemlich schnell hat er bemerkt, *„dass die anderen – wie man so schön sagt – auch nur mit Wasser kochen."*

Schwierig fand er vor allem, dass alles so langsam ging in der Politik, dass die Mühlen des Gesetzes so langsam liefen. Kein Wunder bei einem Sprinter.

Rasch abgefunden hat er sich dagegen mit dem Klubzwang. Man müsse in einem Team eben Kompromisse eingehen – dafür gibt es dann „Bonuspunkte" in einem anderen Bereich. Und Loyalität ist ihm auch wichtig: *„Ein paar Dinge waren schon so, dass man sagt ‚mitgehangen – mitgefangen'."*

Eigentlich sieht er sich ja als unabhängigen, kritischen Geist: *„Ich bin vielleicht nicht immer ganz der Linientreue. Und ich bin auch nach wie vor immer der Kritiker hier im Haus. Ich nehme mir kein Blatt vor den Mund, wenn mir etwas nicht passt. Und wenn ich sage, ich glaube, das ist nicht richtig, dann versuche ich das auch mit Vehemenz zum Ausdruck zu bringen."* Von Anfang an, habe er klargemacht, dass nicht er etwas von der FPÖ wollte, sondern dass die FPÖ auf ihn zugekommen sei. Und das verschaffe ihm auch eine gewisse Freiheit: *„Die wissen genau, dass ich nicht angewiesen bin auf den Job. Es gibt genug andere, die sonst nichts anderes haben und die würden wahrscheinlich alles dafür tun – sogar dem [Klubobmann] Herbert Scheibner die Schuhe putzen, überspitzt gesagt – und das ist bei mir eben nicht der Fall. Man merkt sogar intern bei Klubbesprechungen, dass es Leute gibt, die gerne möchten, aber einfach gehemmt sind, verschiedene Dinge zu sagen. Die sind lieber ruhig oder sagen lieber: ‚Jawohl, lieber Herbert, du hast völlig recht und dann beim Kaffee sagen sie dir komplett etwas anderes."*

Auf diese Unabhängigkeit ist Lichtenegger stolz, gleichzeitig sei sie aber wohl auch seine Schwäche als Politiker: *„Ich bin vielleicht am Ende des Tages zu wenig Parteipolitiker. Einfach aus ideologischen Gründen, aus Interessensgründen."*

In einer Partei beschert einem das nicht nur Freunde – und vor allem keine Lobbies. Das kann sich rächen, wenn es eng wird. Als FPÖ-Vizekanzler Herbert Haupt Anfang 2005 aus der Regierung ausschied, wollte er zurück in den Nationalrat. Durch die Regierungsumbildung war ohnehin ein Kärntner Mandat frei geworden, aber Haupt forderte sein Mandat auf der Bundesliste zurück, auf das zwei Jahre zuvor Lichtenegger nachgerückt war. Der Sportler wurde vorzeitig ausgewechselt.

„Wenn jemand sein Mandat zurück erhält, hat man nicht mehr viel Entscheidungsraum.", meint der Kurzzeit-Abgeordnete dazu knapp: *„Ich wäre gerne im Parlament geblieben."* In einem E-Mail zieht er Bilanz über seine kurze politische Laufbahn: *„Schlussendlich kann ich sehr positiv auf die Zeit im Parlament zurückblicken, weil doch einige Dinge gelungen sind. Auch wenn man es nicht immer sieht. ;-)"* Und ergänzt noch: *„Ich würde das Angebot in der Politik zu arbeiten auf jeden Fall wieder annehmen."*

Ein Jahr später war es wieder so weit: Herbert Haupt wurde Behinderten-Ombudsmann und legte sein Parlamentsmandat neuerlich zurück – Lichtenegger war wieder im Rennen, zumindest die wenigen Monate bis zur nächsten Wahl. Allerdings schien er es selbst nicht mehr allzu wichtig zu nehmen. Nach der Dopingsperre lief er jetzt wieder, gewann auch einige Titel und auf seiner – sonst stets aktuellen – Homepage mit den offenherzigen Fotos war im März 2006, zwei Monate nach der neuen Angelobung, im Lebenslauf verzeichnet: „Abg. zum Nationalrat. März 2003 bis Feber 2005".

Der zweite Start als Politiker war offenbar keine Erwähnung mehr wert.

Josef Broukal, SPÖ
NATIONALRATSWAHL 2002

Geboren 1946 in Wien.
Journalist und TV-Moderator („Zeit im Bild", „Modern Times", ATV).
Abgeordneter zum Nationalrat seit 2002. SPÖ-Wissenschaftssprecher
und stv. Klubobmann.

„Die ZiB war dagegen ein Lercherl."

Er saß mit einer Gelassenheit und Routine im Studio, als wäre es eine „ZiB 1" wie jede andere auch. Dabei war sie das ganz und gar nicht. Erstens hatte Broukal an diesem Abend Premiere – nach 15 Jahren Doppelmoderation ging die zuschauerstärkste ORF-Nachrichtensendung erstmals wieder mit einem Solo-Präsentator auf Sendung. Er hatte sich den prestigereichen Auftritt schon Wochen vorher ausbedungen. Und zweitens sollte diese Premiere auch eine Abschiedsvorstellung werden: Der Nachrichtenmann mit Beliebtheitswerten von denen fast jeder Politiker nur träumen kann, war sich seit wenigen Stunden mit der SPÖ handelseins. Am nächsten Morgen würde er bereits Schulter an Schulter mit dem Parteivorsitzenden Alfred Gusenbauer über seine politischen Visionen sprechen.

An jenem Abend, es war Montag, der 14. Oktober 2002, hatte Josef Broukal einen Studiogast, den ORF-Außenpolitiker Eugen Freund. Der schilderte später dem „Format" die Skurrilität der Situation: „Broukal zählte während der Beiträge immer ‚Vierte Moderation!', ‚Dritte Moderation!', ‚Zweite Moderation…'" Nach der Sendung nahmen die beiden Journalisten dasselbe Taxi und Broukal lüftete das Geheimnis, mit der Auflage bis zum nächsten Tag dichtzuhalten.

Das Broukal'sche Geheimprojekt brachte nicht nur die gesamte Planung der neu gestalteten „ZiB 1" durcheinander – der ORF hatte für die Programmreform Werbe-Folder gedruckt und eine aufwändige Inseratenkampagne gebucht – sondern erforderte auch eine Neukonzeption der Wahlberichterstattung. Vor seiner letzten „ZiB" war der Moderator nämlich noch mit Chefredakteur Werner Mück zusammengesessen, für eine „virtuelle Debatte" über den Ablauf des Wahlsonntags. Josef Broukal hätte – wie schon seit Jahren – durch den Wahlabend führen sollen.

Am Tag darauf, Dienstag, 15. Oktober 2002, 11 Uhr, begann für den 56jährigen Journalisten ein neues Leben. Es waren noch 40 Tage bis zur Nationalratswahl.

Im Presseclub Concordia lobte ein sichtlich triumphierender Alfred Gusenbauer seinen spürbar aufgeregten Kandidaten als „politische Persönlichkeit" und „couragierten Citoyen". ORF-Chefin Monika Lindner erfuhr die berufliche Neuorientierung ihres Star-Moderators zur selben Zeit aus den Ö3-Nachrichten. Broukal hatte mehrmals versucht sie an diesem Vormittag zu erreichen, sie war in Terminen.

Da saß er nun, der „Seitenwechsler" und verkündete, als wollte er sich selbst überzeugen: „Unter Gusenbauer ist die SPÖ zu einer neuen, glaubwürdigen Partei geworden, mit der ich eine echte Zukunftsperspektive sehe." Siebzehn Jahre zuvor hatte Broukal genau mit dieser Partei gebrochen. Aus Protest gegen das Schweigen der SPÖ-Spitze zum Handschlag des freiheitlichen Ministers Frischenschlager mit dem NS-Kriegsverbrecher Walter Reder hatte er 1985, nach fast einem Vierteljahrhundert Parteimitgliedschaft, aufgehört, seine Beiträge einzuzahlen. Jetzt trat er wieder bei: in der Linzer SP-Sektion Keferfeld-Oed. Der Journalist lebt zwar in einer Wiener Schrebergarten-Siedlung und zeitweise in Alt Aussee, aber er ist auch bekannt sparsam. Die SP-Oberösterreich hat keine Parteisteuer.

Josef Broukal hat sich – trotz mehrfacher Anfrage, persönlich und in einigen Mails – als einziger der in diesem Buch porträtieren Quereinsteiger geweigert, über seinen Wechsel in die Politik zu sprechen: „Ich interpretiere mich als Politiker lieber selbst", ließ er in einem kurzen E-mail wissen. Sämtliche Zitate stammen daher aus Interviews, die er in den letzten dreieinhalb Jahren gegeben hat.*

Das allererste bereits am Tag seiner Präsentation: Er habe Herzklopfen „wie wenn ich frisch verliebt wäre". Und: „Man geht durch eine Tür und ist wo, wo man noch nie gewesen ist. Es ist kein Schritt in eine fremde Landschaft, aber man sieht sie anders."

---

* Alle nicht weiter bezeichneten Zitate sind mehreren großen Interviews Broukals mit der Zeitschrift „News" in den Jahren 2002 bis 2005 entnommen.
SPÖ-Chef Gusenbauer und der ehemalige SP-Bundesgeschäftsführer Rudas wurden im Spätsommer 2004 für dieses Buch interviewt. Ihre Zitate stammen aus diesen Gesprächen.

Die Landschaft war ihm auch deshalb nicht fremd, weil Broukal bereits einmal für die SPÖ gearbeitet hatte, von 1972 bis 1974 als Pressesekretär der Landespartei in Niederösterreich. Zuvor hatte er Sozialgeschichte und Anglistik studiert, als Lektor gewerkt und für die „Austria Wochenschau" Beiträge gestaltet. Von der SPÖ wechselte Broukal dann in den ORF, wo er in den folgenden dreißig Jahren durch das halbe Unternehmen wanderte: Redakteur im Studio Niederösterreich, Chefredakteur in Wien, Chef vom Dienst in der Zentrale, dann abwechselnd mit Robert Hochner „ZiB 2"-Moderator, schließlich die „ZiB 1" als Anchor und Sendungschef. Ab 1995 präsentierte der Technik-Freak auch noch „Modern Times".

Und genau die sollten jetzt für die SPÖ anbrechen. Am Nachmittag nach der Pressekonferenz mit Gusenbauer zog Broukal aus seinem ORF-Büro aus – und in den roten Wahlcontainer ein.

Die ersten Tage als Politiker beschrieb er in einem Wahlkampf-Tagebuch für „News": „17. Oktober: Interviews, Interviews … Die ‚Presse' vermutet, ich hätte schon seit Monaten daran gearbeitet, den ORF mit Pomp und Trara nach der „ZiB"-Reform zu verlassen. Jedem seine Paranoia!"

Tatsächlich war Broukal mit Alfred Gusenbauer bis zum Freitag davor bloß ein, zwei Mal beim Kaffee gesessen. Man grüßte einander freundlich, kannte sich aber nicht näher. Am 11. Oktober war Broukal dann in Gusenbauers Altbau-Wohnung im 7. Wiener Bezirk zu Gast. Der SP-Chef hatte einen gemeinsamen Bekannten „vorfühlen lassen", jetzt brühte er frischen Mokka, hielt sich nicht lange mit Small Talk auf und wurde konkret: Broukal sollte an wählbarer Stelle für den Nationalrat kandidieren, für's Erste als Parteisprecher, später dann – falls die SPÖ in die Regierung käme – als Minister für Wissenschaft, Technologie und Innovation fungieren. Gusenbauers Motiv: „Ich war der Auffassung, dass er etwas in die Politik einbringen kann, das enorm wichtig ist, nämlich sehr komplexe Sachverhalte auch in einfachen Worten formulieren zu können und sozusagen massenkommunikativ zu machen. Und dass jemand, der jeden Tag in der Hauptnachrichtensendung am Bildschirm ist, einfach bei den Menschen eine natürliche Glaubwürdigkeit hat. Das ist natürlich ein enormes *asset* für eine Wahlauseinandersetzung. Es gibt keinen Politiker, der so oft über den Bildschirm kommt, wie der „ZiB 1"-Moderator."

Für Broukal kam das Angebot an einem interessanten Punkt seiner Karriere – scheinbar am Zenit. Als Moderator war er unbestritten die Nummer 1 des ORF und ein Sondervertrag erlaubte ihm unbeschränkte Nebentätigkeiten. Mit Vorträgen, Event-Moderationen und Zeitungsartikeln verdiente er ein Mehrfaches seiner ORF-Gage nebenbei. Aber alle hierarchischen Ambitionen hatte der selbstbewusste und ehrgeizige Star-Journalist unter den neuen Vorgesetzten Lindner und Mück aufgeben müssen. Er bat Gusenbauer um zwei Tage Bedenkzeit, vier Stunden vor seinem letzten ZiB-Auftritt sagte er zu: „Irgendwann kommt der Moment, wo man sagt: Das Hin und Her hat keinen Sinn: hinein! Mao Tse-tung sagt: Um das Wesen einer Birne zu begreifen, muss man in sie hineinbeissen."

Bei zwei früheren Anträgen hatte er noch nicht angebissen: Viktor Klima wollte ihn als Kommunikations-Chef und 1998 die Regierung als Sonder-Beauftragten für den Milleniumswechsel, bei dem ein globaler Computercrash befürchtet wurde. Aber der ORF genehmigte keine Karenzierung, Broukal lehnte ab. Gewählt habe er in dieser Zeit das Liberale Forum, verriet er 2002 der „Presse": „Mir hat Heide Schmidt imponiert."

Auch jetzt hätte er sich mit dem ORF gerne auf eine Karenz-Lösung geeinigt, mit einem Rückkehrrecht in eine führende Funktion der hausinternen EDV. Daraus wurde nichts. Generalin Lindner damals via „News": „Broukal hat sein Recht als Staatsbürger in Anspruch genommen. Er wird wohl wissen, worauf er sich da einläßt. Für uns kam das überraschend und ist schmerzlich." Und natürlich durfte er auch am Wahlabend nicht moderieren. Dabei, versprach er damals scherzhalber, „würde ich das mit steinerner Miene zu tun".

Diese war ihm des Öfteren abgegangen. Nach der Wiener Landtagswahl 1991 etwa fuhr der Moderator live auf Sendung FPÖ-Chef Jörg Haider an: „Vielleicht sollten Sie noch wissen: Ich gehe seit einem Jahr im 6. Bezirk spazieren. Seit Ihre Wahlkampagne begonnen hat, steht dort auf jeder Parkbank ‚Ausländer raus' und auf einigen das Hakenkreuz. Herzlichen Dank!" (Später verglich man sich bei Gericht.) 1997 wurde Broukal nach einem Interview mit dem damaligen Kärntner Wirtschaftsreferenten Karl-Heinz Grasser vom „Report" abgezogen. Die Dauer-Attacken der FPÖ trug er wie Orden und spottete, er nehme die freiheitlichen Kommentare „zur Kenntnis wie das Wetter". Aber auch intern sorgten seine Ausritte für Kritik. Im „Format" nannte ihn ein hochrangiger Kollege eine „großjournalistische Primadonna mit privatanarchischer Veranlagung". Selbst mit SP-nahen Kollegen und Vorgesetzten kam er übers Kreuz. Nachdem er erfahren hatte, man plane wieder mal seine Absetzung als Moderator, soll er schnurstracks zum damaligen ORF-Generalsekretär Andreas Rudas gelaufen sein und gemeint haben: „Wenn ihr dort einen dressierten Affen haben wollt, sagt mir das." Rudas soll nüchtern gekontert haben: „Du wirst dich wundern, aber wir wollen dort einen dressierten Affen."

Die beiden Herren verbindet eine innige Feindschaft. „Ich habe einen so verqueren Menschen wie ihn überhaupt noch nie erlebt", sagt der spätere SP-Wahlkampfleiter Rudas. Aber auch: „Man muss dazu sagen, dass er der SPÖ sicher etwas bringt."

Für Meinungsforscher Wolfgang Bachmayer war Gusenbauers Schachzug im Wahlkampf 2002 eine „starke Ansage, weil dieser Kandidat nie einen Hehl aus seiner Haltung gemacht hat und das schärfste politische Profil aller bisherigen Umsteiger aus dem ORF in die Politik hatte". Die ersten Umfragen gaben ihm recht. 72 Prozent der Wähler sahen die Kandidatur des Fernseh-Stars für die SPÖ „sehr positiv" oder „eher positiv". Erstmals im Laufe des Wahlkampfs konnten die Sozialdemokraten die ÖVP überholen. Aber der „Broukal"-Effekt, von dem die Demoskopen später sprachen, hielt nur wenige Tage.

Am 24. November triumphierte die ÖVP, die mit der Überraschungs-Kandidatur von Karl-Heinz-Grasser *den* Wahl-Coup gelandet hatte. Der SPÖ-Kandidat Broukal stöhnte schon einige Tage vor dem schwarzen Wahlabend, enttäuscht und erledigt vom Wahlkampf: „Die ZiB war dagegen ein Lercherl."

Alfred Gusenbauer ist sich heute sicher, dass „Peppi Broukal für die Dynamik in der Wahlauseinandersetzung etwas gebracht hat." Aus dem Ministeramt wurde trotzdem nichts – die Neuauflage von Schwarz-Blau zwang die SPÖ wieder auf die Oppositionsbänke, der prominente Jung-Abgeordnete bekam einen Sitzplatz in der vorletzten Reihe.

Aber seine Entscheidung bereute er nicht: „Ich habe immer gewusst, das ist eine Türe, die nur auf einer Seite einen Türgriff hat, auf der anderen Seite einen Knopf. Der Wahlkampf war ja ganz lustig. Aber jetzt kommen die Mühen der Ebene. So glamourös wie der Job eines TV-Moderators ist der eines Abgeordneten nicht."

Innerhalb der Partei gab es nicht nur rosarote Kommentare: „Wenn du neu bist, fängst du als Junger an, egal wie alt du bist. Und der Josef hüpft mit der ganzen Naivität des Neuen hinein", kommentierte Caspar Einem damals den Elan des Einsteigers.

Die Naivität sollte sich rächen. Der öffentlichkeitswirksame Star könnte doch Bundesgeschäftsführer werden, wünschten sich einige in der Partei – Broukal hätte wohl nicht Nein gesagt, aber Parteichef Gusenbauer beharrte auf seiner Vertrauten Doris Bures und die wehrte sich mit Händen und Füßen gegen die Konkurrenz im Haus. Dann wurde der Medienprofi als neuer SP-Kommunikations-Chef gehandelt. Wochenlang. Er schrieb Konzepte. Viele Seiten. Aber auch daraus wurde nichts. Seine öffentlichen Kommentare, wonach die SPÖ-Führung Auftritte „vergurkt" habe, waren für die Beförderung wohl auch nicht hilfreich gewesen. Aber Broukal hatte im „Format" eine andere Erklärung: „Das Entscheidende ist nicht, was ich will, sondern was die wichtigen Leute in der SPÖ wollen. Und die wollten mich nicht in einer sichtbaren Rolle. Man kann das auch nicht von ihnen verlangen. Sie sagen sich, wenn der Broukal verstärkt in der Öffentlichkeit erscheint, dann geht das auf Kosten meiner öffentlichen Auftritte. Das muss ich akzeptieren." Er beendete die „Hängepartie" schließlich von sich aus und unterschrieb einen Vertrag für eine neue Wissenschaftssendung beim Privat-Sender ATVplus. Beleidigt stichelte er gegen den Parteivorsitzenden, einen bekennenden Weinliebhaber: „Otto Bauer hat gesagt: ‚Der denkende Arbeiter trinkt nicht, der trinkende Arbeiter denkt nicht.' Ich trinke nicht." Seine Medienerfahrung brachte er in der Partei nur mehr dosiert ein. Im SPÖ-Pensionskonzept habe er „die Sätze gekürzt: von durchschnittlich 14,2 Wörtern auf 11,7."

Die Frustration war spürbar.

An der Basis war er sehr wohl begehrt. Die Landesorganisationen in Oberösterreich und Salzburg holten ihn als Publikumsattraktion für ihre Landtagswahlkämpfe, aus der Parteiorganisation kamen weit mehr Einladungen als er annehmen konnte. Allerdings lauschten da nicht mehr bis zu zwei Millionen Zuschauer sondern manchmal nur noch 150, wie bei einem Vortrag vor der SP-Bezirksorganisation Wien-Leopoldstadt in einem Bierlokal im Prater: „Der Job füllt einen ziemlich aus und läßt einen abends sehr müde ins Bett fallen", bilanzierte er nach einem halben Jahr. Die Abgeltung dafür war für seine Verhältnisse bescheiden: „Im Moment komme ich auf knapp 8.000 Euro im Monat netto", verriet er dem „Format", „Davor war es ein Vielfaches." Ob sich der Berufswechsel zumindest anderweitig gelohnt hatte, wurde auch immer fraglicher.

In der SPÖ-Fraktion war Broukal Wissenschaftssprecher, aber den Bildungsbereich musste er sich mit dem blassen Langzeit-Funktionär Erwin Niederwieser teilen. In der Debatte um die ÖBB-Reform meldete sich der leidenschaftliche Eisenbahn-Fan, der keinen Führerschein besitzt, immer wieder zu Wort, aber da der ORF seinen früheren Star nie in eine Live-Sendung lud, verpufften seine Bemühungen um politische Profilierung vor der halbvollen Zuseher-Galerie des Parlaments.

Nach eineinhalb Jahren, im April 2004, ist Broukal derart frustriert, dass er sich in einem „Profil"-Interview überlegt, ob er seine „letzten Arbeitsjahre der Politik und der SPÖ schenkt" oder ob er alles hinschmeissen soll, wie er in privaten Gesprächen verrät. Mit ATV ist er bereits über einen neuen Job als Moderator und Chef der Hauptnachrichten einig. Die mächtigen Landeschefs Häupl, Haider und Burgstaller wollen ihn aber nicht ziehen lassen und machen Druck auf die Zentrale. Die „Marke Broukal" müsse gehalten werden. Nach der erfolgreichen Bundespräsidentenwahl – Fernseh-Profi Broukal hatte Heinz Fischer für seine TV-Auftritte trainiert – wird der Promi-Mandatar schließlich mit dem Amt des stellvertretenden Klubobmanns belohnt. In der Woche vor den Wahlen, als klar war, Fischer würde als Sieger hervorgehen, hatten sich Broukal und Gusenbauer bei einer Zugfahrt zu einem Vier-Augen-Gespräch zurückgezogen. Broukal anschließend: „Ich bin wieder an Bord."

Wenige Wochen später wäre er allerdings um ein Haar wieder über Bord gegangen, als er, mitten im EU-Wahlkampf, in einer

Parlamentsdebatte den folgenschweren Satz Richtung FPÖ sagt: „Es bleibt Ihnen unbenommen, dem Nationalsozialismus nachzutrauern". Die Aufregung ist enorm. Broukal muss sich entschuldigen, die Partei ist ob der Blöße sauer und Gusenbauer schimpft laut „Format" vor SPÖ-Abgeordneten: „Wenn wir die EU-Wahl verlieren, wissen wir wenigstens, wem wir das zu verdanken haben." Die „Presse" kommentiert damals: „Broukals Outing zeigt: Quereinsteiger, vorgebliche Stars, Querköpfe, die schon zu ORF-Zeiten keine ausgesprochenen Teamarbeiter waren, entpuppen sich bald als Klotz am Bein."

Seither ist der wortgewaltige Josef Broukal auffallend schweigsam. Die Partei hielt ihn zwar als Vize-Klubobmann. Aber aus der erhofften prominenteren Rolle wurde wieder nichts.

Parteiobmann Alfred Gusenbauer sagt ein Vierteljahr nach dem Krach über seinen Quereinsteiger: „Ich glaube, dass er einigermaßen erfolgreich ist. Wobei es schwierig ist, im Wissenschaftsbereich in der Opposition wirkliche Erfolge zu erringen. Aber er hat die echte Chance dazu. Ich glaube, er leidet ein bisschen darunter, dass es in der Politik schon viel schwieriger ist als einen ZiB1-Beitrag zu machen. Und er hat natürlich ein bisschen die Tendenz, in allen Bereichen irgendwie tätig zu sein. Als politischer Journalist ist man quasi Universalist, wenn man so will. Der Glaube, dass man zu allem etwas sagen kann, der ist einfach vorhanden. Er ist, glaube ich, von seinem eigenen Verständnis her so eine Mehrzweckwaffe."

Gusenbauer lässt keinen Zweifel daran, dass er dieses Selbstverständnis nicht sonderlich schätzt. Das wichtigste Erfolgsrezept für Quereinsteiger sei „Kompetenzdisziplin".

Und in der versucht sich Broukal jetzt tatsächlich. Außer zu Bildungsthemen meldet er sich öffentlich kaum mehr zu Wort. Große Interviews gibt er keine mehr, öffentliche Kritik an der Parteiführung – früher gerne mit feinem Zynismus genüsslich vorgetragen – bleibt aus. Auch bei der Abstimmung über das umstrittene Asyl-Gesetz im Frühsommer 2005 fügt er sich nach anfänglicher Skepsis der Parteidisziplin und stimmt „schweren Herzens und knirschend" zu, weil die „von der SPÖ ausgehandelten Verbesserungen die Nachteile überwiegen" würden. Einige Kollegen hatten ihren Protest zumindest durch Fernbleiben demonstriert.

Aber Josef Broukal versucht jetzt mit viel Anstrengung etwas, das ihm sein Leben lang schwer gefallen ist – sich zu integrieren.

Nach knapp zwei Jahren in der Politik verfaßt er im „Standard" ein „Lob des Quereinstiegs". Eine halbe Zeitungsseite lang gibt er da Tipps, für die „Metamorphose zum Polit-Profi" – es liest sich wie öffentliche Autosuggestion. Ganz, ganz oben auf Broukals Liste für den „erfolgreichen Quereinsteiger" steht: „Man muss zum Teamspieler werden, was für Journalisten gewöhnungsbedürftig ist. Man war ja doch ein kleiner Star (und ist nur deshalb der Politik aufgefallen!) und muss nun lernen, im Chor zu singen. Und das oft nach fremder Partitur."

Sein Fazit: „Der Quereinstieg nützt nur am Anfang. Dann merkt man rasch: Man ist jetzt in einem anderen Beruf tätig. Den gilt es zu lernen."

Ingrid Turkovic-Wendl, ÖVP
NATIONALRATSWAHL 2002

Geboren 1940 in Wien.
Eiskunstläuferin (1956 Olympia-Dritte, 1956 und 1958 Europameisterin, 1958 Vizeweltmeisterin), TV-Sprecherin, Sportreporterin
und ORF-Moderatorin („Seniorenclub").
Abgeordnete zum Nationalrat seit 2002.

„Alte Menschen – wen interessiert das? Kein Schwein."

Eiskunstläuferin, Europameisterin, ORF-Sportreporterin, Moderatorin des „Seniorenclubs" und in Pension – eigentlich hätte sie jetzt auf Weltreise gehen können. Oder noch ein Buch schreiben. Oder Nachwuchs-Eisläuferinnen coachen…

Aber am 15. Oktober 2002 lud Wolfgang Schüssel auf den Ballhausplatz, Ingrid Turkovic-Wendl kam, *„und da hat mich der Kanzler gefragt, ob ich ins Parlament will. Das war für mich eine sehr überraschende Frage, weil ich mir das – Parlament, Parlamentarismus – nie genau durchgedacht habe. Meine Antwort war, ‚Ich weiß es nicht, ich muss meinen Mann fragen, weil ich möchte dieses schöne Privatleben, das ich endlich erreicht habe, nicht stören.' Die einzige Bedingung, die er [Schüssel] mir gestellt hat, war, es darf überhaupt niemand davon wissen. Daraufhin sagte ich, ‚Lieber Herr Bundeskanzler, das wird nicht möglich sein, weil ich bin ja nicht ein 20jähriger Mensch, der sagt, ja des mach i schon, schauen wir mal, was daraus wird. Ich habe eine gewisse Verantwortung, nicht nur mir gegenüber, sondern auch anderen Menschen. Und meine Zeit ist nicht so lang, dass ich da was Privates verhauen will.' Und dann habe ich ihn noch gefragt: ‚Kann man verheiratet sein ordentlich, ich mein: wirklich ordentlich?' Sagt er, ‚Naja, ich schaffe das auch und ich glaub, ich werde ein bisserl mehr zu tun haben als Sie'."*

Wendl erbat sich Bedenkzeit. Zwei Tage später sagte sie zu.

„Es hat mich mein Leben lang gereizt, etwas zu machen, das ich gar nicht kenne. Ich habe einen ganz anderen Werdegang gehabt und mir hat die geschwinde Popularität, die man im ORF erfährt, überhaupt nicht imponiert, sondern ich fand das gemein. Ich bin 25 Jahre Eis gelaufen und habe mich dort wirklich geplagt wie ein Schwein und es hat sich kein Mensch nach mir umgedreht. Und dann sag ich dreimal, „Guten Abend, liebe Hausfrauen!", und jeder staunt. Da stimmt etwas nicht. Und dann kommt natürlich noch ein Schuss Eitelkeit dazu. Ich habe mich sehr gefreut, dass man mir das zutraut. Und ich habe auch nachgedacht, wie er dazu kommt. Das war mir schon klar, dass er für

die breite Masse jemanden braucht, bei dem die Senioren sagen können, dass sie sich mit jemandem identifizieren können."

Wendl und Schüssel kannten einander auch privat. Und im Jahr 2000 hatte er sie in den ORF-Publikumsrat geholt. Ihre Bedenken zerstreute er damals mit den Worten „Aber ja, das können Sie schon. Das kann man lernen." Schon beim ersten Gespräch drückte ihr der Kanzler einen Aufsatz des Altersforschers Leopold Rosenmayr in die Hand: *„Er sagte: ‚Lesen Sie sich das durch. Wenn Sie glauben, Sie können sich mit diesen Ansichten in irgendeiner Form identifizieren, das wird Ihnen dann auch eine Richtung geben, bei der ich denke, Sie sind der richtige Mensch für das neue Bild der Senioren.' Das ist ihm vorgeschwebt, und das ist genau das, was ich im ‚Seniorenclub' wollte und keiner wollte es."*

Wendl war 62, als der Ruf in die Politik kam. Der Frust, mit ihrer ORF-Sendung nicht weiterzukommen, war groß gewesen. Es jetzt nochmal allen zu zeigen – das hatte seinen Reiz: *„Ich hatte dort [im „Seniorenclub"] zwei, drei Jahre, wo man mich nur als Verräterin der Sendung betrachtet hat, weil ich eben verändern wollte. Immer wieder habe ich Vorschläge gemacht und es ist nichts gegangen. ‚Das haben wir 25 Jahre so gemacht und das machen wir weiter so.'"* Und dann kam Schüssel und traf ins Schwarze: *„Ich war sehr traurig und verzweifelt. Und auf einmal, zehn Jahre später, ist es gefragt. Das hat mich irrsinnig gefreut und ich habe gedacht, man muss oft im Leben warten und einfach beharrlich dabei bleiben bei der Idee."*

Doch auf die Freude folgte schnell die erste Ernüchterung. Wendl wurde erst drei Wochen vor dem Wahltag als Kandidatin präsentiert und musste sich sofort in den Wahlkampf stürzen: *„Ich hatte mir keine Streitkultur aufgebaut, ich hatte ja keine Geschwister. Und bei dem Wahlkampf hab ich mir dann gedacht, ‚Du musst dir von jedem etwas reinsagen lassen und musst dich beschimpfen lassen, weil du nicht bei der Partei bist oder bei der politischen Idee, die gerade dieser Mensch vertritt'. Und da habe ich manchmal gedacht, vielleicht habe ich nicht den Mut dazu. Ich habe es dann aber versucht, habe mich schon auch beschimpfen lassen. Ich habe dann aber weiter geredet mit den Leuten ganz, ganz lang, oft eine halbe Stunde und das ist nie im Streit auseinander gegangen. Ich habe denen gesagt: ‚Sie haben einen Grund, warum Sie so reden. Sie sind aufgebracht, Sie haben*

Wut, Sie haben ein Leben gelebt, Sie kommen zu diesem Punkt, wie sie jetzt da stehen. Aber bitte akzeptieren Sie auch, dass ich einen anderen Lebensweg gegangen bin und nicht Ihrer Meinung sein muss.' Das hat mich schon aufgewühlt."

Versagensängste sind ihr ohnedies nicht fremd – im Gegenteil: „*Angst, ob ich etwas kann, habe ich immer, prinzipiell. Es ist mir immer nicht gut genug. Ich habe eine Eigenschaft: Ich bewundere prinzipiell Menschen, die das können, was ich nicht kann und das wird auch immer so bleiben. Und da gibt es viele zu bewundern.*"

Für Wendl war's nicht das erste Angebot in die Politik zu gehen. Auch die Wiener ÖVP hätte sie mal gerne mit im Team gehabt, aber es wurde nie konkret. Und sie wäre auch für keine andere Partei aufs Glatteis gegangen. „*Weil die christlich-soziale Idee meinem Weltbild, auch meinen Erfahrungen als Mensch entspricht.*"

Ihr politisches Interesse wurde durch den Sport geweckt, Anfang der 50er Jahre: „*Seit ich als Kind gemerkt habe, dass Österreich ein Verliererland ist. Das kriegt man als junger Sportler viel früher mit als ein Schüler, weil du kommst mit Internationalen zusammen. Und da hat man über Österreich hinweggeschaut. Und die haben alle – die Amerikaner sowieso, aber natürlich auch schon die Deutschen und die Engländer und Franzosen – die hatten die viel schöneren Startkleider. Die waren in jedem schon einen Schritt voraus. Und ich habe das schon gespürt, dass ich nur indem ich gewinne, dass ich vorne bin, die Anerkennung bekomme. Dass man Österreich nicht mehr übersehen kann.*"

Aber bis zu einem konkreten politischen Engagement sollten dann fast vier Jahrzehnte vergehen. An ihren allerersten Tag als offizielle Kandidatin erinnert sie sich mit Schrecken:

„*Als ich dann präsentiert worden bin am 1. November, habe ich mir eigentlich gedacht, dort gehe ich halt hin und rede dann dort so wie immer im ORF und sage, was ich mir denke dazu. Und da war vorher eine Vorbesprechung, da waren auch teilweise die Minister dort. Und auf einmal habe ich schon großen Respekt bekommen und mir gedacht, so einfach wird das nicht sein und war dann wahnsinnig aufgeregt, also furchtbar aufgeregt. Ich habe nur mehr innerlich Angst gehabt und habe nur mehr gezittert. Ich habe so viel Angst gehabt, dass ich etwas falsch mache, weil ich schon gewusst habe nach dieser Vorbesprechung, dass hier sehr genaue Worte gewählt werden müssen und die kannte ich nicht. Also dass ein Politiker einfach aufsteht und redet, wie es ihm ums Herz ist, diesen Eindruck habe ich ab diesem Augenblick nicht mehr gehabt. Weil wenn jemand ein halbes Wort so sagt, wie es ihm ums Herz ist, wird er daraufhin zwanzig Jahre verfolgt."*

Für den Wahlkampf bleiben nur drei Wochen – und ÖVP-Generalsekretär Lopatka schickte die bekannte Senioren-Kandidatin („Sie war jemand, der ausschließlich auf diese Zielgruppe ausgerichtet eingesetzt worden ist.") durchs ganze Land: „Ich weiß noch, mein Problem war, die Absagen zu rechtfertigen, weil es einfach viel zu viele Terminwünsche waren. Und auch heute ist sie in allen Bundesländern eine der gefragtesten Referentinnen von allen Abgeordneten. Sie leistet da einen unheimlichen Beitrag zu einem sehr positiven Bild der Senioren." Im Parlament tritt Wendl weniger in Erscheinung. Sie hält kaum Reden und meldete sich auch in der monatelangen Debatte um die Pensionsreform kaum öffentlich zu Wort, obwohl sie als Senioren-Sprecherin des ÖVP-Klubs amtiert. Und selbst Parteimanager Lopatka meint: „Sie könnte sich auch in den anderen Politikfeldern stärker bemerkbar machen." Die parlamentarischen Abläufe findet Wendl allerdings noch immer schwierig: *„Ich bin keine Juristin. Ich muss mich doch mit Texten auseinandersetzen, die ich sehr, sehr schwierig finde, weil es sich immer rückbezieht auf einen anderen Paragrafen, der dann wieder rückbezogen geändert wurde. Diese Dinge muss ich mir von Fachleuten erklären lassen. Weil, wenn ich mir das erarbeiten würde, würde ich überhaupt nicht weiterkommen. Und ich würde wahrscheinlich auch zu einer falschen Schlussfolgerung kommen, was da notwendig ist. Und wenn man fragt am Anfang, dann sagt jeder: ,Du, da kannst du aber viel weglassen.' Ich bin aber ein genauer Mensch und frage, ,Ja bitte, was?' Und das sagt dir aber niemand. Und das ist das allerschwierigste, dass man nicht etwas übersieht, was dann wichtig ist. Man bekommt aber jeden Tag ca. zwanzig Zentimeter Lesestoff. Das kann man ja nicht bewältigen, beim besten Willen nicht. Aber am Anfang hat mich das zugedeckt, dass ich gar nicht mehr unter diesem Wulst herausgeschaut habe. Das war schon arg."*

Letztlich halfen ihr dann aber die Erfahrungen aus dem Sport. Die Disziplin, die Ausdauer, die Fähigkeit, auch Niederlagen wegzustecken und sich selbst zu motivieren: *„Bringe einen Teil von deinem Können als Basis immer wieder ein. Und mache schrittweise etwas Neues dazu. Und so funktioniert das jetzt. Nicht perfekt, aber doch, dass ich halbwegs mit meiner Leistung zufrieden sein kann. Aber es ist immer noch ein …"* – sie seufzt vernehmlich – *„ … ein solcher Berg, dass ich mir denke, der liegt vor mir, den muss ich mir irgendwie aneignen."*

Eines hat sie im Nationalrat aber wirklich positiv überrascht: *„Dass im Parlament Rituale herrschen, die ich nicht erwartet habe, die mir aber gut gefallen. Es ist eine Höflichkeit, die nicht nur von der eigenen Fraktion kommt, die kommt auch von der Opposition. Man grüßt sich, ich finde das wunderbar."* Und dann waren da noch die Reaktionen ihrer neuen Kollegen im ÖVP-Klub und in der Partei. *„Ganz lieb und wunderbar"*, sei sie dort aufgenommen worden. Ohne jeden Neid und ohne Skepsis. Und sie weiß auch warum: *„Ich habe mich dort überhaupt nicht aufgespielt. Ich habe dort niemandem gesagt, dass sie mich brauchen da, damit die Partei besser glänzt. Ich habe mich bei jedem bedankt, der mir geholfen hat. Ich verkaufe mich manchmal unter meinem Wert, aber das ist mir vollkommen egal."*

Noch ist sie nicht Parteimitglied. Schließlich hat ihr Schüssel damals, beim ersten Gespräch, versichert, es wäre zwar erwünscht, aber kein Zwang. Und das will sie jetzt überprüfen. Aber eines Tages werde sie der ÖVP ganz sicher beitreten: *„Wenn ich aufhöre. Das ist ein Spaß mit mir selbst. Ich glaube, es ist eine Form der Freiheit, die ich mir da schaffe."* Weniger Freiheiten nimmt sie sich beim Klubzwang. Ganz zu Beginn war sie da noch skeptisch, aber mittlerweile ist sie zu der Erkenntnis gekommen: *„Wenn jeder bei einem Thema sagt: ‚Also ich könnte mir da 30 Deka weniger und dort 15 Deka mehr vorstellen' – so kommen wir auf keinen grünen Zweig. Ich muss wieder den Sport hernehmen: auch im Sport geht nichts weiter, wenn kein einziger Funktionär da ist, der ein Diktator ist. Ich bin im Sport für die Diktatur. Und meine Erkenntnis aus der Beobachtungszeit, die ich da bringe: Einer muss wirklich das Sagen haben und es muss jemand sein, dem ich vertrauen kann, und er sagt dann: So geht's, sonst wird da gar nichts. Demokratie ist schön, aber ich habe im Umgang mit den Wählern gelernt, es gibt bei sieben Millionen Menschen – ich ziehe die Babies von den acht Millionen ab – sieben Millionen Meinungen und* jeder hat recht, aber wir müssen zu einer Entscheidung kommen. Wie machen wir das? Es muss einer das Sagen haben. "

Da ist es nur konsequent, dass Wendl noch nie gegen die Parteilinie gestimmt oder sich der Stimme enthalten hat. Ein Thema gibt es allerdings, das sie in Bedrängnis bringen würde: *„Wenn es käme, dass man Einschränkungen bei der Homosexualität machen würde. Ich habe in meiner Eisrevuezeit vorwiegend mit homosexuellen Menschen gearbeitet, das sind meine Freunde, ich kenne ihr Leben, ich kenne ihre Einstellung zum Leben, auch ihre Schwierigkeiten. Da hat sich Gott sei Dank viel geändert. Ich kann aus diesen Erfahrungen heraus und aus dieser herzlichen Liebe zu diesen Menschen nur diese Richtung gehen, die für sie gut ist. Ich würde nicht haben wollen, dass sie ein Sakrament der Ehe machen. Ich finde das nicht notwendig. Aber alle anderen Dinge, die Gemeinschaften in diese Richtung unterstützen und diesen Menschen wirklich ein schreckliches Leben ersparen, das sie sonst leben müssten mit so vielen Zwängen. Daraus resultieren so viele Handlungen, die dann für sie nicht stimmen und für uns anderen Heterosexuellen auch nicht stimmen. Da würde ich, sollte da etwas hinausgehen, nicht mitgehen. Das ist etwas, was ich erkannt habe."*

Ingrid Wendl weiß, dass sie gut reden kann, das hat sie in Jahrzehnten als ORF-Sprecherin und Live-Moderatorin gelernt. Und das hilft ihr auch in ihrem neuen Job: *„Ich kann ein bisschen Leute begeistern und in meinen Bann ziehen. Ich merke das immer wieder bei Veranstaltungen, sie werden ganz still und hören zu und das freut mich sehr. "* Trotzdem tut sie sich schwer damit, ihre politischen Anliegen – von denen sie voller Enthusiasmus und fast ohne Ende reden kann – vor eine größere Öffentlichkeit zu bringen: *„Weil das was ich tue, ist für keine Schlagzeile gut. Ich denke, dass es gar nicht attraktiv und grell genug ist, was ich da mache. Weil alte Menschen – wen interessiert das? Kein Schwein. "*

Und eine echte persönliche Schwäche hat sie als Politikerin auch, findet sie: *„Dass ich immer noch etwas Gutes finde bei der Opposition. Weil ich das will. Und das ist unpraktisch. "* Aber nicht immer ist sie so großzügig und geduldig: *„Manchmal sind Momente, in denen ich mir denke: ‚Teufel noch mal, jetzt möchte ich da weggehen und es wirklich nicht haben‘ oder ‚Jetzt bring ich den um, der wieder das Maul aufreißt‘. "*

Im Herbst 2006 endet ihre erste Legislaturperiode. Mehr will sie nicht machen, sagt sie – um wieder mehr Zeit für ihren Mann, einen Musiker, zu haben. Außerdem sei sie durch die Politik *„sehr ungeduldig geworden, wenn ich mit anderen Menschen bin. Das habe ich früher nicht gehabt."* Aber dass manche Politik als Droge sehen, die süchtig macht, das kann sie sich jetzt vorstellen: *„Ich habe nicht gedacht, dass es mich so freuen wird, dass mich das wirklich so faszinieren wird."*

Und vielleicht ruft ja wieder der Kanzler.

Karin Resetarits, Liste Martin
EU-WAHL 2004

Geboren 1961 in Wien.
Journalistin, ORF-Moderatorin („Ohne Maulkorb", „Zeit im Bild",
„Treffpunkt Kultur") und Radio-Moderatorin („Krone-Hit").
Abgeordnete zum Europäischen Parlament von 2004 bis 2005 für die
„Liste Martin".
Seit 2005 in der Liberalen Fraktion im EU-Parlament.

„Ich würde gerne in der Politik alt werden!"

Am 30. April 2004, sechs Wochen vor der EU-Wahl, rief Hans-Peter Martin auf ihrem privaten Handy an – und Karin Resetarits wusste sofort, worum es ging. Wenige Wochen zuvor hatte sie den ehemaligen Journalisten und Ex-SP-Politiker in ihrem Talk-Radio auf „Krone-Hit" zu Gast gehabt. Man war einander nicht unsympathisch, sie hielt ihn damals – so formulierte sie in einem Interview – für einen „Scheiß-ma-nix", einen der „anecken, der polarisieren muss, um etwas weiterzubringen". Jetzt wollte Martin sie wieder treffen, möglichst schnell, am besten morgen. Zu diesem Zeitpunkt wurde über seine Kandidatur noch spekuliert, die Meinungsforscher gaben ihm ein Wählerpotential von etwa fünf Prozent.

Am 1. Mai trafen sie sich im Cafe: *„Sein Angebot war folgendermaßen: Er hat gesagt, er hat so schlechte Erfahrungen mit politischen Parteien gemacht, er möchte eine Bürgerliste gründen. Sein Slogan ist: ‚Mehr Bürger ins Parlament', und es ist keine klassische, partei-ideologische Gruppierung, sondern jeder soll eigentlich das ausleben, wofür er steht, politisch steht, seine politischen Gedanken versuchen, umzusetzen. Ich muss mich überhaupt nicht mit ihm identifizieren und kann eigentlich das, was mir so vorschwebt, machen. Jeder soll das leben können, wofür er steht, aber als Bürger und nicht als Parteisoldat.'"*

Das hat ihr gefallen.

„Natürlich wusste ich schon, dass Hans-Peter Martin ziemlich umstritten ist. Aber ich wusste es nicht im vollen Ausmaß, wie sehr. Ich habe mir gedacht, da kann nicht viel schiefgehen. Politisch bin ich interessiert, es ist eine interessante Aufgabe, ich bin jetzt über vierzig, der Journalismus liegt für mich hinter mir, ich würde gern etwas Neues machen, ich probiere das. Die Chance ist auch da, dass man das zweite Mandat locker schafft, also probiere ich das und das war es."

1996 war sie schon einmal gefragt worden, ob sie die Politik nicht interessiere. Heide Schmidt wollte sie damals als Spitzenkandidatin des Liberalen Forums für den Wiener Landtag. Es blieb beim Angebot, Resetarits wollte nicht. Diesmal – für das Europa-Parlament – war es anders: *„Einfach einmal eine sehr greifbare Chance zu* bekommen, politisch etwas zu bewegen. Dort dabei zu sein, wo unsere Zukunftsentscheidungen getroffen werden. Das war für mich das spannendste."

Der Spitzenkandidat, mit dem kaum seiner seiner ehemaligen Kollegen noch etwas zu tun haben wollte, der sich mit seiner Fraktion so zerstritten hatte, dass man ihn hochkant hinauswarf und der mit seiner berühmten „Knopfloch-Kamera" anderen Abgeordneten hinterher spionierte – der schreckte sie nicht ab: „Er hat das geschickt gemacht. Er hat es von Anfang an so präsentiert, dass es mit ihm nicht viel zu tun hat. Hätte er damals gesagt: ‚Wir sind eine Partei, ich bin der Spitzenkandidat dieser Partei, du hast das zu machen, was ich dir sage' und all die Dinge, die er dann in der Folge von mir erwartet hat und was ich ihm dann auch verweigert habe … Aber er hat das damals nicht so dargestellt. Er wusste, dass er einen Freigeist wie mich nur so fangen kann."

Nur wenige Tage später findet man auf der eilig installierten Homepage der neuen „Liste Martin" bereits Karin Resetarits' Gedanken über Motivation, Politik und ihre Ziele. Das las sich so: „Fast alle EU-Abgeordneten verdienen mehr als der europäische Durchschnitt. Trotzdem haben manche den Hals nicht voll bekommen. Von uns wird seit Jahren Disziplin und Sparsamkeit verlangt. Die Pensionen werden gekürzt und Politiker finden nichts dabei, sich ihr Gehalt durch Spesenjonglieren aufzubessern. Sie sichern sich fette Zusatzpensionen – auf unsere Kosten." Und zwanzig Zeilen darunter: „Brüssel aufräumen mit echter Kontrolle durch freie, unabhängige Bürger."

Die markigen Sprüche des Listenführers hatten schnell Einzug ins Resetarits'sche Vokabular gefunden. Aber die Zeit war eben knapp. So erklärt sie sich auch Martins überraschendes Angebot: „Wenn er sechs Wochen vor einer Wahl eine Bürgerliste oder letztendlich Partei gegründet hat, dann ist es wohl klar, dass man sich jemanden sucht, der auch schnell begreifbar ist für die Leute, die zur Wahl gehen. Und deswegen hat er wahrscheinlich jemanden gesucht, der einen bekannten, prominenten Namen hat." Wie er gerade auf sie gekommen sei, hat sie Martin mal gefragt: „Er hat dann nur ein bisschen diffus geantwortet: Damals 1999, als er von der SPÖ gefragt worden ist, haben die auch überlegt, ob sie nicht noch andere prominente Namen

auf der Liste kandidieren lassen sollen und da sind zwei gefallen: Bar-
bara Stöckl und mein Name. Und er hätte mich damals schon ins Auge
gefasst. Da ist dann auch so ein Gerücht aufgekommen, dass mich die
SPÖ schon einmal gefragt hätte. Aber mich persönlich hat die SPÖ nie
gefragt."

Hans-Peter Martins Version: „Karin Resetarits ist mir passiert."
Er wollte für seine Liste noch eine „interessante Frau aus Ostöster-
reich" und sie ist ihm auf einer Zugfahrt eingefallen. Er hat sie vor
allem aus dem Fernsehen gekannt, wo er sie als „positiv aufmüpfig"
erlebte, hat sie ein-, zwei Mal privat getroffen bei seinem engen
Freund Willi Resetarits, ihrem Schwager, und bei seinem Besuch in
ihrer Radio-Sendung „hat sie mich sehr lebendig nach der Kandidatur gefragt". Also: Resetarits. „Ich habe sie für einen Genie-Blitz
gehalten".

Die Journalistin, die im Jahr davor durch ihre überraschende
Kündigung beim ORF (*„Ich wollte mir beweisen, dass eine Frau mit*
über 40 durchaus noch vermittelbar ist.") von sich reden gemacht
hatte, trommelte zuhause ihren neuen Lebensgefährten und ihre vier
Söhne zusammen: *„Hans-Peter Martin hat das ein bisschen untertrie-*
ben, was das für ein Zeitaufwand ist. Er hat gesagt, dass es einmal im
Monat Straßburg für vier Tage ist und dann alle sechs Wochen einmal
Brüssel für zwei Tage. Und ich habe gefragt: ,Mehr ist das nicht?' –
,Nein, mehr ist das nicht'. So habe ich es auch meiner Familie erklärt.
Was er überhaupt nicht erwähnt hat ist, dass wenn man sich politisch
engagiert, man auch in den Ausschüssen sitzen möchte und die Aus-
schüsse tagen permanent. Und wenn man noch dazu bei einer Fraktion
ist, dann sind die Fraktionssitzungen noch obendrein."

Der Wahlkampf dauerte sechs intensive, kurze Wochen: *„Wir*
hatten ein Ziel vor Augen und wir wollten die Wahl so gut wie möglich
gewinnen und haben eigentlich ganz gut zusammengearbeitet. Natür-
lich war es schon so, dass ich mir manches Mal gedacht habe, ob der
Ton jetzt so richtig war, aber da hat man drüber hinweggehört. Wir
wollten das gewinnen." Und das gelang – fulminant sogar. Aus dem
Nichts 14 Prozent der Stimmen, Platz drei, vor den Grünen und
vor der demolierten FPÖ sowieso. Ein drittes Mandat wurde nur
knapp verfehlt – die wenige Wochen alte „Liste Martin" zog mit

ihrem Parteichef und der Listen-Zweiten Karin Resetarits nach Straßburg.

„Dann kamen wir erstmals ins Parlament und er hat mir dann in groben Zügen gezeigt, wo was ist. Mehr in die Richtung: ‚Da ist die Trafik, da sind die Computer, da sind die Postkästen, hier kannst du dir die Berichte alle abholen.‘ Und das war es dann auch schon. Ich bin mir total allein gelassen vorgekommen. Ich bin zu den Ausschüssen gegangen und bin dann zurück in mein Büro, habe mich hinten und vorn nicht ausgekannt und alle Fragen, die ich gehabt hätte, konnte ich mir selbst erzählen. Das war es eigentlich. Weil die österreichischen Abgeordneten haben mich auch links liegen lassen, weil ich für die grauenhaft war, als Zweite von der Liste Hans-Peter Martin. Mit der wollten sie nichts zu tun haben. Das war schon eine schwierige Zeit.“

Für Resetarits war es ein Wendepunkt in ihrem Leben: *„Als ich vom ORF wegging, wusste ich, das kann es nicht sein, das wird noch irgendwo anders hinführen. Und in dem Moment ist es mir wie ein Blitz durch den Kopf gegangen, dass es das jetzt ist. Es war die Politik.“*

Es war, wie sich später herausstellt, zwar nicht die richtige Partei, aber jedenfalls der richtige Zeitpunkt: *„1996 habe ich ja abgelehnt. Da habe ich gewusst, es wartet noch viel Spannendes im Journalismus. So gesehen stimmt es schon, es muss etwas abgeschlossen sein, dass man überhaupt als Quereinsteiger darauf einsteigt. Hätte mich eine andere Partei gefragt, dann wären nur die Grünen und die Sozialdemokraten in Frage gekommen. Ich bin mir nicht sicher, weil ich mich politisch immer als Wechselwählerin gesehen habe. Ich wollte mich einer Partei nicht so ausliefern.“*

Politisch aktiv war sie trotzdem, als Betriebsrätin im ORF: *„Das war schon etwas, damals. Gemeinsam mit Robert Hochner haben wir die ‚Freie Liste‘ gegründet und haben einen fulminanten Sieg gehabt. Das ist schon vergleichbar mit Politik, weil genauso die Traditionen da sind, wie man das zu machen hat und abzuhalten hat und Packeleien im Hintergrund. Und man kann noch so idealistisch antreten und plötzlich rennt man dauernd mit dem Kopf gegen die Wand, weil die anderen sich schon längst wieder zusammengeschlossen haben, sich zusammengerottet haben und die Mauer machen.“*

Schon in ihrer Kindheit hatte sie sich für Politik interessiert – sich mit dem nationalen Lebensgefährten der Großmutter heiße

Schreiduelle geliefert und mit dem konservativen Vater. Politische Vorbilder hatte sie aber keine: *„Kreisky war mir immer zuwider, das ist eigenartig. Er hat mich nicht begeistert, er war mir zu autoritär. Ich kann mich noch erinnern, als die Abstimmung war zum Atomkraftwerk Zwentendorf – es hat mich gefreut, dass es schlecht für ihn ausgegangen ist."* Heute sieht sich Resetarits als Liberale: *„Ich habe auch kein Problem mit links. Aber es sind etwas alte Begriffe. Ich würde mich auf jeden Fall mehr links sehen als bürgerlich."*

Im Europäischen Parlament saß sie aber (noch) nicht bei den Liberalen, sondern ganz hinten, rechts im Eck – dort, wo die Fraktionslosen ihre Plätze haben und versuchte, sich in einer neuen Welt zurecht zu finden: *„Ich war überwältigt, das muss ich sagen. Wie komplex diese Welt ist und wenn man es gut machen will, muss man so viel wissen, so viel drauf haben, so strategisch gut sein, so viele Netzwerke gebaut haben."*

In Interviews, die sie zu diesem Zeitpunkt gibt, spricht sie immer wieder von einer „Segelregatta", vom Schiff Resetarits und vom Schiff Martin – beide würden in die gleiche Richtung segeln, aber eben eigenverantwortlich, keiner dem anderen ins Ruder greifen. Was gegenüber Journalisten noch als friedliches Bild skizziert wird, war aber längst beinharter Alltagskampf: *„Hans-Peter Martin hat mir eigentlich überhaupt nichts erklärt. Ich habe mir das vorher durchgelesen, aber ich habe nicht gewusst, was das jetzt ist. ‚Paragraph 1, Amendment 2, erster Teil – dafür, dagegen, Enthaltung, zweiter Teil – dafür, dagegen, Enthaltung'. So geht das die ganze Zeit, über eine Stunde, hin und her. Und ich habe mir gedacht, ich hebe jetzt nicht nur blöd die Hand auf und nieder und weiß ja gar nicht, was das dann soll. Du musst dich mit jedem einzelnen auseinandersetzen. Und wenn du dann nicht in einer Gruppe bist, in einer Fraktion, dann bist du nicht in den Fraktionssitzungen, dann weißt du auch nicht, wo die heiklen Stellen sind, worum es geht. Das war das, warum ich gesagt habe, dass ich sicher nicht fraktionslos bleibe. Und allein habe ich das nicht bewältigt. Das war unmöglich. Es war zu viel. So hat dann unser Konflikt auch begonnen, weil er absolut nicht wollte, dass ich in eine Fraktion gehe."*

Die immer heftigeren internen Konflikte wurden zu diesem Zeitpunkt noch nicht offen nach außen getragen. Trotzdem spielte

Resetarits schon früh mit dem Gedanken tatsächlich einer Fraktion beizutreten: „*Er [Martin] hat das immer so dargestellt: ‚Wenn du zu einer Fraktion gehst, dann verkaufst du dich, dann verkaufst du deine Seele.‘ Das stimmt überhaupt nicht. Weil, wie oft stimme ich anders als meine Fraktionskollegen? Und noch nie hat irgendjemand gesagt: ‚Warum hast du jetzt anders gestimmt?‘ Das ist das Tolle am Europa-Parlament, dass es keinen Klubzwang gibt. Man liefert sich nicht mit Haut und Haar aus, wenn man zu einer Fraktion geht.*"

Martin sieht das alles ganz anders. Er habe von der Absicht seiner Parteikollegin, sich den Liberalen anzuschließen „das erste Mal im ‚Profil‘ gelesen. Da war es angedeutet." Er habe sie sofort angerufen, am nächsten Tag hätten sie sich in Brüssel getroffen, „aber da saß jemand, der hatte seine innere Entscheidung schon getroffen: ‚Ich gehe da jetzt hin.‘ Ohne mich wirklich zu konsultieren oder einzubinden."

Martin war sauer, sehr sauer und ist es bis heute. Er lässt kein gutes Haar mehr an seiner einstigen Mitstreiterin, kann aber ohne Ende über sie schimpfen: „Sie hat bis heute nicht kapiert, worum es eigentlich gehen würde. Aus meiner Sicht ist sie und bleibt sie auf einem fast ausschließlichen Selbsterfahrungstrip und versucht nicht mal, politische Inhalte zu transportieren. Sie hat mich bis zuletzt gefragt: ‚Worum geht es da jetzt? Wie sollen wir da abstimmen?‘ Ich konnte mir nicht vorstellen bis zu diesem Zeitpunkt, dass man im ORF eine solche Karriere machen kann mit so wenig intellektueller Substanz und so geringer Fähigkeit zur Selbstorganisation und auch so einer geringen Belastbarkeit. Immer noch keine Rede, so gut wie keine Anfragen, keinerlei parlamentarisch relevante Aktivität." Resetarits auf seiner Liste zu nominieren „war die größte berufliche Fehlentscheidung meines Lebens. Es war ein Blackout. Und, jawohl – durch meine Fehlentscheidung ist es dazu gekommen, dass im EU-Parlament ein Trojanisches Pferd der Spesenritter sitzt, das den Wählern und auch mir persönlich in den Rücken fällt. Das muss man erst einmal verarbeiten."

Die Wertschätzung beruht mittlerweile auf Gegenseitigkeit. Die ehemaligen Parteikollegen decken einander mit öffentlichen Vorwürfen ein, mit unter der Hand an Journalisten gespielte Gemeinheiten und Prozessen. Martin wirft Resetarits ungeklärte Spesenabrechnungen vor, sie bestreitet das und fragt nach seiner Wahlkampfkosten-Erstattung, die er nicht – wie angekündigt – gespendet hat. Der Konflikt ist längst in offene Feindschaft umgeschlagen, in regelrechten Hass. Resetarits: *„Ich habe irgendwie immer stärker gemerkt, wie negativ getrieben Hans-Peter Martin ist. Und das ist es, was komplett im Gegensatz zu mir steht, weil ich ein Optimist bin, immer ans Gute glaube und Politik betreiben möchte, um etwas zu verbessern. Man kann nicht ununterbrochen nur Missstände anprangern und die Politik in Verruf bringen, damit beitragen, dass immer weniger Menschen zur Wahl gehen, eigentlich demokratiezersetzend sein, und auf der anderen Seite sich ‚Die Bewegung für Kontrolle und Demokratie‘ zu nennen. Hätten wir dann lauter Hans-Peter Martins, die nur sagen: ‚Belege! Belege! Ich möchte alles sehen! Kontrollieren, schnüffeln, bespitzeln!?‘ Er hat eine echte Spitzel-Leidenschaft. Für ihn sind alle anderen Verbrecher und Betrüger. Man hat ja gar keine Chance. Er selbst lässt sich aber nicht in die Karten schauen.“* Und ihr abschließendes Urteil: *„Ich habe noch nie mit so einem bösen Menschen zu tun gehabt wie mit Hans-Peter Martin. Er ist wirklich ein Ausbund an Boshaftigkeit, in meinen Augen. Bösartig, niederträchtig, so etwas habe ich überhaupt noch nie erlebt von einem Menschen. Aber es ist auch ein Riesenfehler von mir gewesen, dass ich da nicht sensibler war, das muss ich schon sagen.“*

Heute reden die beiden nicht mehr miteinander, verkehren nur noch per Anwalt und grüßen einander im Plenarsaal nicht. Resetarits sitzt jetzt ganz woanders – bei ihrer neuen Fraktion, in der sie sich ausgesprochen wohl fühlt: „Für die Liberalen bin ich keine Konkurrentin. Ich bin die einzige Österreicherin dort. Das einzige, was die vielleicht stören könnte ist, dass es so eine blöde Tradition gibt, wenn du die Nummer 1 einer nationalen Fraktion bist, bist du Delegationsleiterin und sitzt automatisch vorne. Und ich bin Delegationsleiterin, habe aber keine Delegation hinter mir. Aber das ist ihnen egal.“

Jetzt macht ihr die Arbeit im Parlament richtig Spaß, auch weil sie das Gefühl hat, ganz persönlich zu profitieren: *„Man kann so gescheit werden dort. Wie ein Schwamm habe ich alles aufgesaugt. Es ist nicht eine Sekunde langweilig. Es ist einfach faszinierend. Du kannst diskutieren 25, 30, 100 Stunden über ein Ding wie die Dienst-*

leistungsrichtlinie und du wirst immer wieder draufkommen, dass man noch das bedenken muss und das müssen wir noch bedenken und was ist, wenn man das hineinnimmt, welche Auswirkungen hätte das, wie kann man das wieder einfordern, wenn man das konkret in der Praxis umsetzen möchte, widerspricht das einer anderen Richtlinie? Es geht immer weiter in die Tiefe hinein und das ist spannend."

Nach eineinhalb Jahren Lehrzeit im Parlament würde sie sich heute eine „Vier" geben, müsste sie sich benoten, weil sie so viel noch nicht erreicht habe, das sie sich vorgenommen hat. Aber langsam merkt sie, wie *„meine Selbstsicherheit steigt. Ich traue mich auch immer mehr dagegen reden, selbst zu argumentieren. Es beginnt jetzt, dass meine eigene Persönlichkeit zu leben beginnen kann. Meine Schwächen sind sicherlich, dass ich die Tendenz habe, alles mit mir selbst auszumachen. Ich kann nicht sehr gut Teams aufbauen. Ich bin sehr oft zu stur, ich versuche das abzubauen. Ich musste lernen, dass Politik in einer Demokratie heißt, Kompromisse zu schließen. Ich bin eigentlich immer so ein kompromissloser Mensch gewesen.*"

Bis 2009 ist sie gewählt. Und die ewige Jobhopperin kann sich sogar vorstellen, noch länger zu bleiben: *„Nur da muss ich von Note 4 auf 1 kommen, damit mir das gelingt. Mit einem Vierer wird mich keiner mehr wollen nach 2009. Das weiß ich. Ich muss mich wahnsinnig anstrengen, damit es überhaupt noch in irgendeiner Form eine Chance gibt.*"

Aber wer sollte sie wollen? Hans-Peter Martin wohl nicht. Und für das Liberale Forum will sie auch nicht unbedingt kandidieren, auch wenn es da mehrfach Avancen gab. Für das EU-Parlament kann man allerdings nur mit einer „wahlwerbenden Partei" antreten und nicht als Einzelperson, so steht es in der Verfassung. Also eine neue Partei? Im Jänner 2006 antwortet Karin Resetarits darauf so:

„Ich würde da hin tendieren, dass es etwas Neues sein müsste. Ich glaube, es ist wirklich notwendig. Das LiF hat 2002 nur mehr 0,9 Prozent gehabt. Ich glaube, damit ist es vorbei gewesen. Wie soll man das wiederbeleben? Für mich wäre es fast eine Voraussetzung, dass es einen neuen Namen haben muss und es etwas Neues sein muss. Aber man braucht eben Geld. Konkret ist es noch nicht. Ich habe in den letzten Wochen begonnen, mit Menschen zu sprechen. Wenn es Sinn hat, dann erst für 2009. Oder vielleicht schon [für die Nationalratswahl] 2006.

Es wäre schade zu sagen, die nächste Möglichkeit ist erst 2009 bei der Europawahl. Wenn man sieht, man braucht im Land wieder so etwas wie eine liberale Partei, dann wäre es schon besser, es bis 2006 auf die Beine zu stellen. Nur die Zeit ist viel zu kurz. Aber ganz möchte ich es noch nicht aufgeben, die Hoffnung, dass man es vielleicht doch noch schafft für 2006. "

Nach knapp zwei Jahren in ihrem neuen Beruf hat Karin Resetarits große Pläne. Auch für ihre ganz persönliche Zukunft: *„Ich würde gerne in der Politik alt werden. "*

Promi-Politik auf dem Prüfstand

Was prominente Quereinsteiger können –
und warum viele (aber nicht alle) letztlich scheitern

Prominente Quereinsteiger werden in die Politik geholt, um in Wahlkämpfen Aufmerksamkeit zu erregen, mit ihrem guten Image für Parteien zu werben und bestimmte Wählergruppen anzusprechen, die mit „traditionellen" Kandidaten oft nur schwer zu erreichen sind.

Und tatsächlich sind Promi-Politiker oftmals erfolgreiche Wahlkampf-Attraktionen. Beispiel Josef Broukal: Während der gesamten Wahlkampagne 2002 konnte die SPÖ nur für wenige Tage die ÖVP klar überholen – nachdem bekannt wurde, dass der populäre ZiB-Moderator für die Sozialdemokraten antreten würde. Seine Ex-Kollegin Ursula Stenzel bescherte der ÖVP bei der EU-Wahl 1996 den ersten bundesweiten Wahlsieg seit Kurt Waldheim zehn Jahre zuvor. Selbst bei ihrer dritten Europa-Wahl acht Jahre später erreichte Stenzel von allen Kandidaten die meisten Vorzugsstimmen. Bei den Gemeinderatswahlen im Herbst 2005 drehte sie in der Wiener Innenstadt eine sicher scheinende ÖVP-Niederlage in einen fulminanten Wahlsieg um. Und schließlich Hans-Peter Martin: Bis heute ist der ehemalige SPÖ-Wahlkampfchef Rudas davon überzeugt, dass ein Drittel der SPÖ-Stimmen beim EU-Wahlsieg 1999 auf das Konto des quereingestiegenen Spitzenkandidaten ging, auch wenn der sich noch am Wahlabend heillos mit der Parteiführung zerstritten hat.

Aber was bringen die Quereinsteiger, wenn der Wahlkampf vorbei ist? Wenn sie sich im Parlament als Neulinge ohne politische Routine in eine Fraktion einreihen müssen, um Plätze auf der Rednerliste kämpfen und um Funktionen in wichtigen Ausschüssen streiten?

Sind die Promi-Politiker nur quotenträchtige Kandidaten oder werden aus ihnen auch erfolgreiche Politiker?

Die professionellen Beobachter in den Medien sind da mit der Zeit immer skeptischer geworden. Der rebellische Schauspieler

Franz Morak wurde 1994 von der „Presse" noch mit einer Lobeshymne begrüßt, als Bereicherung in der „adretten parlamentarischen Beamtenversammlung". Er habe „das Herz dazu. Und den Verstand." Später wurden die Kommentare zynischer. Als die FPÖ 1999 den Schi-Profi Patrick Ortlieb und die Fernseh-Moderatorin Theresia Zierler nominierte, spottete der „Standard": „Mittlerweile geht es offenbar nicht mehr nur darum, parteifreie Quereinsteiger zu finden, sondern sie müssen total ahnungslos sein." In der „Kronenzeitung" war damals zu lesen: „A star ist born; das gilt jetzt nicht mehr nur im Tingel-Tangel, sondern auch in der Politik. Manchmal ist es halt nur eine Sternschnuppe." Und die bei Morak noch so freundliche „Presse" sah nach der Präsentation von Josef Broukal und Ingrid Wendl im Wahlkampf 2002 nur mehr „ein peinliches Grapschen nach Stars und das stolze Präsentieren von Sternchen".

Dass die meisten prominenten Quereinsteiger ein wesentlich positiveres Bild von ihrer politischen Gattung haben, überrascht natürlich nicht. „Es wäre irgendwie merkwürdig", sagt Theresia Zierler, „wenn ich Quereinsteiger kritisiere." Immer wieder wird in den Interviews der „andere Zugang" der *newcomer* betont und auch die praktischen Erfahrungen, die sie in die Politik mitbringen würden. Sie könnten „eine andere Atmosphäre und ein anderes Klima schaffen", meint Echerer. Und Wendl schwärmt von „Frische" und „anderen Perspektiven". Aber aus eigener Erfahrung sind manche auch skeptisch, wie Morak: „Auf einen Quereinsteiger gehören drei Profis", meint er, weil den Neueinsteigern naturgemäß die Erfahrung des Apparates fehle. Auch Hans Kronberger plädiert für eine „gesunde Mischung" aus politischen Routiniers und „Denkanstößen von außen".

Die vielen Probleme der Promi-Politiker

Für fast alle Quereinsteiger war der Wechsel in den Politikbetrieb eine Art Kulturschock. Politik funktioniert nach anderen Regeln und Ritualen als die Medienbranche, aus der viele Quereinsteiger kommen, oder als der Profi-Sport, ein Theater oder ein Gericht. „Ich war gewöhnt, dass die Dinge prägnant und präzise kommen", klagt Staatsanwältin Liane Höbinger-Lehrer. Im Parlament erlebte sie dann vor allem, dass „furchtbar viel geredet wird um nichts und wieder nichts". Selbst Sima, die aus ihrer Arbeit bei „Global 2000" die meiste Erfahrung mit politischen Verhandlungen mitgebracht hatte, war anfangs frustriert, „weil mir immer alles zu langsam gegangen ist". Elmar Lichtenegger war als Hürdensprinter ohnehin ganz andere Geschwindigkeiten gewöhnt. „Dass die Mühlen des Gesetzes sehr langsam gehen", findet er „nach wie vor schwierig".

Immer wieder fiel in den Gesprächen mit den Neo-Politikern das Wort „Ineffizienz", wenn sie über ihre ersten Eindrücke redeten. Der langwierige politische Routinebetrieb irritiert vor allem ehemalige Journalisten, die schnelles Arbeiten gewöhnt waren: „Ich habe Sitzungen gehabt, die haben um zehn Uhr früh begonnen und waren um zehn Uhr am Abend aus", schüttelt Peter Sichrovsky auch nach Jahren noch den Kopf: „Ohne dass dabei etwas heraus kommt." Das sehen auch langjährige politische Profis so, wenn auch aus einem anderen Blickwinkel: „Es ist einfach kein Knopfdruck-Verfahren", sagt der klassische „Längseinsteiger" Alfred Gusenbauer: „Politik in Österreich ist eben demokratisch. Da ist immer die Frage: Was ist das Effizienzkriterium?" Promis seien aus ihren früheren Berufen oft „erfolgsverwöhnt", weiß Jörg Haider, der die meisten Quereinsteiger angeworben hat. Aber in der Politik gebe es eben „wenig Basis für den schnellen Erfolg".

Nicht leichter wird der Umstieg durch eine völlig neue Sprache, die für Nicht-Juristen oft einer Art „Geheimwissenschaft" gleicht: „Es war schlimmer als befürchtet: Statuten, Artikel, Programme, parteiinterne Statuten, parteiinterne Regelungen. Dann hast du gerade einen Hauch davon kapiert und inhaliert – werden sie reformiert und geändert." (Echerer)

Gleich zwei Drittel der Quereinsteiger nennen diese Besonderheiten des *politischen Prozesses* als negative Eindrücke und Überraschungen nach ihrem Wechsel. Nur ein Punkt ist ihnen noch unangenehmer aufgefallen: die Umgangsformen in der Politik. Das tägliche parteipolitische „Hick-Hack", die Positionskämpfe und der Dauerstreit – zwischen den Fraktionen, aber auch innerhalb der eigenen Partei. Fast alle Neulinge klagen über die *politische Kultur*. „Die zwei Gesichter der Politik", nennt es Kronberger: „Dass man persönlich recht gut miteinander ist und dann dreht man sich um und der andere hält eine Rede und klopft dir eine aufs Haupt". Niemand sei sich zu gut, „den billigsten, miesesten parlamentarischen Geschäftsordnungstrick anzuwenden, um jemanden auszutricksen", hat Echerer beobachtet und Stenzel konstatiert nach zehn Jahren Erfahrung recht generell: „Profi-Politiker sind eher hintenrum."

Schwierig waren für etliche *newcomer* auch die Reaktionen der Öffentlichkeit. Trotz jahrzehntelanger Erfahrung als politischer Journalist war Hans Pretterebner überrascht, „dass die Kaste der Politiker generell so verhasst ist bei der Bevölkerung". Und die Sportler – in ihrem eigentlichen Metier durch freundliche Reporterfragen verwöhnt – lasen erstmals kritische Kommentare über sich in der Zeitung. „Ich war es nicht gewohnt", gesteht Olympia-Sieger Patrick Ortlieb ein, „von Seiten der Medien Gegner zu haben". Einige waren auch durch die geringen Gestaltungsmöglichkeiten eines Abgeordneten frustriert, vor allem in einer Oppositionspartei: „Dass man gar nichts bewirken kann, überhaupt nichts", war der Eindruck von Höbinger-Lehrer in ihrer Zeit als Justizpolitikerin. Und ihre Fraktionskollegin Jutta Wochesländer resümiert: „Dass ich nach einem Plenumstag hinausgegangen wäre mit dem Gefühl, wirklich etwas geleistet zu haben, das hat mir gefehlt."

Die größte Hürde bleibt für die meisten Quereinsteiger jedoch die Integration in den Parteiapparat, auch wenn einige von der freundlichen Aufnahme durch die neuen Kollegen schwärmen („Ganz liebevoll und wunderbar", erinnert sich Ingrid Wendl). Aber die Neulinge bleiben im Regelfall trotzdem „Fremdkörper" (Kronberger), selbst wenn sie innerparteilich Karriere machen, wie Zierler als FPÖ-Generalsekretärin: „Wenn ich gescheitert bin", sagt sie, dann „bin ich an der Partei gescheitert". Sogar der langjährige Parteichef Jörg Haider gibt zu: „Die Arroganz der Funktionäre ist gewaltig." Politische Inhalte, Fachtermini und die technischen Abläufe des parlamentarischen Alltags lassen sich lernen. Ein ganz spezielles Defizit holen Quereinsteiger jedoch nur selten auf, das Mercedes Echerer so zusammenfasst: „Keine Netzwerke, keine zwanzig Jahre Erfahrung, keine Kaderschmiede. Keine Partei, die mir blind vertraut und mich hochhebt und durch die Wellen trägt. All das, was der große Vorteil ist, ist gleichzeitig auch der große Nachteil."

Und nicht wenige Quereinsteiger scheitern auch an sich selbst. An falschen Erwartungen oder auch an ihrer Persönlichkeit. „Du kannst nicht in die Politik gehen, um deine eigene Eitelkeit zu befriedigen", hat Ursula Stenzel gelernt, die ebenso wie Burgtheater-Star Franz Morak das Scheinwerferlicht gewöhnt war. „Das größte Problem ist man immer selbst als Quereinsteiger", meint Morak trocken: „Dass man meint, alle fallen jetzt in Ohnmacht, nur weil man da ist. Aber man ist in dem Augenblick, wo man Quereinsteiger ist, kein Star mehr. Das dauert 14 Tage."

In meinen Interviews habe ich die Promi-Politiker auch gebeten, sich selbst zu beurteilen: Wie gut sind oder waren sie als Politiker? Bis auf Morak („Das werde ich nicht machen") stellten sich alle selbst Schulnoten aus: Die Mehrzahl gab sich dabei „2 bis 3" oder „3". Keiner hielt sich für „Nicht genügend", aber zwei Freiheitliche bewerteten die eigene Leistung mit „4 bis 5": Pretterebner und Sichrovsky. Deutlich selbstbewusster zeigten sich Sima und Wendl mit einem glatten „Gut" und Stenzel, die ihren eigenen politischen Auftritt mit „1 bis 2" benotet. Nur einer ist noch mehr von seiner Arbeit überzeugt: „Wenn Sie eine ehrliche Antwort wollen", sagt Karl Habsburg, „gebe ich mir eine Eins."

Grundsätzlich haben die Quereinsteiger ein recht freundliches Selbstbild. Das unterscheidet sie allerdings kaum von anderen Politikern. Offene Selbstkritik und eine distanzierte Einschätzung der eigenen Leistung zählt nicht zu den verbreitetsten politischen (oder journalistischen) Tugenden.

Aber was macht einen „guten Politiker" tatsächlich aus? Woran kann man die Qualität eines Parlamentariers „objektiv" messen? An der Anzahl positiver Zeitungskommentare? Am Platz in der Parteihierarchie? An der Dauer der Amtszeit? Daran, wie viele parlamentarische Anfragen und Anträge ein Abgeordneter gestellt hat oder in wie vielen Ausschüssen er sitzt? An der Zahl seiner Reden, wie es Zeitschriften-Rankings gelegentlich tun?

Letztlich gibt es das *eine* objektive Kriterium für gute Politiker nicht. Und trotzdem muss es möglich sein, erfolgreiche Quereinsteiger von denen zu unterscheiden, die gescheitert sind. Ich habe es für meine Dissertation mit einer Art Kriterien-Katalog versucht. Mit einer Mischung aus zähl- und messbaren Indikatoren und einer

Beurteilung von außen, durch politische Profis, Politik-Journalisten und durch Wähler, die in repräsentativen Meinungsumfragen um ihr Urteil gebeten wurden. Daraus ist eine Art Leistungsbilanz entstanden, die eine nachvollziehbare Bewertung der Promi-Politiker ermöglichen soll.[*]

Das kurze Leben der Promi-Politiker

Die Amtszeit von Politikern gilt allgemein als brauchbarer Hinweis auf ihre Kompetenz. Gerade weil für Abgeordnete keine formale Ausbildung existiert und sie ihr „Handwerk" erst in der Praxis erlernen müssen. Am „Höhepunkt" sei ein Parlamentarier „erst nach acht Jahren", meint der deutsche Politologe Klaus von Beyme, denn vor seiner dritten Amtsperiode habe er „noch nicht genug Wissen erworben". So weit kommen aber nur die wenigsten Quereinsteiger: Neun der 16 hier Untersuchten haben ihre politische Karriere bereits beendet, und zwar im Durchschnitt nach nicht einmal vier Jahren. Einer – Pretterebner – hat bereits nach elf Monaten aufgegeben, die anderen Nationalräte nach längstens drei Jahren und auch von den EU-Abgeordneten war keiner über acht Jahre im Amt. Bei den noch Aktiven sieht es ein wenig anders aus: Frank Morak ist als „dienstältester" Promi bereits zwölf Jahre in der Politik und Ursula Stenzel kann 2006 den zehnten Jahrestag ihrer Zweitkarriere begehen. Aber im Schnitt währt eine Quereinsteiger-Laufbahn gerade mal viereinhalb Jahre.

Zum Vergleich: Die übliche Amtszeit eines Politikers dauert doppelt so lang: Laut der bisher umfassendsten Studie über bundespolitische Karrieren in Österreich sind es exakt 9,3 Jahre. Politiker in besonders prominenten Funktionen vom Klubobmann bis zum Bundespräsidenten – die so genannte „Positionselite" – verbrin-

---

[*] Die detaillierte Auswertung und umfangreiche theoretische Erläuterungen sind in meiner Dissertation nachlesbar – online unter: http://www.oegpw.at/diss/armin_wolf.pdf. Karin Resetarits ist in dieser Auswertung nicht berücksichtigt. Sie war damals erst zu kurz im EU-Parlament. Deshalb wurden in meiner Dissertation nur 16 Quereinsteiger untersucht.

gen mehr als 15 Jahre in der Politik. Das haben von allen Promi-Quereinsteigern der Zweiten Republik bisher nur drei geschafft: die ehemalige Leichtathletin Liese Prokop in der ÖVP, der einstige Fernseh-Direktor Helmut Zilk in der SPÖ und die frühere AKH-Richterin Helene Partik-Pablé in der FPÖ.

Das kurze politische Leben der Quereinsteiger hat vor allem damit zu tun, dass nur eine Minderheit öfter als einmal kandidiert: Auch hier ist Morak Rekordhalter, der bei vier Nationalratswahlen aufgestellt wurde und Stenzel, die bei immerhin drei Europa-Wahlen Spitzenkandidatin war. Nur Kronberger wurde ebenso häufig nominiert, 2004 aber nicht mehr gewählt, weil ihn Andreas Mölzer mit seinen Vorzugsstimmen vom letzten verbliebenen FPÖ-Mandat verdrängt hat. Sima, Sichrovsky und Martin standen zwei Mal zur Wahl, alle anderen Quereinsteiger stiegen schon nach ihrer ersten Runde wieder aus. Manche freiwillig (wie Pretterebner), die meisten nicht ganz freiwillig. Sie wurden von ihren Parteien nicht mehr aufgestellt.

Die Bedeutung eines Parlamentariers und seine Akzeptanz in der eigenen Fraktion zeigen sich auch an seinen Funktionen. Sie sind zum einen Konsequenz politischen Erfolgs – geachteten Abgeordneten werden mehr Funktionen übertragen – aber auch Voraussetzung dafür: je mehr bedeutende Ämter ein Politiker übernimmt, umso mehr Kontakte kann er knüpfen, umso dichter wird sein Netzwerk und mit jeder Funktion wachsen politische Erfahrung und Kompetenz. Auch hier bleiben die Quereinsteiger weit hinter „traditionellen" Politikern zurück. Im Schnitt haben sie neben ihrem Mandat gerade mal 0,5 zusätzliche bundespolitische Funktionen. Das heißt, die meisten Quereinsteiger (neun von 16) haben überhaupt kein weiteres relevantes Amt und nur wenige machen Karriere über ihre erste politische Station hinaus: Franz Morak wurde nach gut fünf Jahren im Parlament als Staatssekretär in die Regierung berufen und damit auch, wie alle Regierungsmitglieder, in den einflussreichen Parteivorstand der ÖVP. Stenzel wurde sofort nach ihrer ersten Wahl Leiterin der ÖVP-Delegation in Straßburg und ebenfalls Mitglied im Parteivorstand. Wie ungewöhnlich das für eine Quereinsteigerin ist, zeigt der Vergleich zu Hans-Peter Martin: Auch er war Spitzenkandidat, zum Delegationsleiter wurde allerdings noch am Wahlabend der Routinier Hannes Swoboda bestimmt. Martin wurde später sogar ausgeschlossen und musste erst eine eigene Partei gründen, um eine prominente Funktion zu übernehmen – in der „Liste Martin" ist er unbestritten der Chef. Aufschlussreich ist auch das Beispiel Ingrid Wendl: Sie firmiert zwar offiziell als „Seniorensprecherin" der ÖVP-Fraktion. Als jedoch 2005 der Obmann-Posten im mitgliederstarken VP-Seniorenbund neu besetzt werden musste, kam Wendl nicht einmal in die engere Wahl. Der mächtige Nationalratspräsident Andreas Khol, geradezu der Prototyp eines „Längseinsteigers", übernahm die Führung der Organisation.

Andere Quereinsteiger-Karrieren verliefen steiler: Ulli Sima wechselte nach einem raschen Aufstieg zur SPÖ-Umweltsprecherin bald in die Wiener Stadtregierung. Josef Broukal wurde – nach einigem internen Wirbel und kurz vor seinem angedrohten Abgang – zum stellvertretenden Klubobmann gewählt. In der FPÖ übernahmen die Quereinsteiger Zierler und Sichrovsky sogar das Generalsekretariat, Zierler war damals kaum ein halbes Jahr in der Politik. Ein ziemlich seltener Karrieresprung, da derartige Schaltstellen in einer Parteiorganisation normalerweise erfahrenen Funktionären übertragen werden. Und trotzdem: Kein einziger der 16 Quereinsteiger hat es bisher in die politische „Positionselite" geschafft, also zu einer wirklichen Spitzenfunktion als Klubchef, Minister oder Landeshauptmann.

Einmal im Jahr veröffentlicht „News" – zum Ärger fast aller Parlamentarier – ein Ranking der „fleißigsten" und „faulsten" Abgeordneten. Gereiht wird nach der Zahl der Reden und nach der Mitgliedschaft in Ausschüssen, in denen ja der Großteil der parlamentarischen Arbeit passiert. Ein besonderer Fan dieser Listen ist Patrick Ortlieb, der im Parlamentsplenum nur selten das Wort ergriffen und so gleich mehrfach den allerletzten Platz gewonnen hat. Tatsächlich sind solche Rankings ganz amüsant und freuen die – üblicherweise grünen – Mandatare auf den Spitzenplätzen, aber ihre Aussagekraft bleibt ziemlich beschränkt. Schon deshalb, weil Abgeordnete kleinerer Fraktionen wesentlich häufiger und zu verschiedenen Themen reden müssen, während sich die Aufgaben in großen Parteien auf mehr Mandatare verteilen. Auch die Ausschuss-

Mitgliedschaften lassen sich nur schwer vergleichen: Obmann im Sportausschuss wird man üblicherweise schneller als in wichtigeren Gremien wie dem Innen- oder Justizausschuss. Allerdings wurde ohnehin keinem einzigen Quereinsteiger bisher ein Ausschuss-Vorsitz übertragen, auch kein unbedeutender. Weil Reden und Mitgliedschaften aber nur wenig über Leistung und politischen Erfolg aussagen, wird auf eine solche Auswertung hier verzichtet.

Die schlechten Noten der Promi-Politiker

Ich habe einen anderen Weg gewählt – das Urteil durch Experten. Jene Spitzenpolitiker, die die 16 Quereinsteiger von 1994 bis 2002 angeworben haben, sollten auch ihre politische Kompetenz bewerten. Man könnte dabei vermuten, dass eine öffentliche Benotung der „eigenen" Quereinsteiger besonders positiv ausfällt, deshalb wurde den acht Profi-Politikern dabei völlige Anonymität zugesichert.[*] Und da jeder Quereinsteiger nicht nur von zwei Parteifreunden, sondern auch von sechs Politikern aus anderen Fraktionen beurteilt wurde, sollte sich eine allfällige Bevorzugung nicht allzu sehr auswirken.

Zusätzlich wurden die 16 Quereinsteiger durch politische Journalisten bewertet. Wenn Promi-Politiker eine Form politischer Kommunikation darstellen, und das ist ja die Kernthese dieses Buches, dann sind die Medien die ersten Adressaten dieses Angebots. Außerdem gehört es zum Alltagsgeschäft von Journalisten, Politiker professionell zu beobachten und zu bewerten. Insgesamt 88 Politik-Redakteure und -Kommentatoren haben sich an dieser Beurteilung beteiligt, darunter nahezu alle Chefredakteure und innenpolitischen Ressortleiter des Landes. Ein aussagekräftiges

---

[*] D. h. die Noten wurden in keiner Weise einer Partei oder einem der Profi-Politiker zugeordnet. Konkret haben sich an der Beurteilung beteiligt: Erhard Busek und Reinhold Lopatka (ÖVP); Alfred Gusenbauer und Andreas Rudas (SPÖ); Jörg Haider und Mathias Reichhold (FPÖ) sowie Alexander Van der Bellen und Stefan Schennach (Grüne). Um einen eventuellen parteipolitischen *bias* zu ermitteln, wurde auch die jeweilige Beurteilung ohne „Parteifreunde" errechnet. Die Unterschiede waren marginal und änderten nichts an der Rangfolge der Benotungen.

Sample also. Ihnen – und den Profi-Politikern – wurde die Frage gestellt: *„Ist XY ihrer Einschätzung nach eigentlich ein guter Politiker?"* Und sie wurden gebeten, dafür Schulnoten zu vergeben.

Das Ergebnis: An der Spitze liegen bei politischen Profis und Journalisten ganz eindeutig und mit Abstand Ulli Sima und Ursula Stenzel. Im obersten Drittel finden sich noch Josef Broukal, Hans Kronberger und Franz Morak. Völlige Übereinstimmung auch am unteren Ende der Skala: Auf den letzten sechs Plätzen liegen – absteigend – Pretterebner, Höbinger-Lehrer, Lichtenegger, Wochesländer, Habsburg und Ortlieb. Das Ergebnis von Ortlieb ist geradezu erschütternd: Fast neunzig Prozent der Journalisten gaben ihm ein glattes „Nicht genügend", im Schnitt kommt er auf eine Note von 4,9! Von den Politikern wird er mit 4,7 kaum besser benotet.

Was ins Auge springt, ist die hohe Übereinstimmung zwischen politischen Profis und Beobachtern. Die Journalisten urteilen im Schnitt zwar strenger – aber die Ergebnisse unterscheiden sich nur in Details.[*] Nur in der Bewertung von Hans-Peter Martin zeigt sich ein deutlicher Unterschied: bei ihm sind die Journalisten wesentlich kritischer und setzen ihn nur auf Platz 9, während er von den Politikern sogar als drittbester Quereinsteiger eingestuft wird. Die Differenz ist allerdings erklärbar: die schriftliche Umfrage in den Redaktionen wurde im Frühling 2004 durchgeführt, am Höhepunkt der Auseinandersetzungen um Martins umstrittene Ermittlungsmethoden im EU-Parlament („Versteckte Kamera"), während die Politiker erst einige Monate später befragt werden konnten – nach Martins überraschendem Wahlerfolg mit seiner eigenen Liste.

Und was meinen die Wähler? Das wäre zwar die interessanteste Frage, sie ist aber – schon allein wegen des langen Untersuchungszeitraums ab 1994 – am schwersten zu beantworten. Das IMAS-Institut hat für diese Studie Ende 2004 eine eigene repräsentative Meinungsumfrage durchgeführt, mit mehr als 1.000 Befragten. Und die ersten Probleme zeigten sich bereits beim Bekanntheitsgrad: Während mehr als 70 Prozent der Befragten die Fernseh-

---

[*] Für Statistiker: der Korrelationskoeffizient zwischen den beiden Ranglisten liegt bei 0,87 – ist also außergewöhnlich hoch.

Stars Broukal und Stenzel sowie Kaiser-Enkel Habsburg kennen, kommen die Staatsanwältin Höbinger-Lehrer und die Radiosprecherin Wochesländer auf nicht einmal 15 Prozent. Die politische Tätigkeit lässt sich da schwer auf ähnlicher Basis bewerten. Mit der Amtsdauer hat der Erkennungswert übrigens wenig zu tun: nach über zehn Jahren in der Politik ist der Name Franz Morak nur 43 Prozent der Wähler bekannt und nur die Hälfte davon weiß, dass es sich dabei um einen Politiker handelt. Ingrid Wendl kennen nach ihrer langen Eislauf- und Fernseh-Karriere zwar fast 70 Prozent – aber zwei Jahre nach ihrem Einzug ins Parlament wussten nur 16 Prozent, dass sie „als Politikerin tätig" ist.

Laut der IMAS-Befragung halten durchschnittlich sieben Prozent jener, die die Quereinsteiger überhaupt kennen, diese auch für „gute Politiker". Aber die Werte streuen stark: Martin und Stenzel kommen auf mehr als 20 Prozent, Broukal und Sima auf über zehn. Aber fünf andere werden von nicht einmal zwei Prozent der Wähler, die ihre Namen kennen, als „gute Politiker" eingeschätzt.

Auch das MARKET-Institut hat für diese Studie rund 500 Wähler befragt und sie wurden gebeten – wie die Profi-Politiker und Journalisten – Schulnoten zu vergeben. Die Durchschnittsnote der Wähler für alle 16 Quereinsteiger lautet 3,2. Am besten schneiden Stenzel, Martin und Sima ab, am schlechtesten Ortlieb und Lichtenegger. Aber auch diese Bewertung leidet unter der unterschiedlichen Bekanntheit der Quereinsteiger und unter einem in Meinungsumfragen häufigen Phänomen: bei Beurteilungen nach Schulnoten vergeben die allermeisten Befragten ein „Befriedigend", nur sehr wenige greifen zu „Sehr gut" oder „Nicht genügend", was die Auswertung weniger aussagekräftig macht.

Die Erfolgsbilanz der Promi-Politiker

Wenn man nun all diese Kriterien im Detail auswertet und miteinander kombiniert – die Amtszeit, die Anzahl der relevanten Funktionen, die Zahl der (erfolgreichen) Kandidaturen und die Bewertungen durch Profi-Politiker, Politik-Journalisten und Wähler – entsteht eine Art Leistungsbilanz, die die politischen Karrieren der 16 prominenten Quereinsteiger seit 1994 miteinander vergleichbar macht. (s. Tabelle S. 208 mit den detaillierten Ergebnissen und Erläuterungen.)

Nach diesem umfangreichen Kriterien-Katalog sind sechs der 16 Promi-Politiker ganz klar als *politisch erfolglos*, man kann auch sagen „gescheitert", anzusehen: Habsburg, Höbinger-Lehrer, Lichtenegger, Ortlieb, Pretterebner und Wochesländer. Keiner von ihnen war länger als eine Periode Parlamentarier. Sie wurden entweder kein zweites Mal auf einem wählbaren Listenplatz nominiert oder sind noch während ihrer ersten Amtsperiode ausgeschieden.[*] Lichtenegger und Wochesländer kamen sogar von vornherein nur als „Nachrücker" zu ihren Mandaten, weil sie auf dem Wahlvorschlag so weit hinten platziert waren. Keiner der sechs erreichte die – ohnehin kurze – mittlere Amtsdauer der Quereinsteiger von viereinhalb Jahren, geschweige denn jene neun Jahre, die der durchschnittliche österreichische Bundespolitiker im Amt verbringt. Die politischen Karrieren von Habsburg und Ortlieb dauerten gerade mal drei Jahre – und das waren die beiden längsten. Pretterebner schied bereits nach elf Monaten wieder aus. Alle sechs bekleideten außer ihrem Mandat kein weiteres relevantes politisches Amt. In den Bewertungen durch politische Profis, Journalisten und Wähler schneiden alle (weit) unterdurchschnittlich ab, besonders schlecht Habsburg und Ortlieb. Alle sechs erreichen in keiner einzigen Kategorie den jeweiligen Durchschnittswert.

Vier Quereinsteiger lassen sich in diesem Kriterien-Katalog eindeutig als *politisch erfolgreich* einordnen: Sie liegen in allen Kategorien (zum Teil weit) über dem Durchschnitt: Morak, Sima, Stenzel und Martin. Alle wurden mehrfach als Kandidaten nominiert und gewählt: Morak bereits vier Mal, Stenzel drei Mal (und jedes Mal als Spitzenkandidatin), Sima und Martin zwei Mal. Alle vier sind noch politisch aktiv und bekleiden außer ihrem Mandat noch weitere politische Funktionen. Sima und Stenzel werden klar am

---

[*] Lichtenegger durfte zwar Anfang 2006 noch einmal auf das Mandat des ausgeschiedenen Herbert Haupt nachrücken. Seine Chancen, nach der nächsten Wahl mit dem BZÖ wieder in den Nationalrat einzuziehen, sind jedoch minimal.

besten bewertet (bei Journalisten und Politikern kommt Sima klar auf Rang 1, Stenzel auf Rang 2 – in der Wählerbefragung Stenzel auf Rang 1, Sima auf Platz 3). Morak liegt in den Beurteilungen deutlich dahinter, aber über dem Durchschnitt.

Hans-Peter Martin ist ein Sonderfall: Er hätte bis zum Frühjahr 2004 als gescheitert gelten müssen. Es schien sicher, dass er nach nur einer – von schweren internen Konflikten überschatteten – Periode aus dem EU-Parlament ausscheiden würde. Er bekam von seiner Fraktion keinerlei Funktion übertragen und wurde von der SP-Delegation letztlich sogar ausgeschlossen. In meiner Journalisten-Umfrage vom Frühjahr 2004 wurde er unterdurchschnittlich bewertet. In einem durchaus typischen Kommentar schrieb Peter Rabl damals im „Kurier" von einem „als Politik getarnten Egotrip" und einem „höchst fragwürdigen Politiker". Aber nach seinem sensationellen dritten Platz bei der EU-Wahl 2004 mit mehr als 14 Prozent ist Martin politischer Erfolg nicht abzusprechen. Er ist der erste Quereinsteiger, der mit einer eigenen Partei erfolgreich kandidiert hat, und viele Experten halten für möglich, dass er das bei der Nationalratswahl im Herbst 2006 wiederholen könnte, falls die „Kronenzeitung" wieder für ihn kampagnisiert. In der Gesamtbewertung durch Journalisten, Spitzenpolitiker und Wähler liegt er weit über dem Durchschnitt auf Rang 4, was er vor allem sehr guten Noten in der Wähler-Umfrage von MARKET zu verdanken hat. In der IMAS-Umfrage, die aus methodischen Gründen nicht eingerechnet wurde, erreicht er sogar den besten Wert: 23 Prozent derer, die ihn kennen, halten ihn für einen guten Politiker (Stenzel 20, Sima 16 Prozent).

Klar ist aber auch, dass Martin als Quereinsteiger in einer etablierten Partei eindeutig gescheitert ist. Sein politischer Erfolg wurde nur über die Gründung einer eigenen Liste möglich, in die er sich nicht integrieren musste. Und selbst in seiner Mini-Partei hat sich Martin nach wenigen Monaten mit seiner einzigen Kollegin Karin Resetarits überworfen. Innerhalb des EU-Parlaments blieb er höchst umstritten, seine Liste gehört auch keiner europäischen Fraktion an. Unbestreitbar ist nach der EU-Wahl 2004 allerdings sein wahlpolitischer Erfolg. Die Wähler der LISTE MARTIN nannten ihn in einer Nachwahlbefragung zu 66 Prozent als wichtiges Motiv für ihre Wahlentscheidung, der mit Abstand höchste Wert aller Spitzenkandidaten.

Zwei weitere Quereinsteiger sind Grenzfälle: Kronberger und Broukal. Sie könnte man als *eher* bzw. *potentiell erfolgreich* bewerten. Bei Broukal verhindert nur seine noch kurze politische Laufbahn die eindeutige Zuordnung als politisch erfolgreich: Er wird von Journalisten und Politikern sehr hoch bewertet und auch von den Wählern im obersten Drittel. Im Durchschnitt kommt er auf den dritten Rang. Und er bekleidet nach relativ kurzer Zeit bereits eine relevante Funktion als Vize-Klubobmann der SPÖ-Fraktion (und ist auch Wissenschaftssprecher sowie Sprecher eines so genannten „Kompetenzteams"). Er wurde zwar erst einmal nominiert, öfter war aber seit 2002 nicht möglich. Sollte er nach der kommenden Wahl wieder im Nationalrat sitzen – und das scheint sehr wahrscheinlich – wäre er als *eindeutig erfolgreich* einzustufen.

Kronberger konnte bis zum Tag der EU-Wahl 2004 auf eine durchaus erfolgreiche politische Laufbahn zurückschauen. Er wurde von der FPÖ als bisher einziger Europa-Abgeordneter drei Mal nominiert, zuletzt sogar als Spitzenkandidat. Mit acht Jahren bringt er es auf eine deutlich überdurchschnittliche Amtszeit. In der Beurteilung durch Journalisten, Politiker und Wähler kommt er auf Rang fünf von 16. Trotz der dramatischen Wahlniederlage der FPÖ im Jahr 2004 wäre Kronberger als Listenführer auf das letzte verbliebene Mandat gewählt worden – aber der freiheitliche Rechtsaußen Andreas Mölzer hat ihn mit seinen Vorzugsstimmen verdrängt. Das schmälert Kronbergers politischen Erfolg jedoch erheblich, da ja gerade die Attraktivität im Wahlkampf als zentrale politische Ressource prominenter Quereinsteiger gilt.

Die Beurteilung der restlichen vier Quereinsteiger fällt ambivalent aus:

Sichrovsky war überdurchschnittlich lange im Amt und wurde als Quereinsteiger zum (für Außenpolitik zuständigen) Generalsekretär der FPÖ „befördert". Nach den Turbulenzen in Knittelfeld trat er allerdings aus und wurde 2004 nicht mehr nominiert. In der Politiker-Wertung schneidet er leicht über dem Durchschnitt ab, bei Journalisten und Wählern unterdurchschnittlich. In der Öffentlichkeit blieb er trotz seiner prominenten Funktionen nahezu unbekannt.

Zierler wurde nach nur wenigen Monaten im Nationalrat FPÖ-Generalsekretärin und vertrat die Partei häufig in der Öffentlichkeit, auch bei wichtigen Medien-Auftritten. Von Journalisten wird sie leicht über-, von den Politikern leicht unterdurchschnittlich benotet, in der Wählerbefragung liegt sie etwas unter dem Mittelwert. Sehr hoch ist ihr Bekanntheitsgrad. Allerdings fuhr sie als Spitzenkandidatin bei der steirischen Landtagswahl 2000 ein Debakel ein, wurde 2002 nach nur drei Jahren im Parlament kein zweites Mal nominiert, wechselte in den Grazer Landtag und ist mittlerweile völlig aus der Politik ausgestiegen.

Echerer hat recht gute Beurteilungen bei Journalisten und politischen Profis, aber sehr schwache in der Wählerbefragung. Sie war leicht überdurchschnittlich lang im Amt, hat allerdings abseits ihres Mandats keinerlei Funktionen übernommen und ist nach einer Periode wieder ausgeschieden.

Ingrid Wendl schließlich kann noch nicht endgültig beurteilt werden. Sie wurde erst einmal nominiert und will – so sagt sie jedenfalls im Interview – nur eine Periode lang bleiben. Im Nationalrat hat sie bisher keine wichtige Funktion, als Senioren-Sprecherin der ÖVP-Fraktion tritt sie kaum in Erscheinung. Von den Journalisten wird sie unterdurchschnittlich bewertet, von den Politikern erhält sie exakt die Durchschnittsnote. In der Wähler-Umfrage kommt sie allerdings auf Rang vier.

Eines wird nach dieser Auswertung klar: Das – vor allem unter Journalisten – verbreitete Vorurteil, prominente Quereinsteiger würden in der Politik praktisch durchgängig *scheitern*, lässt sich so generell nicht aufrecht erhalten. Immerhin kann – zumindest nach den hier gewählten Kriterien – exakt ein Viertel der untersuchten Abgeordneten (vier von 16) als *eindeutig erfolgreich* gelten, zwei weitere sind oder waren *eher erfolgreich*. Politisch gescheitert sind nach dieser Auswertung knapp vierzig Prozent (sechs von 16). Die restlichen vier sind nicht eindeutig einzuordnen.

Für ÖVP-Chef Wolfgang Schüssel, der im Lauf seines langen politischen Lebens viele Quereinsteiger beobachtet und auch einige in die Politik geholt hat, ist diese Leistungsbilanz nicht weiter überraschend: „Es gibt keinen nennenswerten Unterschied im Erfolg zwischen Quereinsteigern und Nicht-Quereinsteigern." Der ehemalige SPÖ-Wahlkampfchef Rudas ist sogar „überzeugt, dass der Prozentsatz der Quereinsteiger, die ihre Arbeit recht gut machen, besser ist als bei etablierten Abgeordneten". Noch schärfer urteilt der frühere ÖVP-Chef Erhard Busek, der mit seinen „Bunten Vögeln" in Wien eine Art Quereinsteiger-Pionier war: Dass die meisten *newcomer* scheitern würden, „wird von den traditionellen Politikern verbreitet. Unter diesen sind viel mehr gescheitert – nur sie wissen es nicht."

Alexander Van der Bellen ist kein traditioneller Politiker, sondern selbst als Quereinsteiger ins Parlament – und dann bis an die grüne Parteispitze – gekommen. Trotzdem meint er über die Promi-Politiker der letzten Jahre: „In den meisten Fällen würde ich sagen, sie sind gescheitert." Allerdings relativiert er: „Der Ausdruck ‚scheitern' ist vielleicht irreführend. Das heißt ja nur, dass man sieht: Das ist nichts für mich. Und wieder etwas anderes macht."

Gibt es ein Erfolgsrezept?

Was unterscheidet erfolgreiche Quereinsteiger von jenen, die schon bald wieder etwas anderes machen? Bei letztlich nur 16 Fällen lassen sich schwer allgemeine Schlüsse ziehen und die Ergebnisse sind auch nicht immer eindeutig. Offensichtlich ist allerdings, dass das Europa-Parlament für Quereinsteiger eher Chancen bietet, politisch zu reüssieren als der Nationalrat. Im Europa-Parlament werden sie von vornherein leichter nominiert, sie bleiben wesentlich länger im Amt, werden öfter ein zweites Mal aufgestellt und im Schnitt auch besser beurteilt.* Die Erklärung dafür liegt nahe: das EU-Parlament steht lang nicht so sehr im Zentrum der innenpolitischen Ausei-

---

* Von allen Mandaten, die von allen Parteien bei den drei EU-Wahlen seit 1996 vergeben wurden, wurden 21,7 Prozent mit Promis besetzt – im Vergleich zu 2,1 Prozent bei den vier Nationalratswahlen seit 1994. Die durchschnittliche Amtszeit der prominenten EU-Parlamentarier beträgt 6,5 Jahre, jene der Nationalräte 3,5.

nandersetzung und der Beobachtung durch die Medien. *Newcomer* bekommen dort schneller prominente Funktionen, in denen sie sich profilieren können. Und ihr Hauptproblem – das Einfügen in Partei- und Fraktionsstrukturen – ist in der losen Organisation des EU-Parlaments weniger relevant, Parteipolitik spielt eine viel kleinere Rolle. Von den sechs eindeutig gescheiterten Promi-Politikern saßen wohl nicht zufällig fünf im Nationalrat.

Die Bilanz nach Parteien ist schon weniger klar – außer für die FPÖ. Sie hat mit Abstand die meisten prominenten Quereinsteiger aufgestellt und auch „verbraucht". Kein einziger der acht freiheitlichen Promis war eindeutig erfolgreich, aber fünf von ihnen sind klar gescheitert. Ohne die beiden „Langzeit"-Europaabgeordneten Sichrovsky und Kronberger läge die mittlere Amtszeit der FPÖ-Quereinsteiger bei nur zweieinhalb Jahren und ihre Bewertung ist klar die schlechteste.˙ In der ÖVP und in der SPÖ scheinen prominente Amateure bessere Chancen zu haben – jedenfalls, wenn sie einmal nominiert worden sind. Das ist in beiden Parteien nicht ganz einfach, die Konkurrenz durch die riesigen Parteikader ist groß. Vor allem die SPÖ blieb lange quereinsteiger-skeptisch, erst 1999 hat sie ihren ersten nominiert. Und der – Martin – wurde schnell zum Problemfall für die Partei. Sima und Broukal dagegen behaupten sich gut (wenn auch bei Broukal mit Turbulenzen). Ebenso Morak und Stenzel in der ÖVP, dort stellte sich nur Habsburg als klare Fehlbesetzung heraus.

Die Grünen sind für Neulinge von außen die schwierigste Partei. Daran sind vor allem die Parteistatuten schuld. Jeder einzelne Kandidat für ein Parlamentsmandat muss ein gutes Jahr vor der Wahl vom gesamten Bundeskongress – der berühmt-berüchtigten grünen ‚Basis' – bestätigt werden. Quereinsteiger haben da gegen gut vernetzte Langzeit-Funktionäre einen schwierigen Stand. Und offensive Unterstützung durch die Parteispitze – in den anderen Parteien allemal der sicherste Weg zum Mandat – wirkt bei den antiautoritär geprägten Grünen schnell kontraproduktiv. Ob grüne Quereinstei-

---

˙ Durchschnittliche Amtszeit: FPÖ 3,7 / SPÖ 4,8 / Grüne 5 / ÖVP 6,3 Jahre. Durchschnittliche Bewertung nach Schulnoten (Journalisten – Profi-Politiker – Wähler): FPÖ 3,7 / Grüne 3,3 / ÖVP 3,2 / SPÖ 2,7.

ger, die es trotzdem zu einem Mandat gebracht haben, erfolgreich sind, lässt sich schwer beurteilen: bisher gab es nur einen einzigen Fall.

Kaum Prognosen über die politischen Karrieren der Promis lässt ihre berufliche Herkunft zu. Politische Journalisten finden sich genau so unter den Erfolgreichen (Stenzel, Martin) wie unter den Gescheiterten (Pretterebner). Ein „Zivilberuf" mit einem Naheverhältnis zur Politik ist also keine Garantie für Erfolg. Allerdings hat Sima von ihrer politischen Erfahrung in einer NGO sicher profitiert, während die beiden Promis mit der unpolitischsten Vergangenheit – die Profi-Sportler Ortlieb und Lichtenegger – als Parlamentarier nicht auf vorderen Plätzen gelandet sind.

Wenig sagen auch politisches Interesse und Engagement *vor* dem beruflichen Umstieg: Auch hier hatte Sima aus der Studenten- und Umweltpolitik die meiste Erfahrung. Aber Habsburg und Pretterebner, die sich ebenfalls seit ihrer Jugend politisch engagiert haben, hat das offenbar wenig gebracht. Broukal war mal Parteiangestellter, Morak und Stenzel dagegen waren kaum politisch aktiv. Nur eines fällt auf: Jene vier Promis, die sagen, sie hätten sich vor ihrem Mandat *nie* politisch engagiert – Höbinger, Wochesländer, Lichtenegger und Ortlieb – sind alle gescheitert.

Insofern lässt sich vielleicht kein Rezept für einen erfolgreichen Quereinsteiger verschreiben – aber eines für ein offenbar sicheres Debakel: ein politisch nie vorher engagierter Profi-Sportler, der für die Freiheitlichen in den Nationalrat geht.

Quereinsteiger, die es ambitionierter anlegen, können von den bisherigen Promi-Politikern allerdings einiges lernen. Die Erfolgsaussichten sind in einer Großpartei höher (sobald man es dort auf einen wählbaren Listenplatz geschafft hat). Sinnvoll scheint auch, sich – zumindest in den ersten Jahren – auf ein bestimmtes Politikfeld zu konzentrieren, für das man idealerweise Kompetenzen aus der früheren Karriere mitbringt. Das haben die Umweltpolitiker Sima und Kronberger gezeigt, der Kulturpolitiker Morak oder die Außenpolitikerin Stenzel. Selbst Martin, der einstige Aufdeckungs-Journalist, ist im EU-Parlament quasi bei seinem Leisten geblieben: der Enthüllung vermeintlicher Skandale. Mit „Kompetenz-Disziplin", wie das SPÖ-Chef Gusenbauer nennt, können Einsteiger politisches Profil gewinnen und inhaltliche Akzeptanz bei den neuen Kollegen, ohne dass diese sich in ihren Themenfeldern allzu sehr bedroht fühlen müssen.

Was die Integration in die neue Partei angeht, gibt es für Quereinsteiger zwei mögliche Strategien: Sie können versuchen, das Image des Nicht-(Partei)politikers – ihr ursprüngliches Kapital im Wahlkampf – zu konservieren. Darauf setzt z. B. eindeutig Martin, der sich als der *outsider* schlechthin positioniert, was allerdings in einer etablierten Partei in dieser Extremvariante nicht funktionieren kann. Mit seiner eigenen Liste war er als eine Art „Anti-Politiker" dafür ziemlich erfolgreich. Wesentlich dosierter probiert das auch Stenzel, die bis heute der ÖVP nicht beigetreten ist und die auch nach zehn Jahren und vier Wahlkämpfen von vielen nicht als typische Parteipolitikerin gesehen wird. Auch der Ex-Rocker Franz Morak hat als Parlamentarier das Image des Unabhängigen gepflegt. Später ist Morak dann aber doch ÖVP-Mitglied geworden und seit seiner Angelobung zum Staatssekretär in einer Koalition mit der – von ihm zuvor lautstark kritisierten – FPÖ hat niemand mehr Kritik am Parteikurs vernommen. Anhaltende Nichtanpassung wäre auch eine ziemlich riskante Option: Von den sechs klar gescheiterten Quereinsteigern ist kein einziger Parteimitglied geworden und alle Promis, die sagen, sie hätten „häufig" gegen den Klubzwang verstoßen, sind erfolglos geblieben.

Auf die andere Strategie – bewusste Integration in die Partei – setzen augenscheinlich Broukal und Sima. Das dürfte in der SPÖ auch von besonderer Bedeutung sein. Die Sozialdemokratie ist seit jeher eine straff organisierte, traditionsbewusste Partei, deren Kader auf eine ehemalige Funktionärin der grünen Studenten eher allergisch reagierten. Da half es schon, dass Simas Großvater SP-Landeshauptmann in Kärnten war und sich die junge Quereinsteigerin in der Bezirksorganisation der roten Hochburg Ottakring rasch eine politische Basis suchte. Auch Broukal wurde sofort (wieder) Parteimitglied, half tatkräftig bei Wahlkämpfen in Oberösterreich und Salzburg aus und hält sich – nach einigem Wirbel in den ersten Monaten – mit öffentlicher Kritik an der SPÖ-Spitze nunmehr merkbar zurück.

Bei ihrer Personalauswahl haben politische Parteien zwei vorrangige Ziele, sagt der Politikwissenschafter Wolfgang C. Müller: Wählerstimmen zu maximieren, wofür sie „attraktive Kandidaten" brauchen. Und als zweites Ziel die „effektive Arbeit" in Parlament und Regierung. Dafür benötigen sie „Politik-Experten", die über Sachverstand verfügen, die parlamentarischen Spielregeln beherrschen und Organisationen steuern können.

Prominente Amateure, die als Kandidaten nominiert werden, dienen nahezu ausschließlich dem ersten Ziel – der Wählerstimmen-Maximierung. Das wird aus meinen Gesprächen mit den Spitzenpolitikern, die diese Promis geholt haben, ebenso klar wie aus den Interviews mit den Quereinsteigern selbst und aus der Analyse ihrer politischen Karrieren. Ihre wichtigste Aufgabe ist es, im Wahlkampf für Aufmerksamkeit zu sorgen, bestimmte Wählergruppen anzusprechen, Offenheit zu symbolisieren und ihr gutes Image auf die Partei zu übertragen. Anders gesagt: sie werden nicht primär als politische Akteure geholt sondern als Wahlkampf-Attraktion.

Um ihre Abgeordneten-Karriere längerfristig abzusichern, haben sie dann zwei strategische Optionen: Entweder sie entwickeln sich zu Politik-Experten – das gelingt vor allem jenen mit einer klaren Fachkompetenz aus ihren früheren Berufen. Oder sie behalten ihren „Werbewert" als Kandidaten und werden deshalb wieder aufgestellt. Das ist nicht einfach, da die Attraktivität von Quereinsteigern zu einem wesentlichen Teil ja darin liegt, keine typischen Politiker zu sein. Diesen Imagevorteil zu erhalten und sich gleichzeitig in den politischen Prozess zu integrieren, schaffen nur die wenigsten Amateure.

Für die „effektive Arbeit" im Nationalrat oder EU-Parlament war die Mehrzahl der Promi-Politiker der letzten Jahre keine wesentliche Verstärkung, das lässt sich offen konstatieren. Trotzdem ist die Warnung vor einer drohenden „Deprofessionalisierung" der Politik durch unerfahrene Quereinsteiger übertrieben. Nach wie vor werden die Parlamente von den – teils überroutinierten – Absolventen der „Ochsentour" dominiert: 86 der 183 Abgeordneten im österreichischen Nationalrat waren im Frühjahr 2006 entweder Öffentlich

Bedienstete oder Angestellte von Parteien, Gewerkschaften und Kammern. Neben drei prominenten Quereinsteigern.

Grundsätzlich gilt für Promi-Politiker: ihr wichtigstes politisches Kapital ist ihre medienerprobte Prominenz. Die Fähigkeit, Interesse zu wecken und öffentlich zu kommunizieren. In einer Demokratie ist das eine wesentliche Funktion. „Legitimation durch Kommunikation", lautet eine berühmte Formel dazu. In demokratischen Gesellschaften sollten Politiker permanent mit der Bevölkerung Kontakt halten, für ihre Entscheidungen werben, sie begründen und erklären. Politologen nennen das die „Netzwerk-Funktion" von Parlamentariern – als kommunikatives Bindeglied zu den Wählern. Und diese Aufgabe erfüllen viele prominente Quereinsteiger – auch nach ihrer Wahl – mit Erfolg. Nicht umsonst gehören die früheren Fernseh-Stars Stenzel, Broukal oder Wendl zu den gefragtesten Referenten auf Podiumsdiskussionen, Partei- und Bürgerversammlungen.

Prominente Kandidaten dienen ihren Parteien vor allem zur *Darstellung* und nicht zur *Herstellung* von Politik. Zum Problem wird das – wie bei jeder politischen Inszenierung –, wenn die Darstellung die Herstellung überdeckt: Wenn das Aufsehen um die spektakulären Kandidaten den Blick auf die tatsächlich gemachte Politik verstellen oder diese sogar ersetzen soll.

Wenn die Politik nur mehr *Show* wäre – und gar kein *Business* mehr.

Im Herbst 2005 wurde in einer umfangreichen Studie der Werbewert prominenter Österreicher analysiert. Ausschlaggebend für den Wert eines Werbeträgers sind laut dieser Untersuchung seine Bekanntheit und Sympathie, die „Affinität mit der Zielgruppe" und die „Kompetenz im jeweiligen Produktbereich".

Mit der Kompetenz im Produktbereich – in diesem Fall: Politik – hat es bei den prominenten Werbeträgern der Parteien in den letzten Jahren mitunter gehapert. „Zu viele Ausfälle", übertitelte die „Presse" vor der EU-Wahl 2004 einen Kommentar und flehte geradezu: „Bloß keine Quereinsteiger mehr". Weil sich aber an den Wettbewerbsbedingungen moderner Politik in absehbarer Zeit nichts ändern wird – brüchige Parteibindungen, immer mobilere Wähler, Politikerverdrossenheit, Vertrauensdefizit, Informationsüberflutung – bleiben quotenstarke Promis für die Parteien attraktiv. Sie werden uns auch in den nächsten Wahlkämpfen, neben ihrem politischen Stammpersonal, bekannte Quereinsteiger präsentieren.

Alle werden Schlagzeilen machen, viele werden Wählerstimmen gewinnen und manche werden sich nach der Wahl zu richtigen Politikern entwickeln. Die meisten werden nach wenigen Jahren wieder ausscheiden, ohne Spuren zu hinterlassen.

Der Star hat seine Schuldigkeit getan. Der Star kann gehen.

Erfolgsbilanz – Prominente Quereinsteiger
1994 - 2004

Quereinsteiger	Amtsdauer	Gewählt	Weitere Funktionen	Ø-Note (Rang)	Note Profi-Pol.	Note Journalisten	Note Wähler
Morak	10,5 +	4	2	3,14 (6)	2,8	3,2	3,4
Stenzel	9 +	3	2	2,39 (2)	2,1	2,4	2,7
Sima	6 +	2	1	2,22 (1)	1,6	2,1	2,9
Martin	6 +	2	0,5	3,02 (5)	2,5	3,8	2,7
Kronberger	8	2,5	—	2,86 (4)	2,8	2,7	3,1
Sichrovsky	8	2	1	3,42 (10)	3,1	3,8	3,4
Broukal	2,5 +	1	1	2,72 (3)	2,7	2,5	3,0
Echerer	5	1	—	3,27 (7)	3,2	3,2	3,4
Zierler	3	1	1	3,39 (9)	3,2	3,6	3,4
Wendl	2,5 +	1	—	3,27 (7)	2,8	4,0	3,0
Höbinger	2	1,5	—	3,74 (12)	3,6	4,2	3,4
Pretterebner	1	1	—	3,63 (11)	3,4	4,1	3,4
Habsburg	3	1	—	4,11 (15)	4,4	4,6	3,3
Ortlieb	3	1	—	4,38 (16)	4,6	4,9	3,7
Wochesländer	2,5	0,5	—	3,93 (13)	4,2	4,5	3,1
Lichtenegger	2 +	0,5	—	3,99 (14)	3,8	4,5	3,7
Durchschnitt	4,60	1,53	0,50	3,34	3,17	3,63	3,23

Erläuterungen zur Tabelle

Amtsdauer: Stichtag ist der 1. Juli 2005. Auf Halbjahre gerundet. Ein „+" weist darauf hin, dass die politische Karriere noch nicht abgeschlossen ist. Lichtenegger ist ein Sonderfall: Zum Stichtag war seine Amtszeit beendet, weil er Anfang 2005 aus dem Nationalrat ausscheiden musste, um sein Mandat für Herbert Haupt frei zu geben, der als Minister zurückgetreten war. Nach Haupts Bestellung zum Behinderten-Ombudsmann konnte Lichtenegger das Mandat jedoch Anfang 2006 – und voraussichtlich bis zur Wahl im Herbst 2006 – wieder übernehmen.

Gewählt bedeutet die Anzahl jener Wahlen, bei denen der jeweilige Kandidat in den NR bzw. in das EP gewählt worden ist. *2,5* bei Kronberger bedeutet, dass er zwei mal gewählt wurde (1996 und 1999) und einmal (2004) als Spitzenkandidat nominiert wurde, das erreichte Mandat ging allerdings an Andreas Mölzer (Die Differenzierung scheint sinnvoll, um die dritte Nominierung Kronbergers – noch dazu als Spitzenkandidat – z. B. von Sichrovsky zu unterscheiden, der 2004 nicht mehr kandidierte). *1,5* bei Höbinger-Lehrer bedeutet, dass sie einmal (1994) problemlos gewählt wurde, 1995 aber so weit hinten auf dem Wahlvorschlag platziert war, dass sie erst nach einem Abgeordneten-Wechsel nachrücken und nach wenigen Monaten auch wieder ausscheiden musste. *0,5* bei Wochesländer und Lichtenegger bedeutet, dass sie bereits bei ihrer ersten – und einzigen Wahl – so unsichere Listenplätze hatten, dass sie nur als „Nachrücker" in den Nationalrat einziehen konnten, nachdem vor ihnen gereihte Kandidaten ausgeschieden waren.

Unter *weitere Funktionen* wurden *bundespolitisch relevante Funktionen* gezählt, die neben dem Parlamentsmandat übernommen wurden. Konkret: Staatssekretär (Morak), Landesrätin (Sima), EU-Delegationsleiterin (Stenzel), stv. Klubobmann (Broukal), GeneralsekretärIn (Sichrovsky, Zierler), Mitglied eines Bundesparteivorstandes (Stenzel, Morak). *0,5* bei Martin steht für seine Funktion als Parteiobmann seiner eigenen Partei HPM. Sie ist nur begrenzt mit einer leitenden Funktion in einer etablierten Partei zu vergleichen, für die eine wesentliche politische Integrationsleistung nötig ist.

Durchschnittsnote: das arithmetische Mittel der jeweiligen Bewertungen in den Interviews mit den politischen Profis (n = 8), der schriftlichen Journalisten-Umfrage (n = 88) sowie der MARKET-Befragung (n = 512) jeweils nach der Schulnoten-Skala. Der aus den Durchschnittsnoten folgende Rang wurde der Übersichtlichkeit wegen angegeben. Außerdem wurden die Einzelnoten in den drei Gruppen (Profi-Politiker, Journalisten, Wähler) getrennt angeführt.

Grau unterlegt sind jene Ergebnisse, in denen die Quereinsteiger einen besseren Wert erzielt haben als den jeweiligen Durchschnittswert bei diesem Kriterium (Amtsdauer / wiedergewählt / Funktionen / Note). Grau unterlegt wurden auch die Namen jener Quereinsteiger, die in *allen* Kriterien den Durchschnittswert übertreffen. Sie werden als *eindeutig erfolgreich* eingestuft. Jene, die in *keinem* Kriterium den Durchschnittswert erreichen als *eindeutig erfolglos.*

Ausgewählte Literatur

Boorstin, Daniel J.: The Image. A Guide to Pseudo-Events in America. New York 1992 (ursprgl. 1961)

Borchert, Jens: Die Professionalisierung der Politik. Zur Notwendigkeit eines Ärgernisses. Frankfurt a. M. 2003

Brettschneider, Frank: Spitzenkandidaten und Wahlerfolg. Wiesbaden 2002

Burkert-Dottolo, Günther/ *Moser*, Bernhard (Hg.): Professionsnormen für Politiker. Wien 1998

Cannon, David T.: Actors, Athletes and Astronauts. Political Amateurs in the United States Congress. Chicago/London 1990

Dachs, Herbert/ *Gerlich*, Peter/ *Müller*, Wolfgang C. (Hg.): Die Politiker. Karrieren und Wirken bedeutender Repräsentanten der Zweiten Republik. Wien 1995

Dachs, Herbert/ *Gerlich*, Peter et. al. (Hg.): Politik in Österreich. Das Handbuch. Wien 2006

Dörner, Andreas: Politainment. Politik in der medialen Erlebnisgesellschaft. Frankfurt a. M. 2001

Edelmann, Murray: Politik als Ritual. Frankfurt a. M./New York 1990 (ursprgl. 1964)

Eisenegger, Mark: Reputation in der Mediengesellschaft. Wiesbaden 2005

Faulstich, Werner/ *Korte*, Helmut (Hg.): Der Star. Geschichte – Rezeption – Bedeutung. München 1997

Franck, Georg: Ökonomie der Aufmerksamkeit. Ein Entwurf. Wien 1998

Gabler, Neal: Das Leben ein Film. Die Eroberung der Wirklichkeit durch das Entertainment. Berlin 1999

Herzog, Dietrich: Politische Karrieren. Selektion und Professionalisierung politischer Führungsgruppen. Opladen 1975

Jarren, Otfried/ *Donges*, Patrick: Politische Kommunikation in der Mediengesellschaft. (2 Bände) Wiesbaden 2002

Kepplinger, Hans-Mathias: Ereignismanagement. Wirklichkeit und Massenmedien. Zürich 1992

Luhmann, Niklas: Die Realität der Massenmedien. Opladen 1996

Marshall, P. David: Celebrity and Power. Fame in Contemporary Culture. Minneapolis / London 1997

Meyer, Thomas: Die Inszenierung des Scheins. Voraussetzungen und Folgen symbolischer Politik. Frankfurt a. M. 1992

Meyer, Thomas / *Kampmann*, Martina: Politik als Theater. Die neue Macht der Darstellungskunst. Berlin 1998

Müller, Wolfgang C. et. al. (Hg.): Die österreichischen Abgeordneten. Individuelle Präferenzen und politisches Verhalten. Wien 2001

Norris, Pippa (Ed.): Passages to Power. Legislative recruitment in advanced democracies. Cambridge 1997

Pelinka, Anton / *Rosenberger*, Sieglinde: Österreichische Politik. Grundlagen – Strukturen – Trends. Wien 2000

Peters, Birgit: Prominenz. Eine soziologische Analyse ihrer Entstehung und Wirkung. Opladen 1996

Plasser, Fritz (mit Gunda *Plasser*): Globalisierung der Wahlkämpfe. Praktiken der Campaign Professionals im weltweiten Vergleich. Wien 2003

Plasser, Fritz (Hg.): Politische Kommunikation in Österreich. Wien 2004

Plasser, Fritz / *Ulram*, Peter A. / *Sommer*, Franz (Hg.): Das österreichische Wahlverhalten. Wien 2000

Plasser, Fritz / *Ulram*, Peter A.: Das österreichische Politikverständnis. Von der Konsens- zur Konfliktkultur. Wien 2002

Preglau, Max / *Richter*, Rudolf (Hg.): Postmodernes Österreich? Konturen des Wandels in Wirtschaft, Gesellschaft, Politik und Kultur. Wien 1998

Rein, Irving / *Kotler*, Philip / *Stoller*, Martin: High Visibility. The Making and Marketing of Professionals into Celebrities. Chicago 1997

Sarcinelli, Ulrich (Hg.): Politikvermittlung und Demokratie in der Mediengesellschaft. Opladen/Wiesbaden 1998

Schatz, Heribert / *Rössler*, Patrick / *Nieland*, Jörg-Uwe (Hg.): Politische Akteure in der Mediendemokratie. Politiker in den Fesseln der Medien? Wiesbaden 2002

Schickel, Richard: Intimate Strangers. The Culture of Celebrity in America. Chicago 2000

Schultz, David A. (Ed.): It's Show Time! Media, Politics, and Popular Culture. New York 2000

Schulze, Gerhard: Die Erlebnisgesellschaft. Kultursoziologie der Gegenwart. Frankfurt/New York 1993

Von Beyme, Klaus: Theorie der Politik im 20. Jahrhundert. Von der Moderne zur Postmoderne. Frankfurt a. M. 1996

Von Beyme, Klaus: Parteien im Wandel. Von den Volksparteien zur professionalisierten Wählerpartei. Wiesbaden 2000

Weber, Max: Politik als Beruf. Stuttgart 1992 (ursprgl. 1919)

West, Darrell M./*Orman,* John: Celebrity Politics. Upper Saddle River, N.J. 2003

Willems, Herbert/*Jurga,* Martin (Hg.): Inszenierungsgesellschaft. Opladen/Wiesbaden 1998

Wolf, Armin: Promi-Politik. Prominente Quereinsteiger in der österreichischen Politik. Dissertation an der Leopold-Franzens-Universität Innsbruck 2005. Online unter: http://www.oegpw.at/diss/armin_wolf.pdf

Abbildungsnachweis

Dr. Armin Wolf
ist Chefreporter der „Zeit im Bild"-Redaktion des ORF und moderiert seit 2002 die „ZiB 2".

Der gebürtige Innsbrucker (Jahrgang 1966) arbeitet seit 1985 für den ORF, u. a. als Außenpolitik-Redakteur, USA-Korrespondent und Redaktionsleiter der „ZiB 3".

Für seine journalistische Tätigkeit – vor allem für seine Politiker-Interviews – wurde er mehrfach ausgezeichnet, unter anderem 2004 als „Journalist des Jahres", mit dem renommierten „Concordia-Preis für Pressefreiheit" 2005 und zuletzt mit dem Fernseh-Preis „Romy" sowie dem „Robert Hochner Preis für herausragende journalistische Leistungen 2006".

Wolf hat Politikwissenschaft, Soziologie, Zeitgeschichte und Publizistik studiert und ist seit vielen Jahren Lehrbeauftragter für Politikwissenschaft an den Universitäten Innsbruck und Wien. Dieses Buch beruht auf seiner Dissertation.

Euke Frank
ist Chefredakteurin von WOMAN und leitet seit der Gründung des Magazins die Ressorts Aktuell, Politik und Wirtschaft. Die gebürtige Oberösterreicherin (Jahrgang 1967) hat ihre journalistische Laufbahn unmittelbar nach der Matura bei PROFIL und BASTA begonnen. 1993 wechselte sie zu NEWS, zuerst als Redakteurin in den Ressorts Innen- und Außenpolitik und zuletzt fünf Jahre lang als Leiterin der Chronik-Redaktion.

Frank hat Politikwissenschaft und Publizistik studiert, ihr Studium aber abgebrochen und war neben ihrer journalistischen Arbeit in Österreich stets auch für ausländische Magazine und Radiostationen tätig.

Die zweifache Mutter lebt und arbeitet in Wien. 2004 hat sie das Buch „Späte Mütter, späte Väter" veröffentlicht – ein Sachbuch zum Trend der späten Elternschaft.